教育部人文社会科学研究青年基金项目
(批准号：17YJC740118)

基于语义范畴的汉语句法演变研究

张 萍 著

上海大学出版社
·上海·

图书在版编目(CIP)数据

基于语义范畴的汉语句法演变研究/张萍著. —上海：上海大学出版社，2023.11
ISBN 978-7-5671-4886-4

Ⅰ.①基… Ⅱ.①张… Ⅲ.①汉语—语法—研究
Ⅳ.①H14

中国国家版本馆 CIP 数据核字(2023)第 237619 号

策　　划　农雪玲
责任编辑　农雪玲
封面设计　缪炎栩
技术编辑　金　鑫　钱宇坤

基于语义范畴的汉语句法演变研究

张　萍　著

上海大学出版社出版发行
(上海市上大路 99 号　邮政编码 200444)
(https://www.shupress.cn　发行热线 021-66135112)
出版人　戴骏豪

*

南京展望文化发展有限公司排版
上海华业装潢印刷厂有限公司印刷　各地新华书店经销
开本 710mm×1000mm　1/16　印张 17　字数 243 千
2023 年 12 月第 1 版　2023 年 12 月第 1 次印刷
ISBN 978-7-5671-4886-4/H·423　定价　58.00 元

版权所有　侵权必究
如发现本书有印装质量问题请与印刷厂质量科联系
联系电话: 021-56475919

目　　录

绪论 ……………………………………………………………………… 1

第一章　征引范畴句法演变研究 ………………………………………… 8
  第一节　上古汉语征引句式 …………………………………………… 8
    一、先秦"闻之""有之"征引句式 ……………………………… 9
    二、先秦祈使征引句式 ………………………………………… 10
    三、西汉典籍征引句式 ………………………………………… 15
  第二节　中古汉语征引句式 …………………………………………… 32
    一、东汉典籍征引句式 ………………………………………… 33
    二、两晋时期征引句式 ………………………………………… 40
    三、南北朝时期征引句式 ……………………………………… 45
  第三节　唐宋汉语征引句式 …………………………………………… 47
    一、《全唐文》征引句式 ………………………………………… 47
    二、《全宋文》征引句式 ………………………………………… 61
    三、唐宋文征引句式比较 ……………………………………… 118

第二章　假设范畴句法演变研究 ………………………………………… 121
  第一节　假设连词"若使"用法研究 ………………………………… 121
    一、上古汉语"若使"用法：产生与功能 ……………………… 122
    二、中古汉语"若使"用法：继承与新变 ……………………… 128
    三、近代汉语"若使"用法：高峰与衰落 ……………………… 131
    四、假设连词篇章功能的分化 ………………………………… 135

第二节 "实"类推度副词的假设用法 …………………… 137
　　一、肯定推度用法及其语义特征 …………………… 138
　　二、假设用法及其产生机制 ………………………… 142
　　三、假设句式的语用规律及其价值 ………………… 148
第三节 "尝"假设用法及其多元产生机制 ………………… 151
　　一、"试着"义"尝"的演变 ………………………… 153
　　二、"尝"副词用法及其产生机制 …………………… 159
　　三、"尝"假设用法的产生机制 ……………………… 168

第三章　比方范畴句法演变研究 …………………………… 173
第一节 先秦"譬之V$_{比方}$"比方句式 ……………………… 173
　　一、"譬之V$_{比方}$"句法性质 ……………………… 174
　　二、"譬之V$_{比方}$"句式特点 ……………………… 174
第二节 《荀子》"譬"相关词与系列句式 ………………… 177
　　一、《荀子》"譬（辟）"特性 ……………………… 179
　　二、"譬（辟）之V$_{比方}$"句式特性 ……………… 184
　　三、"譬（辟）之是犹"句法特性 …………………… 194
第三节 "譬×"比方词的产生及其句式演变 ……………… 207
　　一、短语凝固类"譬×" ……………………………… 208
　　二、句法凝固类"譬×" ……………………………… 218
　　三、跨层凝固类"譬×" ……………………………… 225
　　四、非词"譬×"及成词"×譬" …………………… 232
第四节 "譬喻"句法语义历时演变研究 …………………… 240
　　一、"譬喻"源结构及其成词 ………………………… 241
　　二、近代汉语"譬喻"用法研究 …………………… 242
　　三、现代汉语"譬喻"用法研究 …………………… 247

结语 ……………………………………………………………… 253

参考文献 ……………………………………………………… 258

后记 …………………………………………………………… 265

绪　　论

一、研究缘由及意义

我们在研究汉语"以"用法历时演变的过程中，注意到汉语史上先后出现了"以……为""以为""以""以谓""认为"等结构或词语来表达意谓语义；在研究古汉语"闻之""有之"等句式中形式宾语的用法时，注意到这些句式主要功能是表达征引语义；在注意到《墨子》一些独特的假设连词用法时，考虑到汉语史不同阶段表达假设语义有多种词语，相对应于不同句法特点；在研究上古典籍中"譬"系列比方句时，注意到先后有多种具有演变关系的比方句式，均表达比方语义。在这些研究中，我们逐渐酝酿出该研究方向，即从"表达论"的视角，来探讨特定语义范畴的历时句法演变。

本书具有以下几方面的意义：

（1）本书将尝试围绕语义范畴或关系来做汉语语法史，词汇语义演变也多伴随着句法变化，本书将突破传统的汉语词汇史或语法史研究，推进汉语语义语法史研究。汉语从古到今，对于同一语义范畴或关系的表达方式呈现出丰富的演变，揭示其演变状况并探索演变因素与机制，将为汉语史研究提供新的研究视角和成果。

（2）人类思维方式具有相通性，作为思维表达工具的语言也具有很多共性，围绕普遍的语义范畴或关系探讨句法，本书将为相关语言类型学比较提供更好的参考。

（3）本书将对征引范畴、假设范畴、比方范畴三个语义范畴专题做句法表达的历时演变研究，注重溯源索流，揭示演变事实与规律，为正确解读文献语意及思想提供语言学基础。

（4）句法分析是自然语言处理中的关键技术之一，而只有明确了句法结构与语义之间的关联，才能准确把握句子深层的语义信息。本书研究特定语义的句法表达方式的历时演变与共时比较，并揭示关联因素与规律，亦能为计算机处理自然语言提供语言学知识的参考。

二、研究综述

在汉语史词汇、语法研究中注重语义的演变，集中体现在近20年来热门的汉语词汇化、语法化研究中。库里洛维茨（Jerzy Kurylowicz）于1965年首先提出有一种跟语法化相反的演变过程叫作"词汇化"，之后"词汇化"在国外语言学中受到重视。20世纪90年代伴随语法化研究的深入，"词汇化"研究成为汉语词汇研究的新课题，进入21世纪，在董秀芳等的努力下，"词汇化"成为汉语语法词汇研究的热点①。梅耶（Antoine Meillet）在1912年就使用"语法化"这一术语，到20世纪70年代，随着功能学派的兴盛，"语法化"引起语言学家的兴趣，快速发展②。吴福祥、王云路指出：国外历史语义学20世纪80年代以来迅速发展，最近30年来汉语语义演变研究也进入新的发展时期，但以往的汉语语义演变研究主要还是在词汇学框架内进行，语法词的产生和演变属于典型的语义演变现象，以往大多是置于句法学框架内研究③。我们发现在"词汇化""语法化"演变中，总是伴随着句法表达形式的演变，同一语义范畴的句式也在发生着历时演变。

---

① 王静：《汉语词汇化研究综述》，载《汉语学习》，2010（3）；刘红妮：《词汇化与语法化》，载《当代语言学》，2010（1）。
② 沈家煊：《"语法化"研究综观》，载《外语教学与研究》，1994（4）。
③ 吴福祥、王云路：《汉语语义演变研究》，北京：商务印书馆，2015年。

国内传统的汉语研究也重视语义研究。吕叔湘先生在《中国文法要略》1982年"重印题记"中提到语法书的两种写法:"或者从听和读的人的角度出发,以语法形式(结构、语序、虚词等)为纲,说明所表达的语法意义;或者从说和写的人的角度出发,以语法意义(各种范畴、各种关系)为纲,说明所赖以表达的语法形式。"并说"一般语法书都是采取前一种写法"。① 吕先生分成词句论和表达论两部分,"表达论"又分"范畴"与"关系"。邵敬敏指出"该书真正的价值"正在于"表达论"部分,这一设想来自勃吕诺(Ferdinand Brunot),他认为语言和思想互为表里,学习一种语言,应该既能理解,又会表达,一般语法学只顾理解方面,却往往忽略表达,有很大的局限。"吕氏掌握了该学说的精髓,实施从形式到意义以及从意义到形式的双通道",增加了"表达论","这在汉语语法研究上是一个首创","开创了汉语语义语法研究的新路子"。② 朱德熙提出"语法研究的最终目的就是弄清楚语法形式和语法意义之间的对应关系"③。徐通锵探讨了汉语的语义句法问题④。胡裕树、张斌"三个平面"理论⑤,胡明扬关于"句法语义"的论述⑥,陆俭明关于语义特征和语义指向的研究⑦,以及邢福义《汉语复句研究》⑧等都重视语法研究中的语义层面。邵敬敏将特别重视语义对句法的决定性作用的研究命名为"语义语法",认为这一理论正是具有中国特色的语法理论,并著有《汉语语义语法论集》⑨。

在具体研究方面,受吕著"范畴"启发,王海棻对古汉语疑问范畴、时间范畴分别作了考察,著有《古汉语疑问范畴词典》《古汉语时

---

① 吕叔湘:《中国文法要略》,北京:商务印书馆,1982年,"重印题记"。
② 邵敬敏:《汉语语法学史稿》,上海:上海教育出版社,1990年,第108页。
③ 朱德熙:《语法答问》,北京:商务印书馆,1985年,第80页。
④ 徐通锵:《语义句法刍议——语言的结构基础和语法研究的方法论初探》,载《语言教学与研究》,1991(3)。
⑤ 胡裕树、张斌著,范开泰编:《胡裕树 张斌选集》,长春:东北师范大学出版社,2002年。
⑥ 胡明扬:《句法语义范畴的若干理论问题》,载《语言研究》,1991(2)。
⑦ 陆俭明:《语义特征分析在汉语语法研究中的运用》,载《汉语学习》,1991(1)。
⑧ 邢福义:《汉语复句研究》,北京:商务印书馆,2001年。
⑨ 邵敬敏:《"语义语法"说略》,载《暨南学报》(人文社科版),2004(1);邵敬敏:《汉语语义语法论集》,上海:上海教育出版社,2007年。

间范畴词典》①，这两本书虽以词典形式编排，但也注重句法形式表达，尤其是前者，"在每个词语下按其不同的语法功能构拟出不同的句型公式"，可以说，这是对古汉语某一语义范畴的句法表达形式作出全面考察的代表性著作。不过，受词典编排方式的限制，关于疑问范畴句式的历时演变及其机制，不能得到整体的系统的展示。杨海明、周静《汉语语法的动态研究》也对改革开放以来汉语指称、时间范畴的发展做了研究②，帅志嵩《中古汉语"完成"语义范畴研究》着眼于"完成"语义范畴，将中古汉语中表达这一范畴的词汇、短语、小句等各种成分联系起来研究③，张豫峰《现代汉语致使态研究》围绕"致使"这一语义范畴研究了现代汉语中"使"字句、"把"字句、"得"字句、无标记的以及特殊致使态句④。这些研究都是以某一语义范畴为中心点所作的语法研究，是从语义视角深化语法研究的有益尝试。这些研究主要集中于古代汉语或现代汉语某一阶段，而对某一语义范畴作出贯通古汉语直至现代汉语的历时演变研究则还没有相应的成果，有待进一步开展。

近年来，Ronald W. Langacker 的 *Foundations of Cognitive Grammar*（《认知语法基础》）⑤、John R. Taylor 的 *Cognitive Grammar*（《认知语法》）⑥以及 Laurel J. Brinton 和 Elizabeth C. Trangott 的 *Lexicalization and Language Change*（《词汇化与语言演变》）⑦都被引进至国内，汉语词汇—语法、语义—句法研究也在不断深化。张旺熹《汉语句法的认知结构研究》⑧、张伯江《从施受关系到句式语义》⑨都被收入"认知语言学与汉语研究丛书"，于 2016 年再版，前者明确"词汇作为语义承载的最基本单位，与句法的语义结构之

---

① 王海棻：《古汉语疑问范畴词典》，南京：江苏教育出版社，2001 年；王海棻：《古汉语时间范畴词典》，合肥：安徽教育出版社，2004 年。
② 杨海明、周静：《汉语语法的动态研究》，北京：北京大学出版社，2006 年。
③ 帅志嵩：《中古汉语"完成"语义范畴研究》，北京：商务印书馆，2014 年。
④ 张豫峰：《现代汉语致使态研究》，上海：复旦大学出版社，2014 年。
⑤ (美) Ronald W. Langacker：《认知语法基础·理论前提》，北京：北京大学出版社，2004 年。
⑥ (新西兰) John R. Taylor，《认知语法》，北京/西安：世界图书出版公司，2013 年。
⑦ (英) 劳蕾尔·J. 布林顿、(美) 伊丽莎白·克洛斯·特劳戈特著，罗耀华、郑友阶、樊城呈等译：《词汇化与语言演变》，北京：商务印书馆，2013 年。
⑧ 张旺熹：《汉语句法的认知结构研究》，北京：北京大学出版社，2006 年。
⑨ 张伯江：《从施受关系到句式语义》，北京：商务印书馆，2009 年。

间具有明确的互动关系。把握这种句法与词汇之间的互动关系，是我们切入汉语句法研究的一个新的角度"。"词汇—语法""语义—句式"相结合的研究之路，正是我们所认同的汉语史研究所当坚持与着力的方向。

值得关注的是计算机中文信息处理对加强句法的语义研究有着迫切的需求。鲁川《汉语语法的意合网络》是从中文信息处理的角度撰写的一本汉语语法专著，注重汉语的语意平面①。以语义范畴为着眼点，研究相关句法的历时演变发展，将为计算机处理自然语言提供有益参考。

本书研究立足语义与句法之间的密切关联，选择汉语表达中的三个语义范畴，分别是征引范畴、假设范畴、比方范畴，考察其表达句法的历时动态演变。这三个语义相关的词汇、句式研究，不论是古代汉语，还是现代汉语，已有研究多集中为点线式研究，缺少从古至今的综合词汇、句法的全面历时研究。

在征引范畴，英语中区分直接引用与间接引用，汉语中的征引句式关注较少，但我们发现先秦典籍中引用古书或他人言论的句式很丰富，这些句式的产生、演变及消亡值得探讨。在假设范畴，《中国文法要略》"表达论"中"假设—推论"关系讨论了文言、白话假设句式，邢福义《汉语复句研究》侧重语义角度分析，归入广义因果、转折两类，另有罗晓英探讨现代汉语假设性虚拟范畴研究②。比方语义范畴，较多的是比喻修辞相关的研究，从比方句式的角度来开展的研究还较为缺乏。

三、研究内容

本书选择征引、假设、比方三个语义范畴作为研究对象，主要研究汉语史上相关的特殊句式的使用与演变，进行贯通古今的纵向历时梳理，同时对特定时期某一语义范畴的多种表达句法的分布作共时研究，结合语料库进行统计分析，在描写基础上，对其演变、更迭的因素及机制加以研究。

---

① 鲁川：《汉语语法的意合网络》，北京：商务印书馆，2001年。
② 罗晓英：《现代汉语假设性虚拟范畴研究》，广州：暨南大学出版社，2014年。

三个语义范畴的专题研究，主要研究内容分别如下：

（一）征引范畴

延续对先秦典籍中"闻之""有之"征引句式的研究，进一步研究"识（知）之"祈使式征引句；同时将征引句式的研究延续至西汉时期，以及中古汉语、近代汉语，探讨其中"闻""有"式征引句式的传承与演变。

（二）假设范畴

着眼于假设关系词的历时演变来研究假设语义范畴句法表达的发展，结合语义、篇章等视角来挖掘假设连词的独特用法，探索其演变及影响因素。同时，试图研究不同类假设词产生的途径及其机制。

（三）比方范畴

重点研究上古汉语中比方行为动词"譬"与"若""犹""如"等比方关系动词的组合使用情况，即"譬如/若/犹"，以及中间插入"之"的句式"譬之如/若/犹"的演变与分布使用；研究文言向白话转型中，"譬×"类比方词的历时产生机制及句法差异；研究"譬喻"等经典双音比方词的产生及其用法演变，乃至现代汉语中的丰富句式。

以上三个语义范畴作为本书句法历时演变研究的中心，这里的"语义范畴"侧重与思维表达相关的语意内容，而在具体研究中，处处涉及语义的细致分析、句法的历时演变，不仅关系到虚词的历时演变，相关实词的演变也伴随着句法的演变，故需综合研究。通过三个语义范畴句法历时演变的研究，我们期望能够对影响某一语义范畴句法演变的因素作出一定思考，以便为其他语义范畴的句法演变史研究提供思路与参考。

四、研究方法

本书研究思路为：围绕三个语义范畴，对其相关的重要问题加以专题研究，对某一时期的多种句法表达作共时分布比较研究，进而探究与某一语义相关的词汇、句法历时更迭与发展的机制，探讨古今汉语发展中影响某一语义范畴表达句法的多方面因素。

本书主要采用的研究方法有：

（一）词汇研究与句法研究相结合

从语义范畴的表达方式演变的视角入手，将与某一语义范畴相关的词汇、句法综合起来研究，以尝试开拓从"表达论"出发的汉语史研究。

（二）历时研究与共时研究相结合

本书重在梳理表达某一语义范畴的汉语句法演变研究，既包括相关词汇化、语法化研究，也包括语义演变研究与句法演变研究；同时，注重对某一时期不同句法表达之间的比较研究，包括语义之间的细微差别、使用频率的消长以及分布差异。

（三）静态研究与动态研究相结合

本书探讨某一语义范畴的句法表达，注重研究词汇、句法的演变，注重探索静态用法背后的动态变化机制。

（四）事实描写与理论解释相结合

本书立足语言事实，利用语料库进行抽样统计研究，结合语义学、句法学、认知语言学相关理论加以解释；同时，通过三种语义范畴的句法表达研究，对句法演变作出更为深入的理论探讨。

（五）多维视角纳入语义句法研究

在作相关语义句法研究时，注重从篇章视角来揭示同一语义范畴不同虚词功能的细微差别，从语体视角来区分不同实词及虚词或特定句式的分布差异，打破以往研究侧重于"共性"描写的局限，尝试更为深入地研究其功能"差异"。

第一章　征引范畴句法演变研究

汉语征引范畴指征引相关话语内容,这一语义范畴除了最为直接的"征引来源+'曰'等言说动词"的表达方式,还有一些特殊的句法表达,最为典型的是"闻"字式与"有"字式,前者主语往往是说话人,后者主语一般为典籍记载或言语类名词。其中,颇为特殊的是用"闻之""有之"等形式宾语句式来表达征引。本章在我们此前对先秦典籍中"闻之""有之"征引句式的深度研究基础上[①],进一步对先秦特殊的祈使式征引句展开论述与辨析,同时将研究延伸至西汉典籍,并研究以东汉、魏晋南北朝典籍为代表的中古汉语以及唐宋文中的征引句。对代表性典籍中的征引句式进行统计描写,并对相关句法问题进行阐释,从中梳理汉语征引范畴句法演变的规律。

第一节　上古汉语征引句式

在引用流传的语句或某书篇中的语句时,上古典籍多直接说"某某曰",用动词"曰"引出,也用"云",如《左传》有"童谣云""《诗》云""《仲虺之志》云"等,这种"云"有29用;《国语》仅6用"云",如"《诗》云""《郑诗》云",但《墨子》中只用"曰",不用动词"云",

---

① 参见张萍:《〈墨子〉特殊语言现象研究》,上海:上海大学出版社,2018年。

如"于《仲虺之告》曰:'我闻于夏人,矫天命,布命于下,帝伐之恶,龚丧厥师。'此言汤之所以非桀之执有命也"(《墨子·非命上》)。下面重点介绍一下带形式宾语"之"的特殊征引句式。

一、先秦"闻之""有之"征引句式

古汉语中特殊的"闻之""有之"征引句式(有时后面还带"曰"),如:

(1)司马牛忧曰:"人皆有兄弟,我独亡!"子夏曰:"商闻之矣:死生有命,富贵在天。君子敬而无失,与人恭而有礼。四海之内,皆兄弟也——君子何患乎无兄弟也?"(《论语·颜渊》)

(2)仲尼曰:"<u>《志》有之</u>:'言以足志,文以足言。'不言,谁知其志?言之无文,行而不远。晋为伯,郑入陈,非文辞不为功。慎辞哉!"(《左传·襄公二十五年》)

我们在讨论《墨子》征引句式时,对先秦典籍中上述"闻之""有之"式征引句式作出了细致的辨析与阐释①。

上古汉语征引句式,除了最常见的"××曰/云"之外,以"闻""有"为主要谓语动词,构成"S闻(之)(曰)""S有言/语/之(曰)"等句式。当这些句式中有"之"出现时,则表现为形式宾语句。几种形式宾语句式中,形式宾语"之"主要用于句法完形,其后引导宾语从句的标句词"曰"经历了从无到普遍使用的发展过程。当用于引出现成语句时,"有"字句式中形式宾语"之"的出现要晚于"闻"字句式,且"闻"字句使用多于"有"字句,使用频率上的这一特点,从一开始如此,一直持续至形式宾语"之"出现在两种句式中。《逸周书》中周初两例"闻之文考"双宾语句,当为"闻"字句式中"之"作形式宾语最早的用例,此时不用"之"的"闻曰"句式更为普遍。

---

① 参见张萍:《〈墨子〉特殊语言现象研究》,上海:上海大学出版社,2018年。

春秋时期，形式宾语句"闻之（曰）"句式兴起，在《左传》《国语》中均大量使用，已少见"闻曰"用法，形式宾语句中的"曰"当受原型连动句"闻之曰"类化而来，不过其中"曰"不再是具体的言说动词，而是引导宾语从句的标句词。与此同时，形式宾语句"有之（曰）"也兴起，其见用频率低于"闻之（曰）"句式。还有一个差异，"闻之"句式明显多于"闻之曰"句式，而"有之曰"则多于"有之"句，即"有"字形式宾语句更倾向于通过"曰"与其后的宾语从句连接起来，这与"有之曰"句式由"有言曰"句式转换而来有关。不过从《左传》到《国语》，"闻之曰"相较于"闻之"的使用比率又有了较大的提升。

二、先秦祈使征引句式

"闻之""有之"式征引句式外，还有一种"识之"式，亦可看作广义的征引句式（征引自己的话），如：

（3）夫子曰："小子识之：苛政猛于虎也。"（《礼记·檀弓下》）

其中"识"为"记住"义，"之"仍为形式宾语[1]。我们对此进一步作出论述与辨析。

上古汉语中"××识之"句式中"之"多复指前文内容，例(3)这种用法罕见。这种"识之"还有一例：

（4）梁丘据问晏子曰："子事三君，君不同心，而子俱顺焉，仁人固多心乎？"晏子对曰："婴闻之，顺爱不懈，可以使百姓；强暴不忠，不可以使一人。一心可以事百君，三心不可以事一君。"仲尼闻之曰："小子识之，晏子以一心事百君者也。"（《晏子春秋·内篇问下》）

---

[1] 参见张萍：《上古汉语形式宾语句研究》，载《上古汉语研究》，北京：商务印书馆，2019年，总第三辑。

这一例"小子识之"后面的"晏子以一心事百君者也"正是"之"所指内容,这两例"识之"形式宾语句,都没有"曰"引出,究其原因,还在于"小子识之"是祈使句式,是一种特殊的形式宾语句。

"识"与"志"在"记"义上同源①,"S+识之+从句"句型中"识"亦有作"志""记",如:

(5)子路趋而出,改服而入,盖犹若也。孔子曰:"<u>志之,吾语女</u>。奋于言者华,奋于行者伐,色知而有能者,小人也。故君子知之曰知之,不知曰不知,言之要也;能之曰能之,不能曰不能,行之至也。言要则知,行至则仁。既知且仁,夫恶有不足矣哉!"(《荀子·子道》)

(6)子路趋而出,改服而入,盖自若也。子曰:"<u>由,志之!吾告汝</u>:奋于言者华,奋于行者伐,夫色智而有能者,小人也。故君子知之曰知,言之要也;不能曰不能,行之至也。言要则智,行至则仁。既仁且智,恶不足哉?"(《孔子家语·三恕》)

(7)子路趋出,改服而入,盖揖如也。孔子曰:"<u>由,志之,吾语汝</u>。夫慎于言者,不哗;慎于行者,不伐。色知而有长者,小人也。故君子知之为知之,不知为不知,言之要也;能之为能之,不能为不能,行之要也。言要则知,行要则仁。既知且仁,又何加哉?"(《韩诗外传》卷三)

(8)子路趋而出,改服而入,盖自如也。孔子曰:"<u>由,记之,吾语若</u>:贲于言者,华也;奋于行者,伐也;夫色智而有能者,小人也。故君子知之为知之,不知为不知,言之要也。能之为能之,不能为不能,行之至也。言要则知,行要则仁。既知且仁,夫有何加矣哉?"(《说苑·杂言》)②

---

① 王力主编:《王力古汉语字典》,北京:中华书局,2000年,第984页。
② 此4例标点暂从以下版本:[清]王先谦撰,沈啸寰、王星贤点校:《荀子集解》,北京:中华书局,1988年,第532页;杨朝明、宋立林主编:《孔子家语通解》,济南:齐鲁书社,2013年,第105页;[汉]韩婴撰,朱英华整理,朱维铮审阅:《韩诗外传》,上海:上海书店出版社,2012年,第74页;[汉]刘向撰,向宗鲁校证:《说苑校证》,北京:中华书局,1987年,第429页。

《荀子》"志之"省略了主语，"之"的真正内容是下文"奋于言者华……"，同样的内容在《孔子家语》《韩诗外传》中记载文字略有差异，均补足了主语"由"，《说苑》用"记之"。正因为"（S）+志（记）之"形式上是完整的句子，故其后可有较为明显的停顿，而这几例，均插入了"吾语（告）女（若）"，似乎将形式宾语句打破了，加强了"由，志（记）之"的独立性，另一方面真正宾语内容较为复杂，故句型颇为分散，这是汉语的独特性。"吾语（告）女（若）"性质为插入语，起到提示作用，将其拿走，则"之"与后面内容的关联更为明显。同时，"语（告）"等言说动词的插入，亦表明了征引性质。

　　上述句式"识（志）之"中"之"为形式宾语，其所指代的内容在下文，这一点非常重要，抓住这一点，从征引句式特点出发，能帮助解读《论语》中一处相关句子。

　　　　(9a) 子曰："由！诲女知之乎！知之为知之，不知为不知，是知也。"（《论语·为政》）①

　　对该句的解读，有3种代表性看法：一是"知"读为"志"，俞樾《群经平议》提出"知之乎"的"知"当读为"志"，"言我今诲女，女其谨志之也"，引《荀子》《韩诗外传》俱载其事，认为"并与此章文义相同，而皆以'志之'发端，然则此文'知之'即'志之'无疑矣"②。高小方师《论语通解》明确"知之乎"的"知"，与"志""识"都可当"记住"讲，都读 zhì，引《说文·心部》"志"段玉裁注"今人分志向一字，识记一字，知识一字，古只有一字一音"，说明"三字实是一词一音"，并引俞说，译为："由，我教导你的话，记住吧！知道就是知道，不知道就是不知

---

①　此处标点姑从程树德撰，程俊英、蒋见元点校：《论语集释》，北京：中华书局，1990年，第110页。
②　见程树德撰，程俊英、蒋见元点校：《论语集释》，北京：中华书局，1990年，第110页。

道，这才是明智的态度。"①

《汉语大字典》"知"立"记忆，记住"义项。引《论语·里仁》："父母之年，不可不知也。"又《为政》："由，诲女知之乎？"俞樾《平议》："言我今诲女，女其谨志之也。"②

第二种看法是"知"如字，"诲女知之"看作双宾语结构，如杨伯峻译为："由！教给你对待知或不知的正确态度吧！"③ 把"知之"译为"对待知或不知的正确态度"。这是根据后文内容"随文释义"而增补。

第三种看法"知"亦如字，"知之乎"解为疑问句，清刘沅《论语恒解》释为："呼其名而告之，言所诲女者，知之否乎？知之真，则力行之，为真知；不知者，阙疑以待问，为不知，是求知之道也。"④ "知之否乎"是把"乎"看作疑问语气词。表疑问语气是"乎"最常见的用法⑤，如此则"之"泛指"所诲女者"（《论语恒解》进一步解为"吾平昔诲女之理"）。

由于《论语》此语缺乏背景，"诲女"易被误解为话题主语，解为"所诲女者"。结合《荀子》等典籍中相似内容可知，"诲女"即为"吾诲女"，是一个表示提示的插入语，"诲女"的内容正是下文的"知之为知之……"，故该例的话语背景，参考《荀子》等内容，即可明确。《论语》此处孔子对子路所言并非针对之前所教导的内容，而是针对子路当下的行为，孔子对其加以教诲，并提醒他牢记。这一例，当如其他例一样，只是"诲女"这个插入语放在了"由"与"知之乎"之间，把"S+知之"的句式打破了。

我们认为，第一种说法是更为合理的。其结构为："由知（志）之乎：知之为知之，不知为不知，是知也。"其中"之"指代的正是"诲女"的内

---

① 高小方：《论语通解》，上海：中西书局，2020年，第57页。
② 汉语大字典编辑委员会编纂：《汉语大字典》（第二版），武汉：崇文书局，成都：四川辞书出版社，2010年，第2763页。
③ 杨伯峻：《论语译注》，北京：中华书局，2009年，第18页。
④ [清]刘沅著，谭继和、祁和晖笺解：《论语恒解》，成都：巴蜀书社，2016年，第207页。
⑤ 郭锡良指出："'乎'字是个最纯粹的疑问语气词。"郭锡良：《汉语史论集》（增补本），北京：商务印书馆有限公司，2021年，第69页。

容"知之为知之,不知为不知,是知也","乎"表示祈使语气①。

《论语》两例"闻之"征引句在"闻之"后有语气词,即《颜渊》篇"商闻之矣:死生有命,富贵在天"、《雍也》篇"吾闻之也:君子周急不继富","矣"表陈述语气,"也"表确认语气。例(9a)句式与此相似,与"S+知(志)之"祈使句相应,"乎"表示祈使语气,并非表疑问。

由上可见,对于例(9a)的正确解读,《荀子》等典籍中相似内容的篇章有着重要的参考价值,一是为《论语》例(9a)话语提供背景,则可知"之"的性质为形式宾语,指代内容在下文,而不在上文或隐含,二是为例(9a)提供句式参考,可知"诲女"当如"吾语女""吾告汝""吾语若"等一样,是一个插入语,话语功能是起到提醒关注的作用,宜读断,不能与"知之乎"连读,同时可知"知"当如其他典籍中的"志""记"。

参照《论语》中"闻之矣/也"等征引句式,可知"知(志)之乎"中"乎"表祈使语气,而非疑问语气,其所以可以加语气词,是因为"由知(志)之"在句法形式上完形,语义上还需补充后续内容,即"之"所指代的内容。因此,我们认为其后宜用冒号,标点如下:

(9b)子曰:"由,诲女,知之乎:知之为知之,不知为不知,是知也。"(《论语·为政》)

上古汉语中,形式宾语句,除了最主要的"闻之(曰)""有之(曰)"式,还有较少见用的"识(zhì)之"式,另有《墨子》特有的"语之曰""道之曰"以及《礼记》中的"言之(曰)"句式。

识别"闻之""有之""识(知)之"等相关形式宾语征引句,正确解析句法结构,亦有助于正确解读典籍文意。

---

① 《汉语大字典》"乎"有义项"表示祈使或命令语气",引裴学海《古书虚字集释》卷四:"乎,一为命令之词。"如《诗·郑风·溱洧》:"女曰:'观乎!'"《左传·昭元年》:"勉速行乎!无重而罪!"汉语大字典编辑委员会编纂:《汉语大字典》(第二版),武汉:崇文书局,成都:四川辞书出版社,2010年,第41页。

三、西汉典籍征引句式

我们选取西汉三部代表性的典籍《史记》《淮南子》《说苑》来考察其中的形式宾语式征引句式，其中《说苑》晚于前两部典籍约百年，又多采其前典籍，通过相关文本的比照可以呈现出西汉时期征引句式的发展与变化。

(一)《史记》征引句式
1. "闻"式征引句式
《史记》征引句式，主体式可由"S 闻"直接引起，如：

(10) 臣闻贤圣之君，功立而不废，故著于《春秋》；蚤知之士，名成而不毁，故称于后世。若先王之报怨雪耻，夷万乘之强国，收八百岁之蓄积，及至弃群臣之日，余教未衰，执政任事之臣，修法令，慎庶孽，施及乎萌隶，皆可以教后世。(《史记·乐毅列传》)

由于主语、谓语动词均为简单成分（单音词），而宾语往往较长，故征引时多用"S 闻之"形式宾语句。主语 S 多为第一人称，主要为"吾"，或君主自称"朕、寡人"，或臣子对君主自称"臣"，或自称名（如孔子自称"丘"），亦有自称谦词"仆"。

有 13 例"吾闻之"，其中 1 例为"吾闻之也"（有语气词"也"，表停顿，含确认语气），均无"曰"衔接，如：

(11)（季札）自卫如晋，将舍于宿，闻钟声，曰："异哉！吾闻之，辩而不德，必加于戮。夫子获罪于君以在此，惧犹不足，而又可以畔乎？"(《史记·吴太伯世家》)

(12) 异日肥义谓信期曰："公子与田不礼甚可忧也。其于义也声善而实恶，此为人也不子不臣。吾闻之也，奸臣在朝，国之残也；谗臣在

中，主之蠹也。此人贪而欲大，内得主而外为暴。"(《史记·赵世家》)

"臣闻之"共有14例，其中1例较为特殊，有"曰"衔接征引内容。

(13) 李克对曰："臣闻之，卑不谋尊，疏不谋戚。臣在阙门之外，不敢当命。"(《史记·魏世家》)

(14) 褚先生曰："臣为郎时，闻之曰田仁故与任安相善。"(《史记·田叔列传》)

与"吾闻之"相似，"臣闻之"多无"曰"衔接，仅例（14）特别，"闻之"前主语承前时间状语小句主语而省略，"闻之曰"通过"曰"把征引内容与"之"关联起来。

其他主语有"朕"1例，"仆"1例，"寡人"1例，"丘"2例：

(15) 上曰："朕闻之，天生蒸民，为之置君以养治之。人主不德，布政不均，则天示之以菑，以诫不治。"(《史记·孝文本纪》)

(16) 信曰："仆闻之，百里奚居虞而虞亡，在秦而秦霸，非愚于虞而智于秦也，用与不用，听与不听也。诚令成安君听足下计，若信者亦已为禽矣。以不用足下，故信得侍耳。"(《史记·淮阴侯列传》)

(17) 且寡人闻之，事利国者行无邪，因贵戚者名不累，故愿慕公叔之义，以成胡服之功。(《史记·赵世家》)

(18) 仲尼曰："以丘所闻，羊也。丘闻之，木石之怪夔、罔阆，水之怪龙、罔象，土之怪坟羊。"(《史记·孔子世家》)

(19) 丘闻之也，刳胎杀夭则麒麟不至郊，竭泽涸渔则蛟龙不合阴阳，覆巢毁卵则凤皇不翔。何则？君子讳伤其类也。夫鸟兽之于不义也尚知辟之，而况乎丘哉！(《史记·孔子世家》)

以上例子均无"曰"衔接，仅1例有语气词"也"停顿。例（18）本自《国语·鲁语下》,"丘闻之"亦袭之。

"闻之"例还有 1 例主语缺失,为:

(20) 上问博士曰:"湘君何神?"博士对曰:"<u>闻之</u>:尧女,舜之妻,而葬此。"(《史记·秦始皇本纪》)

"S 闻之",S 为第一人称为常。该例主语缺失,臣子对君主提问应答,应承时效性强,语急而省,更显应答之迅速,有"无缝对接"之效果,同时使用"闻之"形式宾语句表示答案为征引,虽未交代来源,但通过"闻"明确了"征引"性质。

这些征引内容,多为事理言论,少数为某一事实情况。仅有 5 例征引具体的事实或情况,如例(14)、(16)、(18)、(20),再如:

(21) 齐人淳于越进谏曰:"<u>臣闻之</u>,殷周之王千余岁,封子弟功臣自为支辅。今陛下有海内,而子弟为匹夫,卒有田常、六卿之患,臣无辅弼,何以相救哉?事不师古而能长久者,非所闻也。"(《史记·李斯列传》)

这些"闻之"征引内容,或直接引为应答之语,或以为反驳材料加以否定,或援引论证当今问题。

征引某一事理言论,主要是作为发起语,用来论证说明现实问题或为行为做法提供依据,如例(11)、(12)、(17)等,再如:

(22) 不韦因使其姊说夫人曰:"<u>吾闻之</u>,以色事人者,色衰而爱弛。今夫人事太子,甚爱而无子,不以此时蚤自结于诸子中贤孝者,举立以为适而子之,夫在则重尊,夫百岁之后,所子者为王,终不失势,此所谓一言而万世之利也。"(《史记·吕不韦列传》)

(23) 子贡因去之晋,谓晋君曰:"<u>臣闻之</u>,虑不先定不可以应卒,

兵不先辨不可以胜敌。今夫齐与吴将战，彼战而不胜，越乱之必矣；与齐战而胜，必以其兵临晋。"（《史记·仲尼弟子列传》）

（24）田光曰："吾闻之，长者为行，不使人疑之。今太子告光曰'所言者，国之大事也，愿先生勿泄'，是太子疑光也。夫为行而使人疑之，非节侠也。"（《史记·刺客列传》）

（25）李斯不得见，因上书言赵高之短曰："臣闻之，臣疑其君，无不危国；妾疑其夫，无不危家。今有大臣于陛下擅利擅害，与陛下无异，此甚不便。"（《史记·李斯列传》）

（26）臣闻之，积羽沈舟，群轻折轴，众口铄金，积毁销骨，故愿大王审定计议，且赐骸骨辟魏。（《史记·张仪列传》）

（27）司马错曰："不然。臣闻之，欲富国者务广其地，欲强兵者务富其民，欲王者务博其德，三资者备而王随之矣。今王地小民贫，故臣愿先从事于易。"（《史记·张仪列传》）

这些"闻之"征引句段有一个鲜明特点：征引内容有着推理前提的性质，据此来论说现实问题或提出某观点，故其后往往通过"今"来提起所要论说的情况或问题，时间名词"今"在此亦起着篇章衔接的作用，亦常见"故"来提起主张，如例（26），或者在征引事理之后，先引出现实情况，再用"故"进一步明确主张，如例（27），构成三段论逻辑关系。

"闻之"征引内容后，亦有结合历史人物事件对征引事理加以阐释的，如：

（28）臣闻之，善作者不必善成，善始者不必善终。昔伍子胥说听于阖闾，而吴王远迹至郢，夫差弗是也，赐之鸱夷而浮之江。吴王不寤先论之可以立功，故沈子胥而不悔；子胥不蚤见主之不同量，是以至于入江而不化。（《史记·乐毅列传》）

（29）且吾闻之，规小节者不能成荣名，恶小耻者不能立大功。昔者管夷吾射桓公中其钩，篡也；遗公子纠不能死，怯也；束缚桎梏，辱也。若此三行者，世主不臣而乡里不通。……故管子不耻身在缧绁之中而耻天下之不治，不耻不死公子纠而耻威之不信于诸侯，故兼三行之过而为五霸首，名高天下而光烛邻国。(《史记·鲁仲连邹阳列传》)

在征引事理之后，通过"昔""昔者"进一步引用历史人物事例对前引事理加以阐释。

《史记》"闻之"句式有征引来源的共有5例，其中3例为"闻之O曰"，2例为"闻诸O（曰）"。如：

（30）李斯喟然而叹曰："嗟乎！吾闻之荀卿曰'物禁大盛'。夫斯乃上蔡布衣，闾巷之黔首，上不知其驽下，遂擢至此。当今人臣之位无居臣上者，可谓富贵极矣。物极则衰，吾未知所税驾也！"(《史记·李斯列传》)

（31）太史公曰：吾闻之周生曰"舜目盖重瞳子"，又闻项羽亦重瞳子。羽岂其苗裔邪？何兴之暴也！(《史记·项羽本纪》)

（32）二世曰："吾闻之韩子曰：'尧舜采椽不刮，茅茨不翦，饭土塯，啜土形，虽监门之养，不觳于此。禹凿龙门，通大夏，决河亭水，放之海，身自持筑臿，胫毋毛，臣虏之劳不烈于此矣。'凡所为贵有天下者，得肆意极欲，主重明法，下不敢为非，以制御海内矣。夫虞、夏之主，贵为天子，亲处穷苦之实，以徇百姓，尚何于法？朕尊万乘，毋其实，吾欲造千乘之驾，万乘之属，充吾号名。"(《史记·秦始皇本纪》)

3例"闻之O曰"句式，主语均为"吾"，且均有关系词"曰"引出征引内容，1例为征引事理，2例为征引故实。

当"吾闻之"后增加间接宾语，增加了引语信息来源时，"之"与引语内容之间距离增大，此时"曰"的衔接显得更为必要，即"曰"增加了后续征引内容与"闻之"之间的关联。这也是延续了先秦"闻之O曰"句式的规范。

《史记》有2例"S闻诸O（曰）"，即征引来源通过"于"来引出，为"闻之于O（曰）"，"之于"合音为"诸"而成。2例征引内容均引自《论语》，1例沿用《论语》征引句式，1例稍有变动。

（33）a.子路曰："<u>由闻诸夫子</u>，'其身亲为不善者，君子不入也'。今佛肸亲以中牟畔，子欲往，如之何？"（《史记·孔子世家》）

b.子路曰："昔者<u>由也闻诸夫子曰</u>：'亲于其身为不善者，君子不入也。'佛肸以中牟畔，子之往也，如之何？"（《论语·阳货》）

（34）a.子游曰："昔者<u>偃闻诸夫子曰</u>，君子学道则爱人，小人学道则易使。"（《史记·仲尼弟子列传》）

b.子游对曰："昔者<u>偃也闻诸夫子曰</u>：'君子学道则爱人，小人学道则易使也。'"（《论语·阳货》）

比照两组例子：《论语》均用"S也闻诸O曰"，即在主语后面用"也"来停顿，且有关系词"曰"衔接征引内容，至《史记》中主语后面的语气词"也"都消失了，且"曰"也可缺省，如例（33a），此例中后续句子增加了"今"，构成篇章衔接标记。由这2例可知：《史记》在延续先秦征引句式时，也在发生细微变化。

2."有"式征引句式

《史记》征引句式中客体式"S有之"较少，有5例，主要引用已有流行的话语，主语为"语"，或为俗话"鄙语"，或引用典籍中的名言，如下：

（35）太史公曰：<u>语有之</u>，"以权利合者，权利尽而交疏"，甫瑕是也。（《史记·郑世家》）

（36）商君曰："<u>语有之矣</u>，貌言华也，至言实也，苦言药也，甘言疾也。夫子果肯终日正言，鞅之药也。鞅将事子，子又何辞焉！"（《史记·商君列传》）

（37）庄王问其故，对曰："<u>鄙语有之</u>，牵牛径人田，田主夺之牛。

径则有罪矣,夺之牛,不亦甚乎?今王以徵舒为贼弑君,故征兵诸侯,以义伐之,已而取之,以利其地,则后何以令于天下!是以不贺。(《史记·陈杞世家》)

(38)高曰:"今者主上兴于奸,饰于邪臣,好小善,听谗贼,擅变更律令,侵夺诸侯之地,征求滋多,诛罚良善,日以益甚。<u>里语有之</u>,'舐糠及米'。吴与胶西,知名诸侯也,一时见察,恐不得安肆矣。"(《史记·吴王濞列传》)

(39)太史公曰:<u>《诗》有之</u>:"高山仰止,景行行止。"虽不能至,然心乡往之。余读孔氏书,想见其为人。(《史记·孔子世家》)

司马迁在传记末尾,通过引用俗语、典籍名言来引导评论,"语有之""《诗》有之"等为其所用句式。"鄙语"义"俗语","里语"义"民间谚语",如例(37)、(38)。至《史记》,"S有之"征引句式不见"曰"引导征引内容,句式更为精练。其中一例"语有之"后有"矣"表停顿。

从《史记》"闻""有"征引句式可以看出,"曰"已基本退位,以事理言论的征引为主,往往作为论说大前提,以便展开论说。

(二)《淮南子》征引句式

《淮南子》表示征引的特殊句式,只有"闻"主导的主体式,没有"有"主导的客体式。主体式为"闻之"句式,共10例,集中在《道应训》《人间训》,主语主要为"吾、臣"以及自称名,以"S闻之"为主,偶用"S闻之曰""S闻之O曰"句式。如:

(40)大王亶父曰:"与人之兄居而杀其弟,与人之父处而杀其子,吾弗为,皆勉处矣。为吾臣与翟人奚以异?<u>且吾闻之也</u>,不以其所养害其养。"(《淮南子·道应训》)

(41)乃见韩、魏之君,说之曰:"<u>臣闻之</u>,唇亡而齿寒。今智伯率二君而伐赵,赵将亡矣。赵亡则君为之次矣。及今而不图之,祸将

及二君。"(《淮南子·人间训》)

（42）襄子曰："吾闻之叔向曰：'君子不乘人于利，不迫人于险。'使之治城，城治而后攻之。"中牟闻其义，乃请降。(《淮南子·道应训》)

（43）屈子曰："宜若闻之①，昔善治国家者，不变其故，不易其常。今子将衰楚国之爵而平其制禄，损其有余而绥其不足，是变其故，易其常也，行之者不利。宜若闻之曰：'怒者，逆德也；兵者，凶器也；争者，人之所本也。'今子阴谋逆德，好用凶器，始人之所本，逆之至也。且子用鲁兵，不宜得志于齐，而得志焉。子用魏兵，不宜得志于秦，而得志焉。宜若闻之，非祸人不能成祸。吾固惑吾王之数逆天道，戾人理，至今无祸，差！须夫子也。"(《淮南子·道应训》)

仅有1例"闻之"后有语气词"也"，即例（40），此处征引起到补充说明的作用，该"也"有表示确认的效果。1例有征引来源信息，为"吾闻之叔向曰"，与《史记》相似，凡有征引源头，即"闻"的间接宾语，则有"曰"关联征引内容。例（43）屈宜若（咎）与吴起对话中，连用三个"闻之"征引相关事理，推进论说，自称名为主语，两用"宜若闻之"，一用"宜若闻之曰"，用"曰"或与该征引内容本自《国语》有关②，其他正因内容为总结性事理，不用"曰"。

《淮南子》"闻之"征引句亦以征引事理为论说依据为主，如例（41）、（43），征引之后，通过"今"衔接现实问题加以论说。偶有征引事实，如：

（44）无害子曰："臣闻之，有裂壤土以安社稷者，闻杀身破家以

---

① 今本《淮南子》作"若"，当为"咎"之形讹。王念孙云："宜若当为宜咎，字之误也。"［汉］刘安编，何宁撰：《淮南子集释》，北京：中华书局，1998年，第862页。《说苑》作"屈宜曰"。
② 《淮南子集释》引俞樾云："'本'字无义，乃'去'字之误。……《国语·越语下》：'夫勇者逆德也，兵者凶器也，争者事之末也。阴谋逆德，好用凶器，始于人者，人之所卒也。'此《淮南》文所本。"见［汉］刘安编，何宁撰：《淮南子集释》，北京：中华书局，1998年，第864页。

存其国者，不闻出其君以为封疆者。"(《淮南子·人间训》)

(45) 王以告费无忌。无忌曰："臣固闻之，太子内抚百姓，外约诸侯，齐、晋又辅之，将以害楚，其事已构矣。"(《淮南子·人间训》)

例(44)中3个"闻"所引内容实际上是并列的，但第一个用"臣闻之有VP者"，使用形式宾语句式，后两个"闻"直接带较为复杂的宾语"VP者"，开头用"臣闻之"，其后形成一个停顿，这种形式或有利于引起听话人关注。例(45)"闻之"中形式宾语"之"所代内容为其后的情况，副词"固"作状语，表示"本来"就听说了下面的情况。这一例后面的内容其实是说话人杜撰的，但说话人却通过"闻之"征引句式来引起，以增强说服力。

(三)《说苑》征引句式

《说苑》含有大量征引句式，由于《说苑》内容"引用了大量先秦的经传子史中以及流行于民间的故事、传说和寓言，基本上是旧闻，有些经过了加工剪裁"①，这就涉及两个方面：一是其中的征引句式有些是沿袭其前典籍的，二是刘向在引用编撰时修改了一些句式。对《说苑》征引句式加以辨别地考察，可以较好地看出西汉征引句式发展的转变。

1."闻"直接带征引内容

《说苑》征引句式"S闻"直接带征引内容更为普遍，征引事理内容或故事举例，"闻"直接带复杂宾语，一些对先前典籍引用的内容，征引句式由原来的"S闻之"改为"S闻"，即形式宾语"之"在退出，同时，随着"之"的退出，"S闻"后出现了语气词"夫"。

(46) 公子晳曰："吾闻上士可以托色，中士可以托辞，下士可以

---

① 游国恩、王起、萧泽非、季镇淮、费振刚主编：《中国文学史》(修订本)，北京：人民文学出版社，2004年，第165页。

托财，三者固可得而托耶？"（《说苑·善说》）

（47）田差对曰："臣闻说天子者以天下，说诸侯者以国，说大夫者以官，说士者以事，说农夫者以食，说妇姑者以织。桀以奢亡，纣以淫败，是以不敢顾也。"（《说苑·反质》）

（48）申鸣曰："闻夫仕者身归于君而禄归于亲。今既去子事君，得无死其难乎？"（《说苑·立节》）

（49）对曰："臣寿王安敢无说。臣闻夫周德始产于后稷，长于公刘，大于太王，成于文、武，显于周公。德泽上洞天，下漏泉，无所不通。上天报应，鼎为周出，故名曰周鼎。今汉自高祖继周，亦昭德显行，布恩施惠，六合和同，至陛下之身逾盛，天瑞并至，征祥毕见。"（《说苑·善说》）

"S闻"直接带征引内容由两个以上至6个并列成分组成，主语偶省略，如例（48）。"闻"后加"夫"，舒缓语气，韵律节奏上"闻夫"似组合为一个双音单位，同时"夫"亦起到停顿提示作用，表明后续信息为征引内容。

《说苑》引用前代典籍，亦将"S闻之"形式宾语式征引句改为"S闻"句式，即进一步夺去"之"。如：

（50）a. 景公曰："善！吾闻高缭与夫子游，寡人请见之。"晏子曰："臣闻为地战者不能成王，为禄仕者不能成政。若高缭与婴为兄弟久矣，未尝干婴之过，补婴之阙，特禄仕之臣也，何足以补君！"（《说苑·君道》）

b. 景公谓晏子曰："吾闻高纠与夫子游，寡人请见之。"晏子对曰："臣闻之，为地战者不能成其王，为禄仕者不能正其君。高纠与婴为兄弟久矣，未尝干婴之行，特禄仕之臣也，何足以补君乎！"（《晏子春秋·内篇杂上》）

（51）a. 邢蒯瞶曰："善能言也，然亦晚矣！子早言我，我能谏之，谏不听，我能去。今既不谏，又不去。<u>吾闻食其禄者死其事</u>。吾既食乱君之禄矣，又安得治君而死之？"（《说苑·立节》）

b. 荆蒯芮曰："善哉而言也。早言，我能谏。谏而不用，我能去。今既不谏，又不去。<u>吾闻之</u>，食其食，死其事。吾既食乱君之食，又安得治君而死之？"（《韩诗外传》卷八）

《说苑》例（50a）、（51a）内容分别本自《晏子春秋》《韩诗外传》，均将"闻之"省"之"直接加征引话语。可见：《说苑》呈现出少用形式宾语"之"的征引句式，即"闻"直接引导征引内容。

2. "闻之"系列征引句式

《说苑》有 7 例"S 闻之曰"征引句式，其中 1 例插入间接宾语成分（征引来源）。如：

（52）a. 有间，晏子见疑于景公，出奔。北郭子召其友而告之曰："吾悦晏子之义，而尝乞所以养母者。<u>吾闻之曰</u>：'养及亲者，身更其难。'今晏子见疑，吾将以身白之。"（《说苑·复恩》）

b. 晏子行，北郭子召其友而告之曰："吾说晏子之义，而尝乞所以养母者焉。<u>吾闻之</u>，养其亲者身伉其难。今晏子见疑，吾将以身死白之。"（《晏子春秋·内篇杂上》）

（53）魏文侯问李克曰："为国如何？"对曰："<u>臣闻为国之道</u>，食有劳而禄有功，使有能而赏必行，罚必当。"文侯曰："吾赏罚皆当，而民不与，何也？"对曰："国其有淫民乎？<u>臣闻之曰</u>：夺淫民之禄以来四方之士。"（《说苑·政理》）

（54）屈公曰："<u>吾闻</u>昔善治国家者不变故，不易常。今子将均楚国之爵而平其禄，损其有余而继其不足，是变其故而易其常也。且<u>吾闻兵者凶器也</u>，争者逆德也。今子阴谋逆德，好用凶器，殆人所弃，逆之至也。淫佚之事也，行者不利。且子用鲁兵，不宜得志于齐，而得志焉；子用魏兵，不宜得志于秦，而得志焉。<u>吾闻之曰</u>：'非祸人不

能成祸。'吾固怪吾王之数逆天道,至今无祸。嘻!且待夫子也。"(《说苑·指武》)

例(52a)本自例(52b),《晏子春秋》用"吾闻之",《说苑》增补"曰",用"吾闻之曰"。例(53)"臣闻之曰"引出应对方法的依据,前面用"臣闻为国之道",用"为国之道"直接作宾语,后面再补充,即"为国之道"与"食有劳而禄有功,使有能而赏必行,罚必当"为同位语,两处用了不同征引句式。例(54)屈公(即原文前述"屈宜曰")在劝谏吴起时多次征引话语,来分析问题,两用"吾闻",一用"吾闻之曰",此例内容本自《淮南子》,即前文例(43),将连续三处征引"宜若闻之……宜若闻之曰……宜若闻之……",改为"吾闻……且吾闻……吾闻之曰……",主语由自称名改为第一人称代词"吾"之外,还有两个变化:一是"闻之"的"之"趋向脱落,二是连续征引时后续征引句前有了连词"且",即增加了篇章衔接手段。

《说苑》亦有沿袭先秦典籍而用"闻之曰",如:

(55)a.舟之侨告其诸族曰:"虢不久矣,吾乃今知之。君不度,而嘉大国之袭,于己也何瘳?<u>吾闻之曰</u>:大国道,小国袭焉,曰服;小国傲,大国袭焉,曰诛。民疾君之侈也,是以由于逆命。今嘉其梦,侈必展,是天夺之鉴而益其疾也!"(《说苑·辨物》)

b.舟之侨告诸其族曰:"众谓虢不久,吾乃今知之。君不度而贺大国之袭,于己也何瘳?<u>吾闻之曰</u>:'大国道,小国袭焉,曰服。小国傲,大国袭焉,曰诛。'民疾君之侈也,是以遂于逆命。今嘉其梦,侈必展,是天夺之鉴而益其疾。"(《国语·晋语二》)

例(55a)即沿用例(55b)《国语》原式。
《说苑》亦有1例"S闻之O曰"句式:

(56) 孔子见季康子，康子未说，孔子又见之。宰予曰："吾闻之夫子曰：'王公不聘不动。'今吾子之见司寇也少数矣！"（《说苑·政理》）

与《史记》《淮南子》相同，"闻"与事成分出现的句式，均有"曰"联系征引内容。《说苑》亦有出现征引来源而省略"之"的"闻O曰"句式：

(57) 臣闻黄帝《理法》曰："垒壁已具，行不由路，谓之奸人，奸人者杀。"臣谨以斩之，昧死以闻。"（《说苑·指武》）

这里没有用形式宾语"之"，"闻"直接带间接宾语，即征引来源成分。省略"之"是"S闻之O曰"句式简省的一种方式。

"闻之曰"句式较少，更多的是"S闻之"句式，即没有"曰"。这或与"S闻之曰"多用于对某事的评论句式有关，《说苑》即多处使用"闻之曰"表达评论，如：

(58) 君子闻之曰："邢蒯聩可谓守节死义矣。死者人之所难也，仆夫之死也，虽未能合义，然亦有志士之意矣。《诗》云：'夙夜匪懈，以事一人。'邢生之谓也。《孟子》曰：'勇士不忘丧其元。'仆夫之谓也。"（《说苑·立节》）

(59) 申生曰："不可。去而免于死，是恶吾君也。夫彰父之过而取美，诸侯孰肯纳之？入困于宗，出困于逃，是重吾恶也。吾闻之，忠不暴君，智不重恶，勇不逃死。如是者，吾以身当之。"遂伏剑死。君子闻之曰："天命矣夫，世子！《诗》曰：'萋兮斐兮，成是贝锦。彼谮人者，亦已太甚。'"（《说苑·立节》）

这是连动式"闻之曰"，"之"指代上文的事件情况。主语借"君子"之口来评论，且引用《诗》《孟子》等先秦典籍（径用"云""曰"征引）

辅助评论。《史记》"太史公曰"这一类评语作结，是模仿《左传》"君子曰"的格式，嗣后史书的论赞评语，实际上都导源于"司马迁模仿《左传》中的'君子曰'"①。《说苑》"君子闻之曰"亦属于这种情况。例（59）人物语言中用"吾闻之"征引，叙事之后，编撰者以"君子闻之曰"来加以评论。两处语用有区别，句式亦有别。

"S闻之"征引句式共有61例。其中，"臣闻之"31例，"吾闻之"16例，其他自称名"S闻之"13例，"寡人闻之"1例，多征引普遍事理话语，亦有征引某一事实或情况。臣子劝谏君主，多征引，故主语以"臣"最多。如：

（60）李克曰："臣闻之，贱不谋贵，外不谋内，疏不谋亲。臣者疏贱，不敢闻命。"（《说苑·臣术》）

（61）江乙曰："吾闻之，以财事人者，财尽而交疏；以色事人者，华落而爱衰。今子之华，有时而落，子何以长幸无解于王乎？"（《说苑·权谋》）

（62）越甲至齐，雍门子狄请死之。齐王曰："鼓铎之声未闻，矢石未交，长兵未接，子何务死之？为人臣之礼邪？"雍门子狄对曰："臣闻之，昔者王田于圃，左毂鸣，车右请死之，而王曰：'子何为死？'车右对曰：'为其鸣吾君也。'王曰：'左毂鸣者，工师之罪也，子何事之有焉？'车右曰：'臣不见工师之乘而见其鸣吾君也。'遂刎颈而死。知有之乎？"（《说苑·立节》）

（63）简子曰："吾闻之，子与友亲。子而不知，何也？"（《说苑·善说》）

"臣""吾"作主语，征引内容，多作为依据，用以支撑针对现实问题发表的观点，如例（60）、（61）；有时也用以征引故事或事实情况，通过类比或作为前提进一步论说或发问，如例（62）、（63）。

---

① 金德建：《司马迁所见书考》，上海：上海人民出版社，1963年，第118页。

自称名"S 闻之"征引句式中，主语有 4 例"婴"（晏子）、4 例"丘"（孔子）、1 例"伋"（子思）、1 例"基"（田基）、1 例"由"（子路）、1 例"夷吾"（管仲）、1 例"侨"（子产），如：

（64）齐景公问于晏子曰："寡人欲从夫子而善齐国之政。"对曰："<u>婴闻之</u>，国具官而后政可善。"（《说苑·君道》）

（65）孔子曰："<u>丘闻之</u>，国亡而不知，不智；知而不争，不忠；忠而不死，不廉。今陈修门者，不行一于此，丘故不为轼也。"（《说苑·立节》）

（66）子产曰："君之明，子为政，其何厉之有？<u>侨闻之</u>，昔鲧违帝命，殛之于羽山，化为黄熊，以入于羽渊，是为夏郊，三代举之。"（《说苑·辨物》）

自称名"S 闻之"，或用于表达观点，该句式具有客观性，可弱化主观性，从而使听者更易接受；或征引作为依据，用来解释某一行为；或征引故事，以便展开后续论说。

此外，还有 4 例"吾闻之也"，有语气词"也"，含有确认意味，如：

（67）应曰："吾何以不至于此！且<u>吾闻之也</u>：言之者，行之役也；行之者，言之主也。汝能行，我能言；汝为主，我为役。吾亦何以不至于此哉！"（《说苑·权谋》）

（68）晋平公出畋，见乳虎伏而不动，顾谓师旷曰："<u>吾闻之也</u>，霸王之主出，则猛兽伏不敢起。今者寡人出见乳虎伏而不动，此其猛兽乎？"……平公异日出朝，有鸟环平公不去，平公顾谓师旷曰："<u>吾闻之也</u>：霸王之主，凤下之。今者出朝，有鸟环寡人，终朝不去，是其凤鸟乎？"（《说苑·辨物》）

以上例子，"吾闻之"后面加"也"，确认意味更强，可以看出说话者对征引内容有确认的用意。不过，相对而言，"也"的使用是较少的。

《说苑》有1例"闻诸O"征引句式，或当为"问诸O"，值得讨论：

(69) a. 武丁召其相而问焉，其相曰："吾虽知之，吾弗得言也。<u>闻诸祖己</u>：'桑穀者，野草也，而生于朝，意者国亡乎？'"武丁恐骇，饬身修行。(《说苑·君道》)

b. 武丁召其相而问焉，其相曰："吾虽知之，吾不能言也。"<u>问诸祖己</u>，曰："桑穀，野草也。野草生于朝，亡乎？"武丁惧，侧身修行。(《尚书大传·高宗肜日》)①

c. 高宗召其相而问之，相曰："吾虽知之，弗能言也。"<u>问祖己</u>。祖己曰："夫桑穀者，野草也，而生于朝，意朝亡乎？"高宗恐骇，侧身而行道。(《论衡·异虚》)

对于《说苑》例(69a)，向宗鲁校曰："《大传》'闻'作'问'，'祖己'下有'曰'字，《论衡》作'问祖己，祖己曰'。此盖其相不言，乃问之祖己也，下文'桑穀者野草也'云云，乃祖己对武丁语，若如今本作'闻诸祖己'，则似其相述祖己语，与上'吾弗得言'不贯矣。"② 武丁由于其相不言，继而问于祖己，从祖己那听说"桑穀者，野草也，而生于朝，意者国亡乎"之说，此处征引祖己的话，如果是"闻诸祖己曰"，则当承接前文亦为其相之语，因为"闻诸"征引句式的使用规律即是均用于某人言语中征引，即"闻诸"前面的主语当为说话人，即隐含主语当为第一人称。然而武丁之相既言"吾虽知之，吾弗得言也"（由于是不吉之谶，身为臣子不敢言也），则不当再有所说。这是叙述语境，武丁继而向祖己咨询，祖己告诉了他答案。故此处宜从《尚书大传》作"问诸祖己，曰"，"曰"的主

---

① [清]皮锡瑞撰，吴仰湘编：《尚书大传疏证》，北京：中华书局，2015年，第136页。作"桑穀"，然注："此木也，而云草，未闻。刘向以为草妖。"或当从《说苑》为"穀"。

② [汉]刘向撰，向宗鲁校证：《说苑》，北京：中华书局，1987年，第21页。例(69a)标点亦姑从之，下文讨论。

语承前缺省,为"祖己",《论衡》将该主语补出,正是为了消除歧义。

我们推测,《说苑》作"闻",可能是后代流传过程中,受"闻诸"征引句式的影响而讹。"闻诸O"征引某人言论,这是后世较为常见的征引句式,该处语境极为相似,但核之句式隐含主语的特点,于语篇不合。

3. 客体式"有之"征引句式

《说苑》有3见"有之曰"征引句式,在《贵德》篇:

(70) a. 智伯还自卫,三卿燕于蓝台,智襄子戏韩康子而侮段规。智果闻之,谏曰:"主弗备难,难必至。"曰:"难将由我,我不为难,谁敢兴之?"对曰:"异于是。夫郤氏有车辕之难,赵有孟姬之谗,栾有叔祈之诉,范、中行有函冶之难,皆主之所知也。<u>《夏书》有之曰</u>:'一人三失,怨岂在明,不见是图。'<u>《周书》有之曰</u>:'怨不在大,亦不在小。'夫君子能勤小物,故无大患。今主一谋而愧人君相,又弗备,曰'不敢兴难',毋乃不可乎?嘻!不可不惧!蚋蚁蜂虿皆能害人,况君相乎?"……智襄子为室美,士茁夕焉,智伯曰:"室美矣夫!"对曰:"美则美矣,抑臣亦有惧也。"智伯曰:"何惧?"对曰:"臣以秉笔事君,<u>记有之曰</u>:高山浚源,不生草木,松柏之地,其土不肥。今土木胜人,臣惧其不安人也。"(《说苑·贵德》)

b. "<u>《夏书》有之曰</u>:'一人三失,怨岂在明?不见是图。'<u>《周书》有之曰</u>:'怨不在大,亦不在小。'夫君子能勤小物,故无大患。今主一宴而耻人之君相,又弗备,曰'不敢兴难',无乃不可乎?"……智襄子为室美,士茁夕焉,智伯曰:"室美夫!"对曰:"美则美矣,抑臣亦有惧也。"智伯曰:"何惧?"对曰:"臣以秉笔事君。<u>志有之曰</u>:'高山峻原,不生草木,松柏之地,其土不肥。'今土木胜,臣惧其不安人也。"(《国语·晋语九》)

《说苑》例(70a)本自《国语》例(70b),内容相似度高,3处征引句式袭用,均为"S有之曰"客体式征引句式,主语为典籍记载,其中

《说苑》"记有之曰"中"记",《国语》用"志",韦昭注"志,记也"①,为同义词。

西汉时期形式宾语征引句式以主体式"闻之"句式为主,"有之"系列句式较少。"闻之"句式中,偶有主语缺省,主语大多为"臣、吾",另有个别"朕、仆、寡人"或自称名。

带征引来源的"闻之"式较少,延续先秦汉语用法,以"吾闻之O曰"为主,"闻诸O(曰)"句式沿用先秦典籍,亦趋向简化,表现在主语后表停顿的语气词退位,关系词"曰"亦可缺省。

值得注意的是:《史记》《淮南子》"闻之"句式前不用"又、窃"等副词(仅1例"固闻之"),如例(43)《淮南子·道应训》屈宜若(咎)在与吴起的对话中连用了3个征引句式,"宜若闻之……宜若闻之曰……宜若闻之……",前后衔接,连贯而下,并无"又"等具有关联作用的副词出现,《说苑》引用《淮南子》,连续征引时增加了"且"来衔接前后篇章。

此期"闻之"句式的使用在减少,如《说苑》引用前代典籍,有将《晏子春秋》等典籍中的"吾闻之"句式改为"吾闻"句式的,亦有将《淮南子》部分"闻之"式改为"闻"式的,体现出西汉往后发展,形式宾语"之"在消退。

"有之"征引句式少,主语多为"语、鄙语、俚语"等言语类泛称名词,且没有关系词"曰"等衔接。可见"有之"式征引句式趋向衰退。

第二节 中古汉语征引句式

为了更好地比照汉语征引句式从西汉往后的发展趋向,我们在考察西汉代表性典籍征引句式后,进一步研究中古汉语征引句式的情况,又分为

---

① [春秋](旧题)左丘明撰,徐元诰集解,王树民、沈长云点校:《国语集解》,北京:中华书局,2002年,第454页。

东汉典籍征引句式与魏晋南北朝典籍征引句式两部分。

一、东汉典籍征引句式

对东汉典籍中征引句式的考察,我们主要以《论衡》《汉书》《风俗通义》《太平经》等几部典籍为代表。

(一)《论衡》征引句式

徐复观指出:"两汉思想家的共同特性,是对现实政治的特别关心,所以在各家著作中,论政都占有重要的地位。就《论衡》来说,不仅论政的比例占得少,并且在内容上,除了以他自己的遭遇为中心,反映了一部分地方政治问题外,对于当时的全般政治的根源问题,根本没有触到","和他身处乡曲,沉沦下僚,没有机会接触到政治的中心,因而也没有接触到时代的大问题,有不可分的关系"①。这一点,在征引句式使用上亦有表现。如前所述,《说苑》等大量"臣闻之"等征引句式,与"论政"有重要关系,而《论衡》中征引明显见少,与徐著所论原因相符。

《论衡》征引句式主要有客体式"S 曰/言"以及主体式"S 闻",后接征引宾语。如:

(1)《康王之诰》曰:"冒闻于上帝,帝休,天乃大命文王。"如无命史,经何为言"天乃大命文王"?(《论衡·初禀》)

(2)传语曰:"纣沉湎于酒,以糟为丘,以酒为池,牛饮者三千人,为长夜之饮,亡其甲子。"夫纣虽嗜酒,亦欲以为乐。令酒池在中庭乎?则不当言为长夜之饮。……传又言:"纣悬肉以为林,令男女倮而相逐其间。"是为醉乐淫戏无节度也。(《论衡·语增》)

(3)楚相孙叔敖为儿之时,见两头蛇,杀而埋之,归,对其母泣。

---

① 徐复观:《两汉思想史》(二),北京:九州出版社,2014 年,第 513—514 页。

母问其故，对曰："我闻见两头蛇死。① 向者，出见两头蛇，恐去母死，是以泣也。"……其母曰："吾闻有阴德者，天必报之。汝必不死，天必报汝。"（《论衡·福虚》）

客体式征引句式中，主语为征引来源，如《康王之诰》，或为"传语"（流传的话语）等。例（3）"我闻""吾闻"直接带征引内容宾语，后文说"夫见两头蛇辄死者，俗言也；有阴德天报之福者，俗议也"，两处征引"俗言""俗议"，即"俗话"。《论衡》或引用《新书》《新序》故事，文字略有改动，在征引方式上亦不用形式宾语句式"闻之"来征引俗话。

《论衡》中有数例形式宾语式征引句，不过，均为引用先秦文献所沿袭，为2例"吾闻之"（分别引自《左传》《礼记》），1例"臣闻之"（引自《左传》），1例"吾闻之也"（引自《礼记》），2例"S闻诸O曰"（分别引自《论语》《孟子》）。如：

（4）a. 魏献子问于蔡墨曰："吾闻之，虫莫智于龙，以其不生得也。谓之智，信乎？"（《论衡·龙虚》）

b. 魏献子问于蔡墨曰："吾闻之，虫莫知于龙，以其不生得也。谓之知，信乎？"（《左传·昭公二十九年》）

（5）a. 孔子之畜狗死，使子赣埋之，曰："吾闻之也，弊帷不弃，为埋马也；弊盖不弃，为埋狗也。丘也贫，无盖，于其封也，亦与之席，毋使其首陷焉！"（《论衡·祭意》）

b. 仲尼之畜狗死，使子贡埋之，曰："吾闻之也：敝帷不弃，为埋马也；敝盖不弃，为埋狗也。丘也贫，无盖，于其封也，亦予之席，

---

① "见两头蛇死"是紧缩复句，义"若见两头蛇，则死"。黄晖校"句脱'者'字，于义不明"，据引贾谊《新书·春秋》作"吾闻见两头蛇者死"，《新序·杂事》"闻见两头之蛇者死"并有"者"字，补"者"字。见［汉］王充著，黄晖撰：《论衡校释》，北京：中华书局，1990年，第267页。我们认为原句亦通，"者"字不是非补不可。

毋使其首陷焉。"(《礼记·檀弓下》)

（6）a. 佛肸召，子欲往。子路不说，曰："昔者，<u>由也闻诸夫子曰</u>：'亲于其身为不善者，君子不入也。'佛肸以中牟畔，子之往也，如之何？"（《论衡·问孔》）

b. 佛肸召，子欲往。子路曰："昔者<u>由也闻诸夫子曰</u>：'亲于其身为不善者，君子不入也。'佛肸以中牟畔，子之往也，如之何？"（《论语·阳货》）

《论衡》引用了很多先秦典籍中的故事，对其加以发问辩论①，其引用内容与原典籍一致性相当高，以上数处形式宾语式征引句式都直接袭用。

此外，其他地方不见"闻之"形式宾语式征引句式，这与西汉往后的规律相符。

《论衡》亦无客体式"有之（曰）"征引句式。

(二)《汉书》征引句式

《汉书》用"闻"直接引出征引内容最为常见，或征引事理，或征引故事。如：

（7）谷永说上曰："臣<u>闻</u>明于天地之性，不可或以神怪；知万物之情，不可罔以非类。"（《汉书·郊祀志下》）

（8）箕子乃言曰："我<u>闻</u>在昔，鲧陻洪水，汨陈其五行，帝乃震怒，弗畀《洪范》九畴，彝伦攸斁。鲧则殛死，禹乃嗣兴，天乃锡禹《洪范》九畴，彝伦攸叙。"（《汉书·五行志上》）

相比于《说苑》"闻夫"用"夫"提示后面征引内容为"闻"的宾语，

---

① 徐复观以《问孔》篇为例，断定王充的"理解能力是相当的低"，并且"始终没有把握到学术上的重要问题"。见徐复观：《两汉思想史》（二），北京：九州出版社，2014年，第546页。

《汉书》不用"夫","闻"带复杂宾语的功能进一步发展。

偶尔也有征引来源信息,如:

(9) 臣闻道路言,闽越王弟甲弑而杀之,甲以诛死,其民未有所属。……臣闻长老言,秦之时尝使尉屠睢击越,又使监禄凿渠通道。(《汉书·严助传》)

"臣闻长老言""臣闻道路言"中"闻"带与事成分表示征引来源,后通过"言"引出征引内容,为故事或情况,不是事理。征引来源"长老""道路"是模糊信息,表示"年长的人""路人",虽不精确,整个句式仍具有"传信"的效果。

《汉书》征引句中有一定量的形式宾语"之"句式,部分包含征引来源成分。其中双宾语式"S 闻之 O(曰)"3 例;表征引来源的与事成分,有时不是作为间接宾语,而是通过介词"于"引进,成"S 闻之于 O(曰)",共 3 例,偶尔主语亦省略。如下:

(10) a. 臣又闻之师曰:"妃匹之际,生民之始,万福之原。"婚姻之礼正,然后品物遂而天命全。(《汉书·匡衡传》)

b. 奉不肯与言,而上封事曰:"臣闻之于师,治道要务,在知下之邪正。人诚乡正,虽愚为用;若乃怀邪,知益为害。"(《汉书·翼奉传》)

c. 臣闻之于师曰,天地设位,悬日月,布星辰,分阴阳,定四时,列五行,以视圣人,名之曰道。(《汉书·翼奉传》)

d. 式曰:"闻之于师:客歌《骊驹》,主人歌《客毋庸归》。今日诸君为主人,日尚早,未可也。"(《汉书·儒林传·王式》)

(11) 太史公曰:"唯唯,否否,不然。余闻之先人曰:'虙戏至纯厚,作《易》八卦。尧舜之盛,《尚书》载之,礼乐作焉。汤武之隆,诗人歌之。《春秋》采善贬恶,推三代之德,褒周室,非独刺讥而已也。'"(《汉书·司马迁传》)

（12）上大夫壶遂曰："昔孔子为何作《春秋》哉?"太史公曰："余闻之董生：'周道废，孔子为鲁司寇，诸侯害之，大夫壅之。孔子知时之不用，道之不行也，是非二百四十二年之中，以为天下仪表，贬诸侯，讨大夫，以达王事而已矣。'子曰：'我欲载之空言，不如见之于行事之深切著明也。'"（《汉书·司马迁传》）

征引来源作为间接宾语或由"于"引进，以及"曰"是否出现，均有灵活性，如例（10）内诸例，具有较高相似性，b、c两句处于同一篇相近篇章之中，"曰"或现或无。

这些有征引标记（形式宾语"之"、引进征引内容的引导词"曰"）句式相对于"闻"直接带征引内容的句式来说，是较少的，如例（10a）所在篇章，当匡衡向皇帝上疏时，往往用"臣闻"开头引发观点，如"臣闻治乱安危之机，在乎审所用心。盖受命之王务在创业垂统传之无穷，继体之君心存于承宣先王之德而褒大其功"（《汉书·匡衡传》）。一定程度上，这也体现出"臣闻"征引句式的语用功能，由于其带有语义客观化的特点，从而减弱了主观性，由此在对话中，表现出委婉的语用效果。

《汉书》中形式宾语征引句带"曰"的共有4例，除例（10a）、(10c)、(11) 3例，还有1例"吾闻之曰"：

（13）刘子曰："吾闻之曰，民受天地之中以生，所谓命也。是以有礼义动作威仪之则，以定命也。能者养以之福，不能者败以取祸，是故君子勤礼，小人尽力。"（《汉书·五行志中之上》）

更多的是"闻之"式征引句，共有18例。其中8例"臣闻之"，5例"吾闻之"，3例"朕（汉文帝）闻之"，2例"仆闻之"，如：

（14）臣闻之，农夫劳而君子养焉，愚者言而智者择焉。臣安幸得为陛下守藩，以身为鄣蔽，人臣之任也。（《汉书·严助传》）

(15) 且吾闻之：壹阴壹阳，天墬之方；乃文乃质，王道之纲；有同有异，圣喆之常。故曰：慎修所志，守尔天符，委命共己，味道之腴，神之听之，名其舍诸！（《汉书·叙传上》）

(16) 诏曰："朕闻之，天生民，为之置君以养治之。人主不德，布政不均，则天示之灾以戒不治。"（《汉书·文帝纪》）

(17) 广武君辞曰："臣闻'亡国之大夫不可以图存，败军之将不可以语勇。'若臣者，何足以权大事乎！"信曰："仆闻之，百里奚居虞而虞亡，之秦而秦伯。非愚于虞而智于秦也，用与不用，听与不听耳。"（《汉书·韩信传》）

"闻"征引以事理为主，也有故事情况，如例（17），同一篇章中，"闻"直接征引俗论（事理），同篇中还有："广武君曰：臣闻'智者千虑，必有一失；愚者千虑，亦有一得。'故曰'狂夫之言，圣人择焉。'故恐臣计未足用，愿效愚忠。"经典话语的征引亦多直接由"闻"引出。该例中"仆闻之"或袭自《史记·淮阴侯列传》。《汉书·司马迁传》另有1例，为："仆闻之，修身者智之府也，爱施者仁之端也，取予者义之符也，耻辱者勇之决也，立名者行之极也。"

与《史记》相比，《汉书》征引句式主体式"闻之"句式类型相似，但数量明显减少，一些细微差异表现在：主语上，《汉书》增"余"，少"寡人"；句式上，有征引来源的句式，《汉书》更灵活，《史记》仅有"S闻之O曰"，《汉书》还有"S闻之于O曰"式，或省略"曰"。值得注意的是：《史记》还有客体式"有之"征引句式，《汉书》中不再见用。

(三) 其他典籍征引句式

《风俗通义》中征引句式多径用"闻"引起征引内容，如：

(18) 臣闻盛德之主，不能无异，但当变改，有以供御。（《风俗通义·十反》）

(19) 今<u>臣窃闻</u>云中太守魏尚，边之良将也，匈奴常犯塞为寇，尚追之，吏士争居前，乐尽死力，斩首上功，误差数级，下之吏，尚竟抵罪。(《风俗通义·正失》)

"臣闻"征引事理性内容或事件情况，此类"臣闻"更多体现出语用功能，使得发言呈现客观化，达到舒缓语气的作用。

征引典籍来源的如：

(20) <u>臣闻《易》曰</u>："天垂象，见吉凶。""观乎天文，以察时变。"(《风俗通义·十反》)

征引典籍的"闻O曰"句式，仅此1例，其他均直接用"S曰"（S为典籍名）。即征引典籍套用"闻"句式较少，体现出句式简练的特点。

(21) a. 唐顿首陈言："<u>闻之于祖父</u>，道廉颇、李牧为边将，市租诸入，皆输莫府，而赵王不问多少，日击牛洒酒，劳赐士大夫，赏异有加，故能立威名。"(《风俗通义·正失》)

b. <u>臣大父言</u>，李牧为赵将居边，军市之租皆自用飨士，赏赐决于外，不从中扰也。(《史记·张释之冯唐列传》)

例(21a)"闻之于祖父道"是"闻之于O道"的句式，是《风俗通义》中唯一的形式宾语征引句式，通过"于"引介征引来源，其关系词为"道"，征引内容为故实。这一内容《史记》有载，直接用"S言"征引句式（《汉书》同此）。《风俗通义》引用时改为"闻之于O道"，省略说话人主语，这一句式更具客观性，似能使语气更显委婉舒缓。

东汉口语性较强的《太平经》不见"闻之""有之"式征引句式，"闻"直接征引事理言论。如：

（22）吾闻积功于人，来报于天，是以吾常乐称天心也。(《太平经》卷四五)

"闻"直接征引事理言论，不再使用"闻之"句式。

二、两晋时期征引句式

我们也考察了中古时期其他代表性的典籍中征引句式的情况，如《三国志》《抱朴子》《搜神记》。

（一）《三国志》征引句式

《三国志》有"闻之""有之"征引句式。"闻之"式共有3例，2例无征引来源，1例有征引来源，为"闻之O"式，如下：

（23）吾闻之也，义不背亲，忠不违君，故东宗本州岛以为亲援，中扶郡将以安社稷，一举二得以徼忠孝，何以为非？(《三国志·魏志·臧洪传》)

（24）伏愚子曰："吾闻之，处大无患者恒多慢，处小有忧者恒思善，多慢则生乱，思善则生治，理之常也。故周文养民，以少取多，勾践恤众，以弱毙强，此其术也。"(《三国志·蜀志·谯周传》)

（25）或有讥余者曰："闻之前记，夫事与时并，名与功偕，然则名之与事，前哲之急务也。"(《三国志·蜀志·郤正传》)

主语用"吾"或缺省，3例均无关系词，1例有语气词"也"，征引事理。"闻之前记"中征引来源为"前记"，即历史记载。

"闻"式征引句式，更多的是"闻"直接引出征引内容，如：

（26）则稽首曰："臣闻古之圣王不以禽兽害人，今陛下方隆唐尧之化，而以猎戏多杀群吏，愚臣以为不可。敢以死请！"(《三国志·魏志·

苏则传》)

(27) 德谓督将成何曰:"吾闻良将不怯死以苟免,烈士不毁节以求生,今日,我死日也。"(《三国志·魏志·庞德传》)

(28) 昭书与春卿曰:"盖闻孝者不背亲以要利,仁者不忘君以徇私,志士不探乱以徼幸,智者不诡道以自危。"(《三国志·魏志·董昭传》)

"臣闻""吾闻"直接引出事理性言论,或主语缺省,以语气副词"盖"发语。亦有征引来源的,不用"之",而用"闻O曰",如:

(29) 臣闻文子曰:"不为福始,不为祸先。"今之否隔,友于同忧,而臣独倡言者,窃不愿于圣世使有不蒙施之物。(《三国志·魏志·陈思王植传》)

(30) 臣闻孟子曰:"君子穷则独善其身,达则兼善天下。"(《三国志·魏志·陈思王植传》)

2 例"臣闻O曰"中征引来源为某人,征引古人事理性言论,句法上可以看作兼语式。

《三国志》"有之"征引句式共有 3 例,主语为典籍名或记载类名词,如下:

(31)《周易》有之,礼言恭,德言盛,足下何有尽此美耶!(《三国志·吴志·吕岱传》)

(32) 四年,大司马曹真征蜀,肃上疏曰:"前志有之,'千里馈粮,士有饥色,樵苏后爨,师不宿饱',此谓平涂之行军者也。"(《三国志·魏志·王肃传》)

(33) 军志有之曰:"攻其无备,出其不意。"今掩其空虚,破之必矣。(《三国志·魏志·邓艾传》)

3 例"有之"句式,均征引事理性名言,仅 1 例有关系词"曰"。此类征引，有更为简练的句式，即"S曰"，如：

(34)《论语》曰："无为而治者其舜也与！恭己正南面而已。"言所任得其人，故优游而自逸也。(《三国志·吴志·楼玄传》)

(35) 故语曰："患为之者不知，知之者不得为也。"(《三国志·魏志·陈思王植传》)

(36) 里语曰："明镜所以照形，古事所以知今。"大王宜深以鲁王为戒，改易其行，战战兢兢，尽敬朝廷，如此则无求不得。(《三国志·吴志·孙奋传》)

"S曰"直接引出征引内容，主语或为典籍名，或为言语类指称名词，如"语""里语"等。

(二)《抱朴子》征引句式

《抱朴子》有多例"闻之"句式，亦有"有之"句式，有其特殊性。共有"闻之"征引句式5例，均为"抱朴子曰"所征引的内容，其中4例有征引来源。"闻之O云"2例，征引来源为"师""先师"，如：

(37) 抱朴子答曰："闻之先师云，仙人或升天，或住地，要于俱长生，去留各从其所好耳。"(《抱朴子·对俗》)

(38) 抱朴子曰："余闻之师云，人能知一，万事毕。知一者，无一之不知也。不知一者，无一之能知也。"(《抱朴子·地真》)

例(37)抱朴子回答他人疑问，主语缺省，例(38)主语为"余"，两例关系词均为"云"，均为征引师之言论。征引来源"先师、师"亦通过"于"引介，构成"闻之于O曰（云）"，共2例，为：

(39) 抱朴子曰："……吾闻之于先师曰：一在北极大渊之中，前有

明堂，后有绛宫，巍巍华盖，金楼穹隆……此真一之大略也。"（《抱朴子·地真》）

（40）抱朴子曰："<u>吾闻之于师</u>云，道术诸经，所思存念作，可以却恶防身者，乃有数千法。"（《抱朴子·地真》）

这两例与例（38）在同一篇，例（39）与例（38）在同一语段，前用"余闻之师云"，后用"吾闻之于先师曰"。例（38）位于开篇，例（40）亦位于段首，均通过征引师之言论来展开论述。《地真》篇其他段首亦有征引师言，而不用形式宾语句式的，如：

（41）抱朴子曰："<u>师言</u>服金丹大药，虽未去世，百邪不近也。"（《抱朴子·地真》）

此例直接用"师言"征引，更为直接简练。
还有1例"闻之"，是抱朴子陈述故实，为：

（42）抱朴子曰："<u>闻之</u>，汉末诸无行自相品藻次第，群骄慢傲，不入道检者，为都魁雄伯，四通八达。"（《抱朴子·刺骄》）

此例主语缺省，亦无征引来源，征引内容为叙述故实，此"闻之"具有话语标记的性质，即本质上并非征引。
《抱朴子》有2例"有之"征引句式，征引里语、谚语。如：

（43）<u>里语有之</u>：人在世间，日失一日，如牵牛羊以诣屠所，每进一步，而去死转近。此譬虽丑，而实理也。（《抱朴子·勤求》）
（44）抱朴子曰："凡为道合药，及避乱隐居者，莫不入山。然不知入山法者，多遇祸害。<u>故谚有之曰</u>，太华之下，白骨狼藉。皆谓偏知一事，不能博备，虽有求生之志，而反强死也。"（《抱朴子·登涉》）

2例"S有之（曰）"征引句式，一有关系词"曰"，一无。例（44）征引谚语不是由此引发论述，而是先阐述，再征引谚语加以佐证。此类征引谚语的用法，《抱朴子》还有数例，不过是直接用"谚云（曰）"引出谚语。如：

（45）郑君答余曰："世间金银皆善，然道士率皆贫。故<u>谚云</u>，无有肥仙人富道士也。"（《抱朴子·黄白》）

（46）书字人知之，犹尚写之多误。故<u>谚曰</u>，书三写，鱼成鲁，虚成虎，此之谓也。（《抱朴子·遐览》）

此二例"故谚云""故谚曰"功能与"故谚有之曰"相同，句式更简练直接。

(三)《搜神记》征引句式

《搜神记》有3例"闻"式征引句，如下：

（47）<u>吾闻</u>物老则群精依之，因衰而至。此其来也，岂以吾遇厄绝粮，从者病乎？（《搜神记》卷十八）

（48）仲尼曰："以丘所闻，羊也。<u>丘闻之</u>：木石之怪，夔魍蝄蜽；水中之怪是龙罔象；土中之怪曰羵羊。"[1]（《新辑搜神记》卷十六）

（49）女曰："<u>闻之诸姑</u>，妇人以贞专为德，洁白为称。"（《搜神记》卷二一）

1例"闻"直接引出事理言论，1例"闻之"征引知识，1例"闻之O"征引常理，有征引来源。不过例（48）本自《国语·鲁语下》，连同

---

[1] ［晋］干宝撰，李剑国辑校：《新辑搜神记》，北京：中华书局，2007年，第263页。

"丘闻之"征引句式亦为沿用。东汉口语中"S闻之"较少，或如例（49）主语省略更符合此期征引句式。

"闻之""有之"具有很强的书面语性质，如上可知，典型书面语《三国志》中两种句式还有所保留，但比起《史记》来，亦发生了较为明显的变化，"之"进一步脱落。《抱朴子》"闻之于O曰（云）"句式主要征引从师听说的内容，是对"闻之O"句式的拓展，不再纯粹表征引现成的事理性内容，"云"的见用，亦体现口语性特点。

三、南北朝时期征引句式

中古汉语由东汉延续至魏晋南北朝时期，故我们对南北朝时期的代表性典籍中征引句式亦作出考察，以《世说新语》和《齐民要术》为代表。

（一）《世说新语》征引句式

《世说新语》有很多征引古代典籍的用法，但魏晋人往往用为典故，如《诗经》中的诗句多在应对中引用活用，不着痕迹，更不需特定的征引句式。仅有2例"闻"式征引句式，无"有"式征引句。

（50）荣跪对曰："臣闻王者以天下为家，是以耿、亳无定处，九鼎迁洛邑，愿陛下勿以迁都为念！"（《世说新语·言语》）

（51）a. 汉成帝幸赵飞燕，飞燕谮班婕妤祝诅，于是考问，辞曰："妾闻死生有命，富贵在天。修善尚不蒙福，为邪欲以何望？若鬼神有知，不受邪佞之诉；若其无知，诉之何益？故不为也。"（《世说新语·贤媛》）

b. 考问班倢伃，倢伃对曰："妾闻'死生有命，富贵在天。'"（《汉书·外戚传下·孝成班倢伃传》）

口语对话中用"臣闻"征引，更多表达使语气更为舒缓的语用功能。"妾闻"征引俗语，沿用《汉书》。可见"闻"征引内容，对篇章的依赖性较高，不论是论说性还是叙述性的语篇。《世说新语》的口语性强，且为片断式条目,"篇章"被打破,影响了"闻"式征引句的使用。同时,"有(之)"书面语性质更强,亦不符合语体风格。

(二)《齐民要术》征引句式

《齐民要术》多引用谚语,一般直接用"谚曰",偶用"谚云",如:

(52) 谚曰:"富何卒?耕水窟。贫何卒?亦耕水窟。"言下田能贫能富。(《齐民要术·货殖》)

(53) 谚云:"赢牛劣马寒食下。"务在充饱调适而已。(《齐民要术·养牛、马、驴、骡》)

主体式征引句式少,不用形式宾语句,直接用"闻"带征引内容,如:

(54) 卓氏曰:"吾闻岷山之下,沃壄,下有蹲鸱,至死不饥。"(《齐民要术·货殖》)

此例或本自《史记·货殖列传》:"唯卓氏曰:'此地狭薄。吾闻汶山之下,沃野,下有蹲鸱,至死不饥。民工于市,易贾。"

《齐民要术》引谚语与《抱朴子》引用谚语功能不同,句段结构亦不同:《齐民要术》是通过谚语来说明道理,《抱朴子》多在阐释道理后征引谚语加以佐证。可见,典籍内容的性质不同,语体有差异,征引句式在结构、语法以及语用上均有较为明显的差异。

从东汉往后,征引句式以"闻"直接引出征引内容以及"S曰(云)"等径引内容为主。在《汉书》《三国志》中,"闻之"形式宾语保存数例,关系词"曰"偶尔保留,有脱落倾向,"闻之"出现无主语、无征引来源,且征引内容为叙述性内容的用法,其表征引的功能弱化,向话语标记演变。"有之"征引句式衰退得更厉害,因为其功能可直接被"曰(云)"替代,又不具备其他功能的衍生性。

中古时期口语性较强的典籍,如《太平经》《世说新语》等,不再使用"闻之""有之"征引句式,径用"闻"来征引,甚至"闻"字式征引句式亦少。这是由于"闻"字征引句式具有较强的书面语性质,对论说性语体具有依赖性。语体差异,对征引句式的选择具有影响。

第三节　唐宋汉语征引句式

"闻之""有之"系列形式宾语征引句式主要应用于书面语,唐宋时期,我们以《全唐文》《全宋文》为语料,考察其中形式宾语征引句式的使用情况,看其对经典征引句式的传承与新的发展。

一、《全唐文》征引句式

以《全唐文》为语料,对其中"闻之""有之"系列征引句式加以穷尽式研究,对其句式、主语以及征引内容性质等加以考察。

(一)"闻之"系列征引句式

"闻之"后有征引来源信息,再加征引内容的句式,共有43例,征引来源或通过双宾语式引出,或通过介词"于"引出,或"之""于"合音为"诸";没有征引来源信息的"闻之"征引句共有69例。

1. "闻之O曰(云)"句式

双宾语式"闻之O"较多见,共11例,多有关系词"曰"或"云",仅1例无关系词。

其中征引来源为典籍或记载的有3例,均有关系词,2例为"曰",1例为"云",如:

(1) 臣<u>闻之《传》</u>曰:"辛有适伊川,见被发于野者,曰:'不及百年,此其为戎乎?其礼先亡矣。'"(韩朝宗《谏作乞寒胡戏表》)

(2) 勋尝<u>闻之《大易》</u>曰:"人之所助者信也,天之所助者顺也。"

(王勃《上百里昌言疏》)

(3) 吾闻之《洪范》云：豫常燠，急常寒，狂乃阴雨为沴，僭则阳气来干。(卢肇《海潮赋》)

例(1)征引自《左传·僖公二十二年》。主语为"臣、吾"或自称名，"云"亦用于征引典籍，与"曰"差异淡化。

征引来源为某人或某人言论的，共6例，有不定指的"古人""学者"，或定指的"夫子""仲尼""太夫人""韩祭酒之言"等，亦均有关系词，4例为"曰"，2例为"云"。如：

(4) 文中子曰："通尝闻之夫子曰：古之为邦，有长久之策。故夏殷以下数百年，四海常一统也，后之为邦，行苟且之政，故魏晋以下数百年，九州无定主也。夫上失其道，民散久矣，一彼一此，何常之有？夫子之叹，盖忧皇纲之不振，生人劳于聚敛，而天下将乱乎？"(杜淹《文中子世家》)

(5) 抑臣闻之仲尼曰："明乎郊社之礼，禘尝之义"，是陛下德合祖宗，道符三五。(独孤及《贺赦表》)

(6) 余闻之学者曰：昔张旭善草书，出见公孙大娘舞剑器浑脱，鼓吹既作，言能使孤蓬自振，惊沙坐飞，而旭归为之书，则非常矣。(沈亚之《叙草书送山人王传乂》)

(7) 闻之韩祭酒之言曰："善艺树者，必壅以美壤，以时沃濯，其柯萌之锋，由是而锐也。"(沈亚之《送韩静略序》)

(8) 呜呼！予闻之古人云：人各有一死，死或重于泰山，生或轻于鸿毛。若死重于义，则视之如泰山也。若义重于死，则视之如鸿毛也。(白居易《李陵论》)

(9) 又闻之太夫人云："吾有子五十载，非其疾无一日之忧。"先夫人亦云："吾事夫子三十年，耳无忤声，目无暴色。"(张说《唐赠丹州刺史先府君神道碑铭序》)

多有主语,为"臣、余、予"或自称名,例(4)"通"为文中子王通自称名。《中说》后附《文中子世家》此句为:"文中子侍侧……曰:'通闻古之为邦,有长久之策。'"①《全唐文》收录版本,将"S 闻"直接征引改成了"S 闻之夫子曰"句式,这是更为符合上古典雅语体的句式。有两例缺省主语,如例(9)先后征引两人言语,"又闻之太夫人云……先夫人亦云……",可见此处"闻之"更多是篇章衔接上的功能,文气相贯,引出某人言语内容,即"闻之 O 云"与"S 云"句式的差异主要是前者与上文的篇章衔接更为自然,实际上"闻之 O 云"双宾语结构不是那么紧密,主语缺省即是其一个表现,"闻之"独立性较高,或向话语标记发展。这与征引内容为言语或叙述性内容有关,同时"云"的言说性质更明显,即"云"前面的人物就是"云"的施事,是具体的、指定的。例(8)"予闻之 O 云",有了主语,"闻之 O"的双宾语结构更为紧凑,"云"用同"曰"。

例(6)"余闻之学者曰",亦是非特指的来源,不过"学者"凸显的是来源的可据性。例(7)"闻之韩祭酒之言曰"中"闻之 O 曰"的来源宾语具体到"N 之言",凸显某人的话。

还有 1 例"闻之 O 曰"的来源宾语为处所词:

(10)<u>闻之京师曰</u>,米如买珠,薪如束桂,膏肉如玉,酒醴如登天。(马子才《送陈自然西上序》)

"闻之京师曰"中"京师"为处所名词,表示关于京师生活贵奢的信息来源于京师之人,为虚指,表明传闻的源头。

1 例"闻之 O",没有关系词,其来源宾语为"道路":

(11)<u>臣闻古之纲纪</u>,在乎降杀……<u>臣又闻之道路</u>,上至圣主,傍

---

① [隋]王通著,张沛校注:《中说校注·文中子世家》,北京:中华书局,2013 年,第 266 页。例(4)来自[清]董诰等编:《全唐文》,北京:中华书局,1983 年,第 1368 页。

洎贵臣，明明有罗织事矣……臣又闻之，郭宏霸自刺而唱快，万国俊被谴而遽亡，霍献可临终膝拳于项，李敬仁将死舌至于脐，皆众鬼满庭，群妖横道。（魏靖《理冤滥疏》）

"闻之道路"，"道路"表示"传说"，在一系列征引篇章中，或用"臣闻""臣又闻之道路""臣又闻之"，"闻"征引句式多变，一定程度上既有篇章衔接，又通过变化起到引起读者关注的效果。而"道路"这一来源宾语的附加，进一步削弱了说话人的主观性，使得语气更为舒缓。

2."闻之于O曰"句式

征引来源还通过"于"引介，对来源有凸显作用。《全唐文》共有5例，且均有关系词"曰"，为"闻之于O曰"式，如：

（12）吾闻之于《礼》曰："迎猫，为食田鼠也。"是礼缺而不行久矣！（陆龟蒙《记稻鼠》）

（13）臣闻之于师曰：元气者，天地之始，万物之祖，王政之大端也。（陈子昂《谏政理书》）

（14）吾尝闻之于师曰：体虚而气周，形静而神会。此盖为出世之元机，无名之大用矣。（施肩吾《养生辨疑诀》）

（15）值暇日，游沅江，观沧浪合流，闻之于渔人曰："瞿柏庭同学陈景昕，已五徙居，今复为桃源观道士，易名通微，又改正长，始均执劳，久练行事，传疑百说，不若一见。"（温造《瞿童述》）

（16）臣闻之于里曰：昔武德已前，黔黎萧条，无复生意，遭鲸鲵之荡汨。荒岁月而沸渭，衮服纷纷，朝廷多闻者，仍亘乎晋魏。（杜甫《朝享太庙赋》）

通过"于"引出征引来源的句式"（S）闻之于O曰"，来源或为典籍，或为定指某人（2例"师"），征引内容为事理性论说；亦有征引具有特定性质的集合名词，如例（15）征引"渔人"的说法，内容为叙述性故实，此例主语承上文篇章而省，该征引句式处于叙述篇章，而不是论说篇章，故主语缺省，符合篇章衔接的需要。

与"闻之京师曰"相似，处所征引来源还可以通过"于"引进，如例（16），"里"即"乡里"，亦征引故实情况，具有叙事性。

从征引对象性质来看，不同征引来源均可用双宾语或"于"字式两种句式。双宾语句式中，关系词出现"云"替换"曰"的例子，《抱朴子》已见；"于"字式征引来源宾语为定指对象，符合"于"的介词限定性，且其中关系词均用"曰"，不用"云"（《抱朴子》偶用）。

征引典籍、古人言论或具有一定权威意义的对象（夫子、师），多为征引典故或普遍事理；"道路""京师""里"等处所名词，一般表示征引某地传说或社会上流传的某一事实或情况；征引某人陈述某一事实的言语，如例（9），用形式宾语征引句式是较少的。

3."闻诸O"句式

《全唐文》中"闻之于"引出征引来源的句式，"之于"较多用合音字"诸"而成"闻诸O"句式，共有27例。"闻诸"句式引出征引内容，"诸"后宾语包括典籍、人物、处所（"道路"）三类。

征引典籍的有8例。句式主要为"S闻诸O曰"，征引内容引自具体、明确的某部典籍，有7例，多为上古典籍，其中《易》3引，《左传》《礼记》《郑志》各1引，还有1引《瑞应图》。如：

（17）臣闻诸《传》曰："天灾流行，国家代有。"（萧颖士《为从叔鸿胪少卿论旱请掩骼埋胔表》）

（18）臣闻诸《瑞应图》曰："天下太平，则庆云见。大子大孝，则庆云见。"（崔融《为泾州李刺史贺庆云见表》）

（19）盖闻诸《易》曰："有天地然后有万物，有万物然后有君臣，有君臣然后有上下。"（张景毓《县令岑君德政碑》）

（20）朕闻诸《礼》曰："刑禁暴，爵举贤，则政均矣，好恶著，则贤不肖别矣。"（苏颋《处分朝集使敕》）

主语"臣"3例,"朕"2例,还有2例缺省主语,如例(19),开篇即以"盖闻诸"征引内容。内容上,均征引事理。"朕闻诸O曰",如例(20)是拟诏文,以皇帝口吻言,故用"朕"。

此外,还有1例"S闻诸O"征引典籍,宾语为泛称性质的"旧史",内容为故实情况:

(21)<u>臣闻诸旧史</u>,昔武王定天下,至周公相成王,始暇制乐。(张濬《太庙宫悬依古礼用二十架奏》)

征引源为某人的共有16例,均为"S闻诸O曰(云)"句式,用"曰"8例,用"云"8例。其中征引源多为具体确定的某人,有孔子("夫子、仲尼")、"师"等,亦有唐代人物,如"孔颖达"等,共12例,如:

(22)<u>吾闻诸夫子曰</u>:"邦有道,贫且贱焉,耻也。"(卢照邻《对蜀父老问》)

(23)<u>尝闻诸师曰</u>:《易》称君子或出或处,盖君子与时消息,从道污隆。(李峤《上雍州高长史书》)

(24)<u>吾闻诸梅福曰</u>:"爵禄者,天下之砥石也。高皇帝所以砺世磨钝。"(刘禹锡《砥石赋》)

(25)世之儒曰:<u>吾闻诸孔颖达云</u>:阳尊得兼乎阴,阴不得兼乎阳也。(刘禹锡《辩易九六论》)

(26)<u>吾闻诸圭山云</u>,夫欲睹宗庙之邃美,望京邑之巨丽,必披图经而登高台,然后可尽得也。(裴休《注华严法界观门序》)

如例(26)裴文共有5处"吾闻诸圭山云"征引,在问答形式的篇章中作为答语出现。由上可见,征引来源为确定对象的,"闻诸O"后均有"曰""云"引出征引内容。据此,或可校定句式讹字。如:

(27) 吾闻诸君子非无位之患，惟立身实难。（萧颖士《送族弟旭帖经下第东归序》）

这一例，"闻诸"后的"君子"为后面内容的主语，而非"诸"的宾语，即并非征引源头，如此"诸"则缺乏宾语，故"诸"似当校为"之"。征引内容化自《论语·里仁》："子曰：'不患无位，患所以立。'"清萧与成《送邠州杨文学序》亦有相似征引："吾闻君子非无位之患，惟弗胜其位之为患。"① 该征引句式为"S 闻"直接带征引内容，"君子"属下。"闻"可带形式宾语"之"，但不能用"诸"。

征引源为某人，亦有非确定的对象，有4例，如：

(28) 臣闻诸古人曰："百姓足，君孰与不足？百姓不足，君孰与足？"盖君之与人，上下同体，无所间也。（张廷珪《论置监牧登莱和市牛羊奴婢疏》）

(29) 闻诸故老云：昔吴、许二君尝游兹地，夜睹青气，上属于天，相与叹曰："此非凡地，当为神仙之宅。"（徐铉《筠州清江县重修三清观记》）

例（28）征引内容本自《论语·颜渊》，为有若回答鲁哀公的话。张文征引时将引源模糊为"古人"，凸显征引内容。例（29）"诸"，另有钞本作"之"②，"闻之 O 云"与"闻诸 O 云"两种句式可以互换，差异在于引出 O 的句式结构不同，前者为双宾语结构，后者其实是"闻之于 O 云"句式。

(30) 尝闻诸君子曰：位不称德者有后。（李翱《故朔方节度掌书记

---

① ［清］冯奉初辑，吴二持点校：《潮州耆旧集》，广州：暨南大学出版社，2016 年，第 19 页。
② ［南唐］徐铉著，李振中校注：《徐铉集校注》，北京：中华书局，2016 年，第 374 页。

殿中侍御史昌黎韩君夫人京兆韦氏墓志铭》)

（31）近或闻诸侪类云：恃其绝足，往往奔放，不以文立制，而以文为戏。（裴度《寄李翱书》）

"侪类"指同辈朋友，"闻诸O云"为一个句式，《全唐文》在"侪类"后读开①，不妥。"古人、故老（年高而见识多的人）、君子、侪类"指称人物对象，但均为非确指对象。不过，其后亦均有"曰"或"云"引出征引内容。"云"更突出人物言语，征引内容为某一情况，"曰"则为征引某普遍事理。

"闻诸"句式除了带征引典籍或言论发出者，还有带特定处所名词"道路"的用法，共有3例，均为"闻诸道路"句式，语义上主要表达其后征引内容为"传言"，即没有可靠来源，往往是某种情况。这种"闻诸道路"句法上独立性强，如：

（32）顷者已蒙圣恩，量有拣放。闻诸道路，所出不多。（白居易《奏请加德音中节目二件·请拣放后宫内人》）

（33）臣闻诸道路，皆云：于頔、裴均，累有进奉，并请入朝，伏闻圣恩，已似允许。（白居易《论于頔、裴均状》）

（34）臣等闻诸道路，不知信否，皆云有诏追李光颜、李愬，欲于重阳节日，合宴群臣。（李珏《谏穆宗合宴群臣疏》）

"闻诸道路"，与前文"闻之道路"相似，直接引出听说的情况，如例（32）；还有2例征引内容通过"云"引出，此时其前用"皆"，主语承接"道路"，隐含"道路众人"，"皆"显示的是传言之广泛，一定程度上强化了"传信"效果。

不过，正由于是传言，故其可靠性是有待验证的，如例（34），在"闻

---

① ［清］董诰等编：《全唐文》，中华书局，1983年，第5462页。

诸"与"皆云"之间还加了一个插入语"不知信否",表达对传言的谨慎态度,起到舒缓语气的效果,使听话人更易接受。"皆"与插入语的出现,表明"闻诸道路"征引句式结构的松散性,这是"闻诸道路"与其他"闻诸O"征引句式的差异。

4."闻之"征引句式

"闻之"征引句式,先来说明两种情况:一是"闻之"少停顿语气词,二是不用关系词"曰"。

"闻之"后少用停顿语气词"矣",因为"闻之矣"中"之"多指代上文,"矣"表示已然。如"策曰:'帝皇之道奚是,王霸之理奚非'者,布在方册,臣闻之矣"(张说《永昌元年对词标文苑科制策并问第一道》)。

《全唐文》中"闻之"后带"矣"来征引内容的,仅有1例:

(35)然臣亦尝闻之矣,夫礼者始诸饮食,盛于冠婚,分而为阴阳,转而为太一。(沈谅《对贤良方正策》)

《全唐文》没有"闻之曰"征引句,仅有一例"吾闻之曰",用法为发表评论,"吾"字有异文"士",当为"士闻之曰"。

(36)吾闻之曰:"谣者之祥也,乃其所谓怪者也;笑者之非祥也,乃其所谓真祥者也。君子之祥也,以政不以怪,诚乎物而信乎道,人乐用命,熙熙然以效其有。斯其为政也,而独非祥也欤!"(柳宗元《连山郡复乳穴记》)[①]

从"闻之曰"的功能来看,主语为第一人称,多为征引句式,而主语为第三人称,则往往表达某人对某事(之)的评论,《左传》《说苑》在文末表达自己的评论时,亦多假托"君子"等主语,而不用"吾"。柳宗元此

[①] [清]董诰等编:《全唐文》,中华书局,1983年,第5865页。

例是文末对上文事件的评论，虽然这一评论就是柳宗元本人的看法，但行文上亦不宜用第一人称，借用"士"来表达评论，这是更为合理的。《柳宗元集校注》作"士闻之"，注引蒋之翘辑注本："士闻之，一作'吾闻之'。"又引何焯《义门读书记》卷三六："'吾'字作'士'字。"① 我们认为《全唐文》作"吾"，或误，当作"士"。

"闻之"句式中，主语为"臣"最多，因为《全唐文》中多有臣子向君主谏疏的文章。

"闻之"主语为"臣"，共44例，"闻之"前有时有副词，"又"居多，或"窃"，偶有二者兼用，另有"尝""实"，如：

(37) 臣闻之，五材并用，谁能去兵？小则施诸市朝，大则陈诸原野……臣又闻之，帝王者，则天而法地，长物以子人。(萧颖士《为从叔鸿胪少卿论旱请掩骼埋胔表》)

(38) 臣窃闻之，天之所辅者仁，人之所助者信。(魏徵《谏诏免租赋又令输纳疏》)

(39) 臣又窃闻之，陛下使工伎必能，是不欲其两伤也。如此推而进之，则建皇极，致雍熙，如指诸掌乎！(李渤(《上封事表》)

(40) 臣窃尝闻之，在尧舜之日，画其衣冠，当文景之时，几致刑措，历兹千载，以为美谈。(韦嗣立《省刑罚疏》)

(41) 臣某言：为臣之道，臣实闻之：有难则授命而不敢辞，事君无苟安之责；已安则避位而不敢处，量己无昧进之讥。(崔元翰《为河东副元帅马司徒请罢节度表第二表》)

有些"臣又闻之"是承接上文"臣闻之"的接续征引论说，如例(37)；有的前文论说未必有征引，只是进一步论说，如例(39)，这种情况

---

① [唐]柳宗元撰，尹占华、韩文奇校注：《柳宗元集校注·连山郡复乳穴记》，北京：中华书局，2013年，第1830页。[唐]柳宗元著：《柳宗元集》（篇名作《零陵郡复乳穴记》），北京：中华书局，1979年，第742页，亦作"士闻之曰"。

的"又"有时亦放在主语前面，如：

（42）<u>又臣闻之</u>，天飞水游，洞阴阳而不测，云行雨施，混神妙而无端。（许敬宗《贺富平县龙见表》）

例（41）是《为河东副元帅马司徒请罢节度表第二表》的开头，在征引句式之前，增加了一个"为臣之道"的话题，后面的"闻之"，容易误解为指代前面的这个话题，其实当为形式宾语句，具体指下文的内容。《为河东副元帅马司徒请罢节度表》开头为："臣燧言：'臣闻享其名者必有其实，受其赏者必有其功。'"用"臣闻"征引。两表开篇征引句式不同。

"闻之"征引句中有 10 例主语为"吾"，其中 2 例沿用古籍。如：

（43）<u>吾闻之</u>，生也全其道，没也全其素，是之谓君子。（穆员《监察御史裴府君墓志铭》）

（44）"又孔子既合葬于防，曰：'<u>吾闻之</u>，古也墓而不坟。'……孔子泫然流涕曰：'<u>吾闻之</u>，古不修墓。'"以三年之丧，天下之通制也。古不修墓，圣人之格言也。（皮日休《鄙孝议下篇》）

例（44）2 例"吾闻之"句式及其征引内容，均沿用《礼记·檀弓上》。除了"臣、吾"，主语还有自称谦辞"仆、某"，或第一人称代词"朕、余"等，或自称名，如：

（45）<u>朕闻之</u>：诸侯之孝，在上不骄，善人为邦，期月而可。（唐高宗《册纪王慎泽州刺史文》）

（46）<u>仆闻之</u>，世其家业不陨者，虽古犹乏也。（柳宗元《王氏伯仲唱和诗序》）

（47）<u>余又闻之</u>，国之衰也，忠贤先去。（李德裕《荀悦哀王商论》）

（48）抑<u>某又闻之</u>，昔管仲经邦，宾客有二；周公待士，吐握皆三。

(李商隐《为举人上翰林萧侍郎启》)

（49）<u>宗元闻之</u>，重远轻迩，贱视贵听，所由古矣。（柳宗元《上权德舆补阙温卷决进退启》）

"朕"（皇帝自称）、"仆""余"、自称名"宗元"各1次，还出现了自称谦辞"某"1次，这是此期新出现的用法。至宋代，"某"使用更多。

"闻之"征引句式亦有11例省略主语，较为凸显的是论说中往往用副词"抑"连起征引内容，承接上文省略主语，成"抑+adv+闻之"句式，其中10例副词为"又"，有时为承接前文"闻之"再次征引，1例副词为"尝"，如：

（50）<u>抑又闻之</u>：昔闵子骞为政，曰："仍旧贯，如之何？何必改作？"（王泠然《论荐书》）

（51）宗元闻之，重远轻迩，贱视贵听……<u>抑又闻之</u>，不鼓踊无以超泥涂，不曲促无以由险艰，不守常无以处明分，不执中无以趋夷轨。（柳宗元《上权德舆补阙温卷决进退启》）

（52）<u>抑尝闻之</u>，丹山九仞，烟峰非数篑之功，紫极千门，云台俟万楹之力。（王勃《上刘右相书》）

这些征引往往位于段首，引发论说。如例（50）上文还有："抑又闻：'屋漏在上，知之在下。'报国之重，莫若进贤。"用"闻"直接带征引内容，可见形式宾语"之"的使用有一定韵律因素，亦有一定随意性。

(二)"有之"系列征引句式

《全唐文》中亦可见一些"有"字式征引句式，"有之（曰）"共16例，包含典籍记载或古语。典籍记载类，有明确典籍名和不定记载两类，如：

(53) <u>《雅》有之曰</u>"文武吉甫，万邦为宪"，乐成有焉。（李华《御史大夫厅壁记》）

(54) <u>《易》不云乎</u>，仰观时变；<u>《诗》有之矣</u>，上列昭回。（崔翘《对家僮视天判》）

(55) <u>《易》有之曰</u>"笃实辉光"，<u>《书》不云乎</u>"沈潜刚克"。（颜真卿《鲜于氏离堆记》）

(56) <u>《诗》不云乎</u>"匪斧"，<u>《语》有之曰</u>"反隅"。（窦臮《述书赋下》）

(57) <u>在左氏《国语》有之</u>："晋公子亲筮之曰：'尚有晋国。'得贞屯悔豫皆八。"……<u>在《左氏春秋传》有之曰</u>："穆姜薨于东宫，始往而筮之，遇艮之八。史曰：'是谓艮之随。'"（刘禹锡《辩易九六论》）

征引《雅》《易》《诗》《论语》《国语》《左传》等这些典籍中的内容（例 53《雅》指《诗经·小雅》），共 6 例，其中有关系词"曰"的为 4 例，没有"曰"的为 2 例。"有之"后有语气词的"S 有之矣"1 例。"S 有之曰"并非完全征引典籍原文，亦可能为典籍文句概括之语，如例（56）"反隅"即指《论语·述而》"举一隅不以三隅反，则不复也"，前面引《诗经》"匪斧"即"折薪如之何？匪斧不克"。从上述几例来看，"S 有之曰"与"S 不云乎"两种方式多并用，使得征引句式有所变换，更具韵律之美。值得注意的是，例（57）典籍名前出现了介词"在"，成为"在 NP 有之（曰）"，则将典籍主语转变为介宾状语，语义上有对典籍加以凸显的效果，从而加强了征引的确认性与可信度。这也是此时新出现的征引句式。

除了特定的典籍之外，还有征引不定记载的，共有 3 例，2 例有关系词"曰"，1 例无：

(58) <u>兵法有之曰</u>："不恃敌之不来，恃此之不可胜。"（李翱《论事疏表·疏厚边兵》）

(59) <u>记有之</u>，凝冬不冱，永日清暑，盈虚应期，潋浣流恶，厨北

灵泉利用之极也。(杜鸿渐《百家岩寺碑》)

(60) 前志有之曰:"用之则如虎,不用则如鼠。"(李丹《为崔中丞进白鼠表》)

主语为"兵法"明确是特定性质类的典籍记载(兵法类的),主语为"记"或"前志"均泛指记载。

征引古语、俗语等,主语为"古语""俚语"或"语",共有7例,如下:

(61) 古语有之:"人无常俗,政有理乱;兵无强弱,将有能否。"(魏元忠《上高宗封事》)

(62) 古语有之:"顺旨者爱所由来,逆意者恶所从至。"(陆贽《兴元论解姜公辅状》)

(63) 俚语有之曰:"川壅则溃,月盈则匡。善败由己,吉凶何常。"(任公叔《登姑苏台赋》)

(64) 语有之曰:"政乱则勇者不为斗,德薄则贤者不为谋。"(李商隐《为濮阳公檄刘稹文》)

"古语有之"共5例,均不用"曰";"俚语有之""语有之"各1例,用"曰"。"曰"的使用或不用,似与双音韵律有关,但亦有一定随意性。

与东汉至魏晋南北朝时期相比,《全唐书》中"之"形式宾语句征引句式明显较为丰富,其中"S闻之(曰)"句式多见,"S有之(曰)"较少。征引句式上使用与上古汉语时期较为相似,随着汉语的演变也有一些新变化,诸如:主语更为丰富,新出现了自称谦辞"某"作主语;明确征引来源信息,除了用双宾语句式,还用"于"加以引介,"闻之于O曰(云)",或"之于"合音为"闻诸O曰(云);关系词"曰"省略为主,亦有所保留(在征引来源信息出现的句式中),同时沿用了东晋"云"替换"曰"的用法,这是言说动词"云"受了"曰"的类化作用而形成;此外,征引典籍，出现了"在"引介典籍的句式"在 NP 有之（曰）"。

《全唐文》"之"形式宾语征引句式的丰富及其用法的拓展，与唐代书面语对上古汉语的推崇有着重要影响。韩愈"把自己写的上继先秦两汉文体的奇句单行的散文叫作古文，和六朝以来流行已久的骈文相对立"，其后柳宗元大力推动，"写古文成为文坛上的主要风尚，这就是文学史上的古文运动"①。

形式宾语"之"构成的征引句式，在上古汉语散文风格的论说文中产生与发展，至唐代大倡"古文"背景下，与论说谏疏等文体相符。在臣子进疏中，往往采用形式多变的征引句式，一方面弱化了论说的主观性，使得语气更为舒缓；一方面凸显"言有所据"，增强了说服力。

二、《全宋文》征引句式

《全宋文》文章数量多，其中"闻之""有之"式的形式宾语征引句式大量使用，且具体句式丰富多样，下面将详细考察《全宋文》中的"闻之"系列征引句式、"有之"系列征引句式，以及二者融合式征引句式。

（一）"闻之"系列征引句式

《全宋文》中不含征引来源的句式"闻之（曰）"句式中，有"闻之曰"句式，即通过关系词"曰"来引出征引内容，32 例；没有关系词"曰"衔接，在"闻之"后直接加征引内容的句式共 646 例，其中有 22 例"闻之"后有语气词"也、矣"停顿。

1. "闻之曰"征引句式

（1）有主语的"闻之曰"征引句式。

有主语的"闻之曰"征引句式共 12 例，其中"臣"4 例（1 例"臣某"），"某"3 例，"愚"1 例，自称名1例，第一人称代词3例，其中2例"余"、1 例"予"。或引古书，如：

---

① 丁恩培：《古典文学与现代汉语讲析》，北京：光明日报出版社，2022 年，第 219 页。

(1) 抑某尝闻之曰："四郊多垒，卿大夫之辱也。"（薛季宣《复潘秀才书》）①

(2) 抑予闻之曰："仁之为道，远行者莫能至也。"又曰："仁远乎哉？我欲仁，斯仁至矣。"（包恢《远斋记》）

(3) 愚闻之曰："丰水有芑，武王岂不仕？诒厥孙谋，以燕翼子。"数世之仁也。（严昌宗《立武堂前廊题名记》）

(4) 穜闻之曰：人无显晦，道在则为尊。（郑穜《宋倪公道原墓志铭》）

例（1）征引内容出自《礼记·曲礼》"四郊多垒，此卿大夫之辱也"。例（2）连用两个征引，先引《礼记·表记》："子曰：'仁之为器重，其为道远，举者莫能胜也，行者莫能致也。'"后引《论语·述而》："子曰：'仁远乎哉？我欲仁，斯仁至矣。'"例（3）征引《诗经·大雅·文王有声》。例（4）引自汉邹长倩《遗公孙弘书》："夫人无幽显，道在则为尊。"可见是以上古经典为主要征引来源。

有1例"臣闻之曰"征引的是他人言语，如下：

(5) 臣承乏国子司业时，童贯修建武学落成矣，陈东为教谕，议率同列献书童贯，请车驾临幸，其中有不从者，遂至喧哗。臣闻之曰："武学落成，何预大学？"有云顷者乘舆幸大学，而武学生例被恩赐，此东所以建献书之议。（孙觌《侍御史论太学诸生伏阙札子》）

此段文字中"武学落成，何预大学"当即前文所说"其中有不从者，遂至喧哗"，指他们的意见，"臣闻之曰"中"之"似亦可指代前面的"喧哗"，指不同意见，不过"之"指向的真正内容还是后引之语。

偶有征引叙述某种情况，如：

---

① 由于《全宋文》征引句式相当丰富，且与上一部分《全唐文》征引句式研究相对独立，为方便行文，此部分例子独立编号。

(6) 某闻之曰，大庾伯舅之为人，常衡气拱手，抑首恂恂，如不能言。（程俱《宋故南安军大庾县尉赠朝奉大夫南城邓公墓表》）

此处叙述大庾伯舅的为人，通过"某闻之曰"句式来引出，表明非自己亲见，而是听说的情况。亦有些例子，可能是借用征引句式来发表论点，如：

(7)"圣人复起，不易吾言矣"者，孟子笃于自信之辞也。臣闻之曰：天下未尝一日无邪说也。圣王在上，教明而禁立，虽有邪说，而不得行耳。（陈傅良《经筵孟子讲义》）

(8) 如臣之愚，何足以奉承之？而臣尝闻之曰：明欲被于万物，化欲孚于四方，未有不自治心始也。夫治心者，圣人所以穷理之术也。（孔文仲《制科策》）

如上二例，"闻之曰"后面的内容较为明显是作者发出的阐发，但借用"闻之曰"句式引出，往往为具有一定普遍性的论点，由此引发进一步论述。

由上可见，"闻之曰"主语以自称谦辞类为主，第一人称代词不见用"吾"，而用"余、予"。征引内容多为古书言论，亦偶引故实，或借用征引句式阐发观点。

(2) 主语缺省的"闻之曰"征引句式。

《全宋文》用"闻之曰"征引内容，主语缺省的有20例，多为引用事理名言，或出自古代典籍，或出自俗语，偶有征引旧说。如：

(9) 闻之曰"川竭而谷盈，丘夷而渊实"，天下盖未始皆不足也。（陆九渊《刘晏知取予论》）

(10) 闻之曰"虽鞭之长不及马腹"，何则？（杨万里《国势下》）

(11) 闻之曰："虢有周文、武之师太公，其可以病告。"乃用太祝

之礼，祷而不祠。①（苏轼《祷雨蟠溪祝文》）

例（9）征引内容最早出自《庄子·胠箧》"夫川竭而谷虚，丘夷而渊实"；例（10）内容为古语，来自《左传·宣公十五年》："古人有言曰：'虽鞭之长，不及马腹。'"《左传》"古人有言曰"亦表征引古语；例（11）引用某种说法（非事理性名言），为后续做法提供依据。

主语缺省的"闻之曰"征引句，有个别前有副词，1例"抑"，3例"尝"，如：

（12）抑闻之曰：在德不在险，善始必善终。吾国其勿恃此险，而以仁政为甲兵，以人材为河山，以民心为垣墉也乎！（杨万里《海鳅赋》）

（13）尝闻之曰：天下之事有名是而实非者，有迹同而情异者。盖古之举逸民者，天下所以归心；古之存老马者，君子所以笃旧。（杨万里《上陈勉之丞相辞免新除宝谟阁直学士书》）

（14）尝闻之曰：文者，无形之画；画者，有形之文。二者异迹而同趣，以其皆能传生写似，为世之所贵珍。（孔武仲《东坡居士画怪石赋》）

（15）尝闻之曰：江左齐梁竞争一韵一字之奇巧，不出月露风云之形状。至唐末，则益多小巧，甚至于近鄙俚。迄于今，则弊尤极矣。（包恢《书侯体仁存拙稿后》）

"抑、尝"的使用，使得征引句式更为舒缓。"抑/尝闻之"征引的事理，有的可能来自古籍，如例（12）两句或出自《史记》，有的或是作者概括之语，如例（13）、（14），但用"尝闻之曰"，则体现出其普遍性与流传性。例（15）是征引故实情况，套用"尝闻之曰"句式以增强可信度。

（3）表达评论的"第一人称+闻之曰"句式。

---

① 大意为："我听到有这样的说法：'凤翔有周文王、周武王的师傅姜太公，你们可以向他祷告。'于是我采用大祭的礼节，向你祈祷而不用设斋的旧仪。"引自［宋］苏轼：《苏东坡全集》（注译本）第9册，北京：团结出版社，2021年，第250—251页。

《全宋文》中第一人称亦常见于表达对某事的看法或评论，如：

（16）人或谓之愚且讷，予闻之曰："学道贵达本息心也，若炫其能，矜其解，欲他之买者，吾不如行商坐贾也。"（释智圆《中庸子传中》）

（17）仆闻之曰："吾以尻为轮，以神为马，何曾上下乎？"（苏轼《记所作诗》）

（18）吾闻之曰：有是哉！夫天下之不足者生于贪，安于分者常自得。力不足而求仕，智不足而求名。噫，亦惑矣！吾可以自警也欤！（周行己《乐生传》）

（19）某闻之曰："嘻，有是哉！"（方岳《答高吏部札》）

（20）余闻之曰："辨哉！今也而泝之古，幽也而证之明。"（黄震《玉皇殿记》）

例（16）下文有"或谓曰……予应曰……"，表示对别人看法的回应，此处"予闻之曰"亦如此，前文讲自己"离群索居""研考经论，探索义观，得之于心，而不尚夸耀"，他人认为这是"愚且讷"，接着自己对这一看法加以回应。例（17）苏轼诗"日日出东门，步寻东城游……驾言写我忧"，章子厚评论："前步而后驾，何其上下纷纷也？"苏轼听了后以"仆闻之曰"作出回应辩解。

结合语段篇章对"第一人称+闻之曰"的这一用法可以看得更为清晰，如：

（21）既而连帅王公镕至而叹曰："徒祠而无以为享，久必废。"郡多不济刹，取宴云小寺产钱仅二百充祠田，令奉祠人主之，命僧有功住宴云寺，就佛殿后立玉阳祠。余闻之曰：亦祭于社之义也。[①]（刘克

[①] 《全宋文》注："曰，原缺，据清抄本补。"曾枣庄、刘琳主编：《全宋文》，上海辞书出版社，安徽教育出版社，2006年，第345页。我们赞同补"曰"，表示评论的"闻之曰"是连动式，"曰"不宜省略，故宜补。

庄《宴云寺玉阳先生韩公祠堂记》)

（22）札县改宝章林国博户为寒斋文隐林先生烝尝户。余闻之曰：祀田尚矣。（刘克庄《林寒斋烝尝田记》）

"闻之曰"即作者对前述事件发表的看法或评论，例（21）即指出建立玉阳祠即为祭祀乡贤的意义，例（22）表达对烝尝田做法的赞同与支持。

诸如此类，《全宋文》中颇为凸显，即第一人称的"S闻之曰"不再是征引句式的明显标记，相当一部分用于表达对"之"的看法或评论，这说明征引句式与评论句式的形式差异淡化，同时也说明宋代表达评论时更加主观化、个性化，不再特意转换为第三人称视角来求"客观性"效果，叙述性增强。

由此可见，宋文中，"闻之曰"表征引或表评论的主语分布差异已经开始混淆。这是从唐代到宋代发生的一个比较明显的转变，亦可窥见唐代古文运动倡导先秦典范文用语的影响——唐文第一人称"S闻之曰"严格用于征引，遵从先秦汉语规律。

2. "闻之"句式

"闻之"句式中，有小部分"闻之"后有语气词"也、矣"，仅22例，大部分没有语气词。其中12例"闻之也"，10例"闻之矣"，主语以及征引内容上均有一些特点。

12例"闻之也"，均有主语，"闻之"前均无其他副词。6例为"余"，2例"某"，4例"吾"。需注意的是宋人用"余、某"，4例"吾闻之也"均沿袭上古典籍句式，即文中引用上古典籍记载的人物语言，一并沿用了其使用的征引句式。如下：

（23）子柳曰："吾闻之也，君子不家于丧，请颁诸兄弟之贫者。"著在礼经，以为万世法。（杨时《沈夫人墓志铭》）

（24）a. 求之于古，能两尽其义者，其周之太王乎？……至其不免，乃属其耆老而告之曰："狄人之所欲者，吾土地也。吾闻之也，君子不

以其所以养人者害人。"(吴如愚《忍说》)

b. 孟子对曰："昔者大王居邠，狄人侵之。事之以皮币，不得免焉；事之以犬马，不得免焉；事之以珠玉，不得免焉。乃属其耆老而告之曰：'狄人之所欲者，吾土地也。<u>吾闻之也</u>：君子不以其所以养人者害人。二三子何患乎无君？我将去之。'"(《孟子·梁惠王下》)

（25）成子高寝疾，谓庆遗曰："<u>吾闻之也</u>，生有益于人，死不害于人。我死则择不食之地而葬我焉。"(魏了翁《中江县灵感庙神墓记》)

（26）贫道读周孔书，闻齐大夫成子高者谓庆遗曰："<u>吾闻之也</u>，生有益于人，死不害于人。吾纵无益于人，吾可以死害于人哉！我死，则择不食之地而葬焉。"(释智圆《又祭孤山神文》)

例（23）故事来自《礼记·檀弓上》；例（24）"吾闻之也"的说话人即上文的"周之太王"，该段内容本自《孟子·梁惠王下》；例（25）、（26）内容来自同一个故事，载于《礼记·檀弓上》。4例"吾闻之也"均为原典籍所用征引句式，宋人征引沿用了这一句式。"吾闻之也"是典型的上古汉语征引句式。

6例"余"、2例"某"主语的"闻之也"句式，如：

（27）<u>余闻之也</u>，人无显晦，道在则为尊。(吕陶《周居士墓志铭》)

（28）<u>余闻之也</u>，自王者之迹熄而泽亡，《南陔》《白华》之诗不作于世，而先王之美俗散矣。(陆佃《永慕亭记》)

（29）<u>某闻之也</u>，有以制天下之动而不劳，有以群天下之散而不乱者，法是也。(刘跂《代陈伯通见许少张书》)

"闻之"前没有其他副词，"闻之也"多征引事理性内容，偶征引相关看法，如例（28）、（29）。例（29）"某闻之也"用于文章开篇，通过征引发起论述。

10例"闻之矣"句式,主语分布为:"吾"3例,"某"2例,"愚"1例,4例主语缺省。征引内容上,征引事理言语,亦征引事迹或情况。

(30) 已而已而,<u>吾闻之矣</u>:"积善之家,必有余庆;积不善之家,必有余殃。"(释遵式《野庙志》)

(31) 虽然,<u>某尝闻之矣</u>,祸莫大于蔽贤,福莫长于荐士。(秦观《上宰相王岐公论荐士书》)

(32) 虽然,<u>吾尝闻之矣</u>,孝严先大夫病,有官不肯仕,不解带直床不下者七年。(洪迈《程孝严字序》)

(33) <u>愚窃闻之矣</u>,岁戊申久不雨,民无生意,先生斋宿吁帝,愿减龄以救天下,其词良痛,明日雨,明年先生殁。(许月卿《友仁先生圹记》)

(34) <u>尝闻之矣</u>,法张持久者,一时之苟且不存焉;弊起功初者,力继之缮完每出其后焉。(刘弇《策问第三十一》)

(35) <u>盖尝窃闻之矣</u>,学者之患,莫大乎自足而止,曰:"学如是,是亦足矣。"(范浚《拙懒轩记》)

"闻之矣"句式,仅1例前面没有副词,其他9例均有副词,如"尝、窃、窃尝、盖尝窃、固尝"等,"矣"的使用表示"已然",标识"闻之"的"已然"性质,其实当使用"闻之"征引句式时,就隐含着"闻之"的"已然"性质,故"矣"的使用并非必须,见用亦少,"闻之"征引句式中仅占1.54%。

与"矣"标识"已然"性质相应,"闻之矣"前多有时间副词"尝"的使用。"闻之矣"征引叙事性质内容较"闻之也"更多。"也"表达"确认"语气,与"矣"功能有一定相似性,但"S闻之也"凝固性更强,表现在主语不缺省,且主谓之间不插入其他副词。"闻之矣"句式更为灵活。

"闻之"征引句式,征引事理性言论之外,征引故实或某种情况渐多。

此外，主语上体现宋代的特点，主要包括自称谦称类、第一人称代词类与自称主语缺省类。

我们将上述带"也/矣"的"闻之"句式一并纳入考虑主语分布情况，《全宋文》中无征引来源信息、无关系词的"闻之"征引句式共646例。其中自称谦称类，包括"臣、某、自称名、愚、仆、叟"，共309例，占总数646例的47.83%，接近一半；第一人称代词类，包括"吾、余、予、我、朕"，共117例，占18.11%；主语缺省类共220例，占34.06%。可见，自称谦称类显著，主语缺省类也很多，另外，第一人称代词中"吾"的使用，如上文"吾闻之也"所示，不少是沿用了早期古籍里的征引句式。这些现象值得重视。

我们统计了《全宋文》646例"闻之"征引句式不同主语的分布情况，如表1所示：

表1 《全宋文》"闻之"征引句式主语情况

主语类别		例数（例）	比例（%）	说　　明
省略主语		220	34.06	4例"闻之矣"，前有副词"尝、窃尝、盖尝窃、固尝"；其他"闻之"前或有副词"盖、盖尝、窃尝、抑、抑尝、抑又、又、抑犹、窃惟、信"
自称谦辞	臣	146	22.60	"闻之"前或有副词"又、窃、尝、抑、窃伏"
	某	82	12.69	2例"某闻之也"；2例"某尝闻之矣"；少数"闻之"前有"窃、尝、抑、窃尝"
	自称名	56	8.67	"闻之"前或有副词"窃、窃尝、又"
	愚	18	2.79	1例"愚窃闻之矣"；其他"闻之"前或有副词"尝、又"
	仆	6	0.93	
	叟	1	0.15	"以叟闻之"

续　表

主语类别		例数（例）	比例（%）	说　　明
第一人称代词	吾	56	8.67	4例"吾闻之也"均为沿用上古典籍征引句式；有3例"吾闻之矣"，其中2例"闻之"前有"尝"；其他"闻之"前或有副词"又"
	余	29	4.49	6例"余闻之也"；"闻之"前或有副词"又、尝、抑、抑又"
	予	28	4.33	"闻之"前或有副词"又、窃、尝"
	我	1	0.15	
	朕	3	0.46	

宋代洪迈在《乞纠举子程文之弊奏》中指出：

> 窃见近年举子程文，流弊日甚，固尝深轸宸虑。以臣僚建请，下之礼闱，盖将训齐士类，革去旧习。然渐渍以久，未能遽然化成。仰惟祖宗事实，载在国史，稽诸法令，不许私自传习。而举子左掠右取，不过采诸传记杂说，以为场屋之备。牵强引用，类多讹舛，不择重轻，虽非所当言，亦无忌避。其所自称者，又悉变"愚"为"吾"，或于述时事继以"吾尝闻之""吾以谓"等语。其间得占前列，皆尘睿览，臣子之谊，尤非所宜。①

其文中谈到科举程文弊病中的征引不当问题，尤其是"自称"或"述时事"时的用语问题。关于自称，洪迈认为宜用"愚"，不宜用"吾"，即当用谦称；关于述时事，不宜用"吾尝闻之""吾以谓"等语。

从"闻之"句式即可看出，宋文以用"愚"类谦辞为主，"吾"的使用确实有其特殊性，不适宜举子程文语体。述时事，宋文多用"闻之"系

---

① 曾枣庄、刘琳主编：《全宋文》，上海辞书出版社，安徽教育出版社，2006年，第8页。

列句式。下文我们也将谈到，"闻之""闻之O"或"闻诸"句式，看似征引关于时事的言论，其实本质上是"述时事"，形式上套用征引句式。不过洪迈此处批评的或仍与主语"吾"的使用不当有关。宋文中"吾以谓"句式表达观点，"以谓"义同"以为"，"以为"较"以谓"更常用。"以谓"主语"吾" 21 例，"余" 45 例，"吾"使用不多，说明不是主流用法（更多用"愚"，有 150 余例，且常常与"臣"并称，即"臣愚以谓"）。

（1）自称谦辞类主语"闻之"征引句式。

《全宋文》中"闻之"征引句式，主语为自称谦辞类的，有"臣、某、自称名、愚、仆、叟"①，其中"臣"有 146 例，占"闻之"总数的 22.60%，"闻之"前或有副词"又、窃、尝、抑"等②。如：

（36）<u>臣闻之</u>：屋漏在上，知之在下，政事有阙，必访旁议。（张方平《政体论·政理之要在广言路》）

（37）<u>臣又闻之</u>：天下技巧华靡之玩，未有不始于京师。（孔文仲《制科策》）

（38）<u>臣又窃闻之</u>，自顷岁以来，大臣奏事，陛下无所诘问，直可之而已。（苏轼《御试制科策》）

（39）虽然，<u>臣尝闻之</u>，责人非难，责己惟难。御史，责人者也。（曾肇《重修御史台记》）

（40）虽然，<u>臣抑闻之</u>，图天下之治者存乎意，无良法以施之，则虽有良意不能立；施天下之意者存乎法，无良材以守之，则虽有良法不能行。（陆佃《御试策》）

（41）<u>抑臣闻之</u>，桧之始罢相也，上召当制学士綦崇礼，出桧二策，示以御札，明著其罪，日星焜耀，垂戒万古，岂易磨灭哉（岳珂《吁

---

① 《全宋文》收录很多臣子的奏疏，故臣对君多自称"臣"，我们纳入"谦辞"类。
② 上文提到"以谓"句式中有很多"臣愚"连用的，在"臣以谓"中间插入"愚"，往往"臣"表身份，"愚"表谦敬。不过，在"闻之"征引句式中，无"臣愚"连用现象，盖由于"闻之"征引与"以谓"表看法两种句式本身表义有差异，"以谓"主观性强，而"闻之"则为客观性表达式，主语为"臣"时，或用副词"窃"，不用"愚"。

天辨诬通叙》)

"臣闻之"征引内容或为事理言论，或为事件情况。"闻之"前多用"尝"或"又"，在论述中引出话题或展开论说。

"抑"是副词，《汉语大词典》释"犹又，表示重复，连续"，引宋辛弃疾文"臣抑闻……"。《全宋文》"闻之"征引句中，有"抑"138例，与"窃、尝"等只能位于"闻之"前不同，"抑"既可以位于主语之前，亦可以位于"闻之"之前。"臣闻之"例中，仅1例"臣抑闻之"，"抑"在主语前的有20例，"抑"亦多处于无主语的"闻之"前，构成"抑闻之"征引句式，往往通过征引发起连续的论说。

"抑"的这种用法，在唐文中已见用，只是还较少。如：

(42) <u>抑闻之</u>古人曰："皇天无亲，惟德是辅。"（王项《唐故颍川陈夫人墓志铭》)

(43) <u>抑尝闻之</u>：丹山九仞，烟峰非数篑之功；紫极千门，云台俟万楹之力。（王勃《上刘右相书》）

《汉语大词典》"抑"该义项宜补唐代书证，提前时代。

"闻之"征引句式主语为"某"的有82例，占12.69%，其中2例有"也"、2例有"矣"，其余78例为"某闻之"加征引内容，其中少数"闻之"前有"窃、尝、抑、窃尝"等副词。

(44) 相公阁下：<u>某闻之</u>，善御者鞭棰之下无驽马，良工斤斧之侧无弃材。（黄庶《谢青州文相公书》）

(45) <u>某尝闻之</u>，勿之为言，禁止之谓也。（真德秀《勿斋箴》）

(46) <u>某又闻之</u>，大河之源发于昆仑，其流而下者，才一滴耳。（陈渊《上杨判官书》）

(47) <u>某窃尝闻之</u>，古之君子非徒学之为能，学而能用之之为急也。

(廖行《代上湖南赵仓书》)

（48）某抑闻之，横一木而栋明堂者，其力固多，然其下有柱，柱下有石，石下有土，积三物而栋乃成焉。（范浚《代上范丞相书》）

（49）某窃闻之，师道立则善人多。（真德秀《请郑林杨三士入尊行堂书》）

"臣"一般用于臣子对君王的奏疏、程文，"某"则主要用于书启。关于"某"的自称义用法，《汉语大词典》释为"自称之词。指代'我'或本名。旧时谦虚的用法。"《词诠》将"某"的用法定义为"虚指指示代词"，并按《汉书·楚元王传》"高祖曰：'某非敢忘封之也，为其母不长者。'"等例中"某"为："史家避高帝之讳改称，非人可自陈'某'也。后世如《朱子语类》常自称某，此亦朱子言时自称其名，而弟子记语者讳之曰某。后人竟误以某为自称，乃是自讳其名矣。抑何可笑也！"①刘家钰对此提出商榷，认为"早在朱熹之前，即已有自讳其名面称己曰'某'者了"，说明唐代书启即多以"某"自代，认为"自讳其名而称己曰'某'，正是称引尊者道语自述其名时为避讳而代之以'某'的意义的进一步发展变化"②。从《全宋文》收朱熹文来看，其征引句式尤多用"熹闻之"，或主语缺省，不用"某闻之"，可见《朱子语类》中"某"未必就是朱熹自称，或如杨树达所说，弟子记录时为避讳而改朱熹自称名为"某"，这是可能的，不可据唐宋已多有"某"自称的用法来对其加以否定。

《词诠》及刘文提到的"自讳"说，为"某"的自称义用法的来源提供了启发，从避讳角度而言，避尊者讳，用"某"代其名，自讳代己名，其用法与谦敬用法相通。在唐宋"某"自称开始较多使用时，如"某闻之"在《全宋文》中多用于书启，主要语用是表自谦，故将其归于"自称谦辞"。

《全宋文》"闻之"征引句式主语为自称名的，多见于"记"类文章或

---

① 杨树达：《词诠》，北京：中华书局，2004年，第23—24页。
② 刘家钰：《"某"的自称义探析》，载《古汉语研究》，1993（2）。

书启,有56例,占8.67%,"闻之"前或有副词"窃、窃尝、又、亦"。

(50) 抑葆闻之,积善之家必有余庆,苟积而不能继,虽栾书不能垂远也。(王葆《王恭简义田记》)

(51) 石闻之,恩义两尽者君父之美,忠孝兼得者臣子之事。(李石《广锡堂记》)

(52) 熹窃尝闻之,侍郎知《易》学之妙,深造理窟,每恨不得执经请业。(朱熹《答李寿翁》)

(53) 抑坚闻之:《大易》居行,先以学聚问辩;《中庸》笃行,先以学问思辩。(吴坚《朱子语类序》)

《全宋文》中,"闻之"征引句式,用自称名作主语,有一定的个人习惯倾向,如朱熹文有15例,"熹(窃/又/窃尝)闻之",李石文中有5见"石闻之"(1例有副词"亦")。征引内容兼有事理、故事与某情况。

"闻之"征引句式用"愚"作主语的,有18例,占2.79%,1例有"矣",少数"闻之"前或有副词"尝、又"。

(54) 愚闻之,汉制赃吏禁锢,子孙三世不得入仕。(费枢《廉吏传序》)

(55) 愚闻之,明主所以制俗,非制于俗也;大臣所以持势,非持于势也。(李石《持战守之势使之定论》)

(56) 愚尝闻之,浴不必江河,要之洗垢;马不必骐骥,要之善走。(杨万里《问今日屡诏举贤良而未有应选者》)

(57) 愚又闻之,不亟不徐,相时而动。(李流谦《送虞宣枢序》)

"愚"是自称的谦辞,"愚闻之"用于征引故实或事理,在文章中表谦,如例(55)可用于开篇征引导入论题。

"仆"作"闻之"征引句主语共有6例。"仆"也是自称的谦辞,"仆

闻之"主要用于文章或书启,均征引事理性言论,而非述事,且"闻之"前无其他副词修饰。如:

(58) 仆闻之,施者不因,守者不给。(陈师道《答晁深之书》)
(59) 仆闻之,陈义于其上之人,有间则易投,有因则易合。(陈造《与杨总领书》)
(60) 抑仆闻之,凤鸣于有道之国。(王迈《朝阳斋记》)

有2例"仆闻之"位于开篇,如例(59)。
还有1例亦可归为自称谦辞,为:

(61) 以叟闻之,器不大者响不洪,求之诚者应必露。(吕南公《与杨次公书二》)

在书信中征引内容,"闻之"主事为"叟",即自称为"叟",通过介词"以"引介,构成介宾状语。这是特殊的征引句式。
(2) 第一人称类主语"闻之"征引句式。
"闻之"征引句式主语为第一人称的共有117例,占18.11%,第一人称包括"吾、余、予、我、朕"。
"吾"为主语,共有56例,其中有部分是沿用古籍中征引句式而来,如上文讨论过的4例"吾闻之也"均如此,此外"吾闻之"征引句式亦有部分属于这种情况。如:

(62) 闻之,夫子既得合葬于防,门人后,雨甚至,曰:"尔来何迟也?"曰:"防墓崩。"夫子不应。三言之,乃泫然流涕,曰:"吾闻之,古不修墓。"(晁补之《特进改葬祭告文》)
(63) 刘向《新序》:"……定公不悦,以告左右,曰:'吾闻之,君子不谗人乎!'"(张纲《进故事二》)

两例"吾闻之"均为征引篇章中的人物言语运用征引句式,征引句式均沿用了古籍的句式,分别来自《礼记·檀弓上》《新序·杂事》。后一例明确交代了引用自"刘向《新序》",此段内容为:"定公不悦,以告左右曰:'吾闻之:君子不谗人,君子亦谗人乎?'"征引文字有差异,但征引句式沿袭未变。

可见,对于《全宋文》中的"吾闻之"宜作具体分析,其中有历史层次差异,不是都属于宋代的同一层面。"吾闻之(也)"句式是上古汉语征引事理名言的典型句式,到了宋代,尤其是举子程文中可能被认为不适宜。

宋文中"吾闻之"用于征引事理名言,如例(64);亦常用于表述故实、情况,如例(65)。

(64)虽然,吾闻之,惟知道者可以不忧。兄其亟为学,其犹可及壮也。(刘敞《送从兄赴选序》)

(65)吾闻之,六国合从而辩说之材出,刘、项并世而筹画战斗之徒起,唐太宗欲治而谟谋谏诤之佐来。(王安石《材论》)

"余"作"闻之"征引句式主语共29例,其中6例有"也",其余"闻之"前或有副词"又、尝、抑、抑又"。如:

(66)余闻之,鸟巢南枝,狐死首丘。(释惠洪《祭赵君文》)

(67)余尝闻之:所谓士者,志于道而已矣。(谢薖《新城县儒学记》)

(68)抑余闻之:昔人有以千金求千里马者,不得,则以五百金买其骨焉,不逾期而千里马至者三。(陈亮《英豪录序》)

(69)余又闻之,六十年甲子一周,周则气数未必如旧。(姚勉《邹氏同宗义约序》)

"余闻之"句式主要征引事理名言或俗谚,亦征引故实、知识等。如上述例子,"余"作主语,主要用于一般文章中。

"予"作"闻之"征引句式主语,共有 28 例,"闻之"前或有副词"又、窃、尝"。如:

(70) 予闻之,乐莫善于如意,忧莫惨于不如意。(苏辙《遗老斋记》)

(71) 予窃闻之,薛大鼎在唐为沧州刺史。(王之道《和州重开新河记》)

(72) 虽然,予尝闻之,兄弟天伦也,夫妇人合也,孝友天性也,利害之所在,人伪之所从起也。(吴儆《读友于堂诗书其后》)

"予闻之"征引亦多引古代言论事理,亦用于征引事件情况。其用法与"余"相似,不过"余"有"余闻之也"句式,"予"没有。

《全宋文》"闻之"征引句式主语用"我"仅 1 例:

(73) 尉番阳王君枏扬袂而起,曰:"我闻之:有功斯赏,有德斯报。惟今之宜,犹古之道。"(薛季宣《诚台礼复文》)

此例是王枏对薛季宣诚台礼的质疑,征引内容用"我闻之","我"的使用具有极强的主观性,与"扬袂而起"的气势相贯。"我闻之"在宋文征引句式中极少,亦属特殊用法。

"朕"作主语的"闻之"征引句式,共 3 例,均在制诰文中,因以皇帝口吻,故用"朕",为皇帝自称。

(74) 朕闻之,成王之政,周公在前,召公在后,毕公在左,史佚在右。(苏轼《赐太师平章军国重事文彦博上第一表乞致仕不许批答二》)

(75) 敕:朕闻之,仙以忠孝仁义为本。(周必大《郴州苏仙观冲素真人加封制》)

(76) 敕:朕闻之,周以鲁孝公训国子,而汉亦谓刘德谨重,使为太常,以率宗室。(陈傅良《右丞相赵汝愚初拜赠三代并妻制·父善应

赠温国公》)

(3) 主语缺省的"闻之"征引句式。

"闻之"征引句前省略主语的，共有 220 例，占 34.06%，其中 4 例有"矣"。随着主语的缺省，"闻之"前较多出现"窃、尝、抑"等副词。

部分"闻之"主语是承接前文而省，尤其是篇章中连续征引，第一个征引外，后续往往用"抑闻之""抑又闻之"等缺省主语的征引句式。同时，也有不少"闻之"主语是隐含的，它们见用于篇首或段首，引发论题。如开篇的有：

(77) 窃尝闻之：仕而不求知于人者，伪也；求知于人而不得其正者，辱也。(赵逵《上孙太冲书》)
(78) 尝闻之，能足食者不敛民，善养兵者不蠹国。(赵善括《足兵食札子》)

"闻之"单独征引内容，多征引事理名言，亦常征引故实、情况等。如：

(79) 闻之福莫长于无祸，故古之君子祭不欲祈。(晁补之《除夕祭北京教授廨土地神文》)
(80) 闻之每岁往来不下四五十舟，乃无非木板、螺头等物，而坐听其空竭吾国家之重宝，岂不惧哉！(包恢《禁铜钱申省状》)
(81) 抑闻之，昔人以太白为谪仙，则文词之豪，非神仙似不能为。(郑昂《希元观妙先生祠堂记》)
(82) 盖闻之，凡为士者学必贵于博，非博则无以至于约，然其大归必贵于有用，则始为不徒学也。(李埴《舆地纪胜序》)

当"闻之"前面有其他副词时，"闻之"后往往停顿明显，若前面没有其他副词成分,则"闻之"与后续成分衔接更为密切。这是因为"闻"的内容形式上过长,"之"在句法上作为其形式宾语,句法完形,故其后可停顿,当有其他成分时,"[Adv]闻之"独立性更为明显;没有其他成分时,"闻之"凝固性更高,相当于"闻"。再如:

(83)然视天下固不当什一,而<u>闻之</u>东南荐绅已渐有忌恶蜀士之意。(程敦厚《送唐立夫赴召序》)

在"闻之"征引句式中,句首常用语气副词"盖",表示"大概",其功能主要也是表达委婉。"盖闻之"较少,多"盖尝闻之"句式。"尝"的参与,使句式更符合韵律节奏。如:

(84)<u>盖闻之</u>,道得其机则其入易,不得其机则其入难。(曾丰《代人上李参政书》)

(85)<u>盖尝闻之</u>,用兵有权,权之所在,其国乃胜。(苏轼《策断一》)

(86)<u>盖尝闻之</u>,孔子相鲁,三月而政成;子产相郑,三年而政成。(范浚《任相》)

如上,"盖(尝)闻之"多引用事理,亦偶引故实。"盖"的使用使征引内容的"绝对性"弱化,从而使得论说语气更为舒缓。

3. "闻之O"句式

《全宋文》有不少"闻之"句式还有征引来源成分,较为常见的是"闻之O"双宾语句式,其中直接宾语成分为形式宾语,间接宾语即征引来源。有时后面会有"曰"等关系词引出征引内容,更多是没有"曰"等关系词的"闻之O"征引句式。

(1)有关系词的"闻之O"征引句式。

a. 关系词为"曰"的"闻之O"征引句式。

"闻之O"通过关系词来衔接征引内容,以"曰"最多,其中征引来源为人物的有 124 例，征引来源为典籍或记载、言语的有 73 例，还有 2 例为处所"道涂（途）、行路"。征引来源为人物用例中，征引古人多引言语事理，如孔子、孟轲、叔向、申包胥、孙武等；也有泛称的"古人"，来征引俗语；此外，征引古人或"父老、乡老、长老尊宿、先公"等，多征引故实或某种情况。如：

(87) 补之闻之孔子曰："士任重而道远。仁以为己任，不亦重乎！死而后已，不亦远乎！"（晁补之《朝奉大夫提举京东路保马兼保甲事杨公墓志铭》）

(88) 某闻之孟轲曰："未有仁而遗其亲者也，未有义而后其君者也。"（李廌《代阳翟令右宣义郎孙愭作进其父资政尚书康简公永文集上宰相执政书》）

(89) 吾闻之申包胥曰："人众者胜天，天定亦能胜人。"（苏轼《三槐堂铭》）

(90) 某尝闻之古人曰："一年之计种之以谷，十年之计种之以木，百年之计种之以德。"（周紫芝《实录院种木记》）

"闻之 O 曰"征引古人言论，对孔、孟征引较多，俗谚较少。亦有引述故实或情况的，如：

(91) 臣闻之汉相王嘉曰："孝文帝时，二千石长吏，安官乐职，上下相望，莫有苟且之意。"（《苏轼《徐州上皇帝书》）

(92) 既而闻之乡老曰："君学道坚决，若与物无心，而事所当为，靡不周尽。律身俭勤，教子孙甚力。"（刘一止《宋故右朝请大夫郑君墓表》）

(93) 臣闻之北人则曰：敌中签发人丁，其下莫肯听命。又闻之士大夫则又曰：近敌帅移书于督府，致问于庙堂，甚有通和之意。（周麟之《封事》）

（94）某亦尝闻之，朱子固曰首篇多务本之意，《八佾》皆礼乐之事，《公冶长》论古今人物，《先进》评弟子之贤否，《微子》多记圣贤之出处，此亦因其近似可以推测者而言。(王柏《答叶通斋书》)

（95）尝闻之或人曰，天下名山大川，率为二氏所攘以居，耗地力而分民心，无大此者。(李石《隆州重修超觉禅寺记》)

上述均为征引故实或某情况、观点。偶有征引古人，较多征引年长者或时人。例（93），"曰"前插入"则"，前后形成对照；例（94）"曰"前有副词"固"。这表明"闻之 O 曰"结构具有一定松散性，与"曰"的言说本质有关。

亦征引某职业或某领域专门人员，如：

（96）闻之医曰："中风偏废，年五十以下而气盛者易治。"(林栗《以医喻治疏》)

（97）臣闻之知星者曰："自今夏六月，有客星出传舍，守之既三月矣。"(赵汝愚《论客星出传舍疏》)

（98）昔太宗皇帝亲征幽州，未克而班师，闻之谍者曰：幽州士民，谋欲执其帅以城降者，闻乘舆之还，无不泣下。(苏轼《策断三》)

通观征引人物"闻之曰"句式，主语以"臣"为多，还有"吾、余、愚、某"等以及自称名。亦有不少省略自称主语且主语有虚化倾向。如例（98），"闻之"主语并非前文"太宗皇帝"，隐含主语为文章叙述者，准确来说已虚化，"闻之 O 曰"句式的使用目的是引出后面的内容，以凸显信息的可靠性、真实性。

征引典籍与记载言语的共 73 例，其中"闻之 O 曰"征引典籍 61 例，尤多引《诗》《书》《易》《传》(《左传》)与《记》《礼》《礼经》(三者均可指《礼记》)等，偶引《鹖冠子》《汉史》(《汉书》)等。对于这些具体的典籍，"闻之 O 曰"句式往往有主语，大多为"臣"，有"朕、余、某"及自称名数例，少数例省略。如：

(99) 闻之《记》曰："苟有车，必见其式；苟有言，必闻其声。"（杨万里《上寿皇论天变地震书》）

(100) 臣闻之《礼经》曰："父母之雠，不与共戴天。"为匹夫而能复雠者，前史美之，况于万乘之主乎？（李纲《乞推广孝思益修军政札子》）

(101) 某闻之《老子》曰："知足不辱，知止不殆。"《易》曰："亢之为言也，知进而不知退，知存而不知亡，知得而不知丧。知进退存亡而不失其正者，其唯圣人乎！"（郑侠《上致政欧阳少师书》）

(102) 臣闻之《汉史》曰："贤佞分别，官人有序，则火性得。谗夫昌，邪胜正，则火失其性，滥炎妄起，虽有师众，弗能救也。"（王觌《论集禧观灾变奏》）

例（99）"《记》"为《礼记》，所引内容本自《礼记·缁衣》。例（100）"《礼经》"即《礼记》，征引内容化用自《礼记·曲礼上》"父之雠弗与共戴天，兄弟之雠不反兵，交游之雠不同国"。征引典籍主要为事理性内容，有时连续征引，仅首次征引使用"闻之O曰"句式，如果再引其他典籍，则径用"S曰"句式，其实亦与前"闻之"句式相贯，如例（101）。再如：

(103) 臣闻之《书》曰："终始惟一，时乃日新。"《诗》曰："靡不有初，鲜克有终。"（欧阳澈《上皇帝第三书》）

(104) 臣闻之《礼》曰"夫丧不可不深长思也"，又曰"葬也者，藏也"。（赵汝愚《论山陵乞遵七月之制疏》）

连续征引自同一典籍，以"又曰"相续征引，如例（104），两句均引自《礼记》。典籍征引一般只具典籍名，引《易》有2例另通过"于"或

"之"出具卦名，如：

(105) 臣闻之《易》于《涣》曰："涣汗其大号。"于《巽》曰："申命行事。"（赵鼎臣《廷试策》）

(106) 臣等闻之《易》之《师》曰："大君有命，开国承家，小人勿用。"（吴昌裔《论史嵩之疏》）

例（105）在"闻之《易》"基础上，通过"于"引出具体的卦名，连续征引《易》两个不同卦的内容，则重复"于 N 曰"（N 为卦名）；例（106）则以"《易》之《师》"作为"闻之 O 曰"中的间接宾语成分，同样是具体到了卦名。不过，《全宋文》多引《易》，仅出书名，不具卦名为常。

"闻之 O 曰"句式征引记载或言语，如"古语、家训、兵法、礼经、N 之言、N 之论"等，共 12 例。

(107) 尝闻之经曰："何以聚人？曰财。"（李椿《论钱谷予夺移就之弊奏》）

(108) 闻之兵法曰："先为不可胜，以待敌之可胜。"（苏轼《策断一》）

(109) 予闻之予先世之家训曰：物无不恶薄者，薄必先坏。（欧阳守道《朱谦夫名说》）

(110) 臣闻之荀卿之言曰："道不过三代，道过三代，谓之荡言，其远而难信也。"（苏颂《请诏儒臣讨论唐朝故事上备圣览》）

(111) 而窃闻之军民士夫之论，则皆曰张浚素怀忠义，兼资文武，且谙军旅之事，可当阃外之寄。（朱熹《少师观文殿大学士致仕魏国公赠太师谥正献陈公行状上》）

(112) 某闻之孙子严，其言曰高士不为主簿，而大夫君以宝为可，士安得独自高？（方岳《代与姚簿札》）

(113) 某闻之古语曰：兵难隃度。（欧阳守道《代通淮东赵枢密书》）

征引记载为泛义名词，并非具体的典籍，主语有省略用法，如例（107）、（108）、（111）等；而"N之家训""N之言"则更为具体，相应的往往出具主语如例（109）、（110）等。

还有3例"闻之O曰"中征引来源为"道路、道涂、行路"，如：

(114) 然闻之道涂，曰虏欲挈白沟以南归之职方者，使者叩塞而封人辞焉。（林光朝《策问三六》）

(115) 今沿檄衡岳之阳，已事而旋，道出永上，窃闻之行路，咸曰阁下厚德恢闳，有容无阻，凡洁己致敬，干典引、达姓字者，皆得循墙历阶，瞻奉声采。（华镇《上邢龙图书》）

另1例为蔡戡《廷对策》："臣闻之道路曰：陛下自近岁以来，倦于万机，日以驰逐为乐。"均表示后续情况是传闻。"闻之道涂"有数例，1例为"闻之道涂曰"，其他例后面关系词一般用"谓"来引出传闻内容，见下文。

b. 其他关系词的"闻之O"征引句式。

"闻之O"征引句式，除了"曰"外，还用其他言说动词来衔接征引内容，如"云、言、谓"等，还有由"谓"拓展开来的意谓动词"以谓""以为"。

"闻之O"征引句式用"云"作关系词，"闻之O云"共12例，主要征引来源为人物，有10例，有具体的某人，或具有特定见闻背景的人（"父老、长老尊宿、老医之子"等），征引内容以某事实、情况为主；另有2例征引来源为典籍记载。如：

(116) 尝闻之程子云，看《春秋》有法，以传考经，以经考传。（卫宗武《春秋集注序》）

(117) <u>臣闻之河东父老云</u>，韩琦为太原，欲置范家东堡、范家西堡及赤泥胶三指挥弓箭手，恐虏以为言，乃召弓手节级高政使干其事。（苏辙《乞责降韩缜第七状》）

(118) <u>然尝闻之老医京师李仁仲之子云</u>，前朝医官虽职在药局方书，而阶官与文臣同。（楼钥《增释南阳活人书序》）

(119) <u>闻之长老尊宿，皆云</u>天童旧众不满二百，师之来，四方学者争先奔凑，如飞走之宗凤麟，百川之赴沧海，今逾千二百众矣。（王伯庠《敕谥宏智禅师行业记》）

(120) <u>闻之诸先生，皆云</u>作诗须从陶、柳门庭中来乃佳。（朱熹《与程允夫书》）

主语偶用"臣、某"，多省略，有 2 例"云"前有范围副词"皆"，对应征引来源非个体指人名词，"皆"强化了征引内容的可信度。

2 例征引典籍，均有主语，如：

(121) <u>臣闻之《礼》云</u>："天子不言出，诸侯不生名。君子不亲恶，诸侯失地，名；灭同姓，名。"（徐元杰《经筵讲义》）

(122) 政师患其不禀于吾佛之训，则自诒其不称其服之诮，尝谓徒众曰："<u>我闻之律藏云</u>，自然之地或作大法地，弱不胜我欲。"（释智圆《法济院结界记》）

例（121）征引内容来自《礼记·曲礼下》，例（122）"律藏"指佛教关于戒律的典籍，两例均有主语。

"闻之O言"征引内容，通过"言"来衔接征引内容，共有4例，征引来源为时人，征引内容为言语、陈述情况或知识。可见，"言"的"言说动词"性质是较为明显的。

(123) 某念幼失所怙，逮事日浅，<u>尝闻之叔父，言</u>大父为人轩昂磊

落，慷慨有大志，善谈吐，重然诺，治生义然后取，不务苟得，有为权谲之言以进者，皆噤不得发。（李吕《孝友亭记》）

（124）臣闻之故老言，仁宗朝，有劝仁宗以收揽权柄，凡事皆从中出，勿令人臣弄威福。（陈亮《中兴论·论执要之道》）

（125）某闻之人言，大丞相起当涂，略金陵，浮吴松，入国门，修途远役，茵鼎无恙，如平居无事时。（释道璨《与古翁江相公书》）①

（126）然不敢著语者，顷窃闻之太府卿王公字正之，钥姑之夫也，尝言："此字本翼祖庙讳，虽已再经祧迁，而在臣子终不当以此为名字及斋室之名。"（楼钥《答徐敬甫书》）

标点时，"言"或从上或属下，兼有关系词和言说动词性质，亦可由"尝"修饰。例（126）插入内容"钥姑之夫也"，补充对征引来源对象的说明。

"闻之O谓"，"谓"是关系词，引出征引内容，其实又有言说动词的性质，施事即"闻之O"中的间接宾语O，"谓"前可有"窃、咸、乃、皆"等副词。用"谓"共20例，"闻之O谓"中征引来源以人物为主，其中多为某种性质或关系的人物指称词，有11例，如"里人、故老、师友、友朋、众庶、议者、近臣、经筵讲读之官"等，仅1例具体的特指人物"吾友魏掞之元履"；有3例为言论名词；5例为处所"道涂"。如：

（127）予虽未识陈君，而尝闻之吾友魏掞之元履，谓君直谅，又得君书勤甚，则不果辞。（张栻《洁白堂记》）

（128）某闻之里人，谓徽管六县，其户口之多、地里之广，两倍南康，乃止五千缗，分拨不行，措置不敷。（程珌《与李提举书》）

（129）闻之议者，窃谓今之士大夫徇利而不顾义，矜名而不务实，

---

① 此例"言"非名词，而是言说动词。《全宋文》多"S言"句式，如"长老言，元祐末县令鞠嗣复取张文纪、李令伯缵焉"（晁公溯《眉州先贤图像碑阴》）。此处句式套用"闻之"，"言"性质不变。

习成软熟则谓之得体，稍知激昂则指为生事。（卫泾《轮对札子·论人才》）

（130）<u>臣每闻之族谈窃议，谓</u>朝廷进书，虽系大典，然在今日，亦未为甚急之务，而何至匆匆若此也？（杜范《经筵己见奏札》）

（131）<u>闻之人言，谓</u>宫庭之间，土木之费未戢，燕饮之乐犹故。（杜范《论重台职札子》）

例（131）句中有"谓"衔接征引内容，"人言"义为"人之言"，另有"臣昨得之人言，谓庙堂议犹未决，或成中寝"（杜范《上己见三事》），可参。

"闻之道涂谓"有5例，如：

（132）<u>臣闻之道涂，窃谓</u>陛下即位以来，每有人才不足之叹。（林光朝《论人才疏》）

（133）<u>臣闻之道涂，皆谓</u>两宫之情颇不如旧，疑间之隙，渐觉有形。（彭龟年《乞车驾过重华宫疏》）

（134）<u>但闻之道涂，相语藉藉，谓</u>侍郎始以月卿命，继以法从除，将自是作西帅矣已。（吴泳《与曹昌谷书二》）

"闻之O谓"征引内容均为某一事实或情况。主语第一人称，"臣、某"，亦多省略。"谓"兼言说动词与意谓动词用法，前可加副词"窃、皆"，又可插入补充成分，如"相语藉藉"。相比而言，"曰""云"虚化程度更高，"言""谓"言说动词性质更强。

衔接词还有双音成分的"以谓、以为"，为意谓动词。"闻之O以谓"征引句式1例，"闻之O以为"14例。征引人物对某情况的看法，故征引来源多为人物，有13例，另2例"以为"征引对象为"道涂""长老言"。

1例"闻之O以谓"征引句：

(135) 始某方幼年时，闻之诸公长者，以谓先生正容以悟物，使人名利之心冰释。（陈渊《上杨判官书》）

"以谓"一词，《汉语大词典》收录，释为"犹云以为，认为"，收唐、宋、清书证。我们考察《全唐文》《全宋文》，唐文中"以谓"有50余次，宋文则有4 000余次，大为增加。"以谓"或是在唐文尊崇古文的背景下，融合"以"与"谓"而成。自《墨子》时代"以为"成词，介词"以"感染了"以为"的意谓语义，成为"认为"义动词。"谓"亦为"认为"义意谓动词，"以""谓"同义复用组成"以谓"，使其用同"以为"，成为唐宋时颇为重要的一个意谓动词。

"闻之O以为"13例，征引来源为人物，多为非具体的集合性指人名词，如"乡老、士大夫、诸公长者、师友、荐绅大夫"等，亦有"师、先府君"或第三人名。如：

(136) 闻之乡老，皆以为今岁之旱酷于辛卯。（朱熹《施行邵艮陈诉踏旱利害》）

(137) 近者传北朝欲归河南之地，臣闻之士大夫以为朝廷至于动色相庆。已而闻北朝欲迁汴京之都，臣闻之士大夫以为朝廷错愕而莫知所为。（王质《论庙谋疏》）

(138) 盖尝闻之欧阳公矣，大略以为佛能籍人情而鼓以祸福，人之趋者众而炽。（楼钥《望春山蓬莱观记》）

1例"闻之O"后有语气词"矣"，"以为"前可有副词修饰，如"皆、大略"等，征引O这些人物的看法。

(139) 县城之北隅，封山之麓有洞焉，闻之长老言，以为杨道真君之所居也。（杨时《杨道真君洞记》）

(140) 一二年来，闻之道涂，以为大昕视朝，乙夜观书，每慨然欲慕

贞观之事，岂为宣帝褊狭苛碎，不足以有为也！（林光朝《召试馆职策》）

"闻之长老言"语义上与"闻之长老"是一样的，加"言"使征引内容的性质更为明确。"闻之道涂"，重在表达某看法为传闻。

还有2例"闻之O"用其他言说动词征引的句式：

（141）<u>臣闻之，刘豫声言曰</u>："南朝每有一官未阙，必三五人共之。今我州郡皆以见阙任人，不年岁间，南方士大夫当尽归我。"审如此言，岂可不察？（吴伸《论攻关西五路书》）

（142）顷<u>闻之苏黄门称渊明</u>："欲仕则仕，不以求人为嫌；欲已则已，不以去人为高。饥则叩门以求食，饱则鸡黍以延客，古今贤之，贵其真也。"（陈渊《答翁子静论陶渊明书》）

这2例亦是有征引来源的句式，可以纳入广义的"闻之O"句式。"声言"的主观性强，征引来源是其后征引内容所述之事的当事人，这与其他"闻之O"征引句式不同。其后通过"曰"衔接征引内容。例（142）用"称"（称述）来衔接征引内容，且"称"带了宾语，表明后续征引内容论述的对象。这2例是特殊的征引句式。"声言""称"亦是言说动词，可以进入"闻之O+言说动词+征引内容"句式，只是结构成分组成上和语义上有所特殊。

不用形式宾语"之"，"闻"亦有直接征引"称"内容的用法，如：

（143）<u>臣闻仲尼之称管仲曰</u>："夺伯氏骈邑三百，饭蔬食，没齿无怨言。"（苏辙《臣事策上第二道》）

这里"臣闻S之称O曰"句式，是一个句法紧缩的句式，在"S称O"主谓间插入"之"，使其成为"闻"的宾语，再通过"曰"引出"称"的内容。这种句式因其复杂，较少见用。

(2) 无关系词的"闻之O"征引句式。

"闻之O"双宾语句式引出征引内容,其中O包括三类:一是人物,二是典籍记载,三是处所"道涂、道路"。其中人物最多,有103例,不仅有古人,如"古人、夫子、管仲、子产"等,亦有"师、前修"等;引用事理,更多的是引用故实或情况、知识等,来源多有年长者、专门领域者。引用典籍记载仅10例,有具体的典籍名,也有泛称记载的名词。

征引来源为人物的,如:

(144)<u>右臣闻之管仲</u>:"礼义廉耻,国之四维,四维不张,国乃灭亡。"(苏轼《乞罢税务岁终赏格状》)

(145)人有常言,<u>吾闻之夫子矣</u>:"志士仁人无求生以害仁,有杀身以成仁。"(张戒《管仲如其仁论》)

"闻之O"后有语气词"矣"的共有3例,来源为人物2例,如例(145),另有1例来源为典籍。

征引来源多有年长者,如"父老、老人、诸公长者、耆旧、先生长者、故老"等,如:

(146)<u>闻之耆旧</u>,每暴涨则分减其势。(宋昇《看详西京修天津桥事》)

(147)抑<u>闻之先生长者</u>:《礼记》多鲁诸儒之杂说,独《中庸》出于孔氏家学。(朱松《答庄德粲秀才书》)

此外,征引了较多具有某种专门见识、知识的人物,如某地当地人以及某些专职人员,如"道士、佛者、滁人、邑宰、田翁、海民、边人、良医、老农、宰夫、大农、主计之臣",征引内容均与其专门领域相关。如:

(148)<u>吾闻之道士</u>,人能服井华,其热与石硫黄、钟乳等。(苏轼

《井华水》)

(149) 又闻之海民，船舶不动，数月则生水虫，能蠹烂船底。(李邦《条上攻战守备措置绥怀方略疏》)

(150) 闻之宰夫，膳未尝肉，其所嗜者，菜羹脱粟。(刘克庄《祭汪守文》)

如上，"道士"熟悉养生服食之事，"海民"知船舶之事，"宰夫"熟悉膳食之事。如此等等，均为某领域专门知识，"闻之O"征引专职人员所言，加强了可信度。

上述征引故实、情况或知识的"闻之O"句式，主语有"吾、臣、余、予、某"或少数自称名，更多是主语省略。对应于来源宾语并不是特指的具体某人，凸显的是征引来源的可靠性，随着主语缺省，"闻之O"语义弱化，句法性质有向状语小句发展的趋势，表达后续征引内容的可据性。

征引典籍记载，均为引用事理或常规常法等。10例中主语为自称谦词或第一人称代词的有9例，为"臣、吾、予、朕、某"，仅1例"闻之前史"省略主语。

(151) 然吾尝闻之《易》矣，凡天道之所亏益，地道之所流变，鬼神之所祸福，与人之好恶，大抵相似。(唐庚《水东庙记》)

(152) 虽然，予闻之《说苑》，平远者为莽苍，诘曲者为蔽亏。(游桂《思洛亭记》)

(153) 臣又闻之前典，事亲之礼，八十者一子不从政，九十者其家不从政。(余靖《让南班第一状》)

相比可见，"闻之O"中，征引来源宾语具体，多有主语。

还有3例"闻之道涂"、2例"闻之道路"，如：

(154) 窃见此月以来，积雨泛溢，闻之道涂，近郭之田，已无可

望,而城中军民多是席屋居住,上漏下湿,皆不聊生。(程俱《纳相府札子三》)

(155)臣<u>闻之道涂</u>,陛下宫闱之间,上自中宫,下逮嫔御,或遇生日,其大者则必有所宴集,其小者亦必有所锡予。(彭龟年《论小人疑间两宫乞车驾过宫面质疏》)

(156)臣比日又窃<u>闻之道路</u>,左右螯御于黜陟废置之际,间得与闻者,车马辐凑,其门如市。(吕祖俭《乞还国子祭酒李祥职任奏》)

"闻之道涂","涂"通"途","道涂(途)"为处所宾语,实际上语义为听说传闻,没有确定的来源对象。均见于臣子向君主奏疏,对某一现象或情况加以论述,通过"闻之道涂"来引出,可以减弱主观武断性,从而使语气得以舒缓。

有1例"闻之途人"句:

(157)<u>盖闻之途人</u>,有黠胥以事持君,君实不知,胥将诉于府,先出记示君恐之,冀祈其意,后得以肆。(李流谦《送李仲明司户序》)

"闻之途人"语义上似与"闻之道涂(途)"相近,"途人"指"路上的行人",亦表传闻,不过"闻之道涂"似更为虚化。

4. "闻之于(诸)"句式

有时征引来源不是作为双宾语结构中的间接宾语成分出现,而是通过"于"引进,就构成"闻之于O"句式,又"之于"常合音为"诸",进而构成"闻诸O"句式。

"闻之于O(曰)"15例,10例有"曰",5例无。征引对象为人物和典籍记载两类,其中人物为主,共有11例,典籍记载类仅4例,均带"曰"。

征引来源为人物的,"闻之于O曰"有6例,均为确定人物,4例"师"、1例"公"、1例人名;"闻之于O",不带"曰",5例中3例分别为"师、公、先生",1例为人名,还有1例为"野人"(乡野之人)。

（158）殊闻之于师曰：经者，世之典常也，无典常则制不立，学者，人之砥砺也，无砥砺则器不备。（晏殊《答枢密范给事书》）

（159）尝闻之于工部外郎薛伯常曰："《兰亭》自唐太宗刊在玉石后，流落定武民间，世以定本为贵。"（钱及之《题薛本兰亭帖》）

（160）尝闻之于野人，自五代以来，天下丧乱，驱民为兵，而唐、邓、蔡、汝之间，故陂旧堤，遂以堙废而不治。（苏辙《民政策下第三道》）

（161）蒋仲父闻之于孙景修：近岁有人凿山取银矿，至深处，闻有人诵经声。（苏轼《异事杂记·金刚经报》）

（162）"天地之塞吾其体，天地之帅吾其性。"近见南康一士人云，顷岁曾闻之于先生，"其"字有"我去承当"之意。（朱熹《答吴伯丰》）

"闻之O（曰）"有征引事理的，更多是征引某人所述情况或观点。主语多为文章叙述者，用第一人称或自称名，且常省略。偶见主语为第三人称的，如例（161）、（162），均转述第三人之征引内容。主语拓展至第三人称，亦是"闻之"征引句式在宋代的拓展。

征引典籍记载的"闻之于O"句式，4例均有关系词"曰"，分别引用《诗》《易》《书》3种典籍与"传"。其中1例出自韩琦文，3例出自傅尧俞文，可见该句式有一定的个人习惯偏好因素。

（163）某闻之于《诗》曰："旱既太甚，靡神不宗。"则知古人闵雨之际，不爱牲币。（韩琦《扬州祭圣母祠祈雨文》）

（164）臣闻之于传曰："未信而谏，则以为谤己。"（傅尧俞《上慈圣皇后乞罢帘前奏事奏》）①

"闻之于O"征引句式中"之于"合音为"诸"，故"闻诸O"句式在

---

① 《全宋文》中重复出现，又属龚鼎臣《再上慈圣皇后乞还政事》，文章内容相同。计1例。

《全宋文》中有较多用例，且句式比"闻之于O"丰富很多，"闻诸O"与"闻之O"句式多有相似性，或与韵律有关。"闻诸O"来源有一类是"道路"类，表示传闻，没有明确来源，但"闻之于O"句式中没有这一类，这说明"于"引介的征引来源对象必须是明确、具体的，而当"之于"合音为"诸"之后，这个限制消失了，其后来源宾语有很多是不确定的人物对象或"道路"类，这与"闻之O"句式更为相近。

"闻诸"征引句式后往往加某人或某人言谈或典籍等记载，除了引用古人或古书事理，还大量引用故实或情况，相应的人物除了古人，还有时人。征引故实，征引来源常为"长者、耄耋、故老、耆旧、父老、长老、前辈等"，此外表示传闻的"闻诸道路"颇为突出（单独讨论）。

"闻诸"征引句式来源为人物或记载的，来源宾语以人物为主，仅14例为典籍或记载或某人之言语。其后通过"曰、云、言"等言说动词引出征引内容的，有48例用"曰"（其中7例来源宾语为典籍或言谈、记载）、5例用"云"、3例用"言"、3例"谓"（其中2例来源宾语为"N之言、N之说"），还有3例"以为"。如：

（165）臣闻诸孟轲曰，"见无礼于其君者，如鹰鹯之逐鸟雀也"，臣终身诵之惟谨。（吴潜《奏按象山宰不放民间房钱》）

（166）且深知父者尤莫若子，予尝闻诸蒙斋矣，曰：先君子立志之刚，求道之勇，用功之密，家庭之奥，屋漏之隐，莫非笃实，无一毫伪。（包恢《袁絜斋先生书钞序》）

（167）吾闻诸中书吕公，公闻诸其先友，曰"守至正以待天命，观物变以养学术"。（汪应辰《守正观养二斋记》）

（168）臣世为北人，闻诸宿将皆曰：平原浅草，可前可却，乃用骑之地，骑兵之一可御步兵之十。（吕颐浩《论乞于邕州置买马司状》）

"闻诸"征引句式，主语有很多省略，其余为第一人称"吾、臣、余、某"或自称名。"闻诸O曰"句式，如例（165）较多，仅1例"闻诸O

矣，曰"，即例（166），有语气词"矣"；有1例插入递相征引来源，再通过"曰"来引出征引内容，即例（167）；例（168）"曰"前插入了副词"皆"，还有1例插入"亦"。可见：《全宋文》中，"闻诸O曰"句式，随着征引内容为O实际言说的内容，"曰"恢复了"言说"动词性质，不再是纯粹的"关系词"，"曰"的独立性增强，故可以出现上述3种与"闻诸O"间离的用法。

征引典籍或记载的，有：

（169）然闻诸《礼》曰："无善而称之是诬也。"（王森《宋故左中散大夫赐紫金鱼袋王公神道碑铭》）

（170）予闻诸前志曰："以义为利。"（范浚《题史记货殖传》）

（171）某闻诸山谷之赋有曰："制菡萏以为裳，酿清泠以为酌。"（赵崇嶓《贺瑞守游丞札》）

例（169）征引自《礼记》，例（171）征引黄庭坚《江西道院赋》"制剑池之菡萏以为裳，酿丹井之清泠以为酌"。"闻诸O有曰"句式其实是"闻诸O"与"O有曰"两种征引句式的综合体，其功能在表达征引之外，还起着发起篇章的语用功能。

5例"闻诸O云"，征引人物所言内容，如：

（172）吾尝闻诸长者云，人之肝可以愈疾，味且珍。（谢逸《陈极孝子辨》）

（173）盖尝闻诸故老云，钱如蜜，一滴也甜。（释居简《褒能寺记》）

征引听闻的实际内容，"云"亦为言说动词。与此相似，"闻诸O"后还用言说动词"言"，如：

（174）闻诸宿老言，宣和己亥岁，尝废今天王寺为神霄宫，缁流散

徒。（邹非熊《龙泉院新塑佛像记》）

（175）予少时尝闻诸长老言，吾邑初脱五季之乱，人乐更生，敦朴力穑，未知学也。（沈与求《湖州德清县重修孔子庙碑》）

（176）予闻诸故老言："樊若水不得志于李氏，乃献浮梁，自采石济江，卒用其策取江南。"（张耒《平江南议》）

3 例"闻诸 O 言"征引内容均为叙述性故实，来源"宿老、长老、故老"，均为年长者，故而对往事、故实了解。后 2 例均为开篇征引，发起下文。

以上"O 言"不是"O 之言"，即"言"为动词，而非名词。类似情况的征引，有时不用"闻"或不用"诸"，可相参照：

（177）故老言：通议大父仲廉、父伯材，皆为里大儒。（刘克庄《跋林通议遗墨》）

（178）予家吴中，每闻故老言：钱氏有国时，赋厚役丛，民不堪生。（黄伯思《跋钱氏书后》）

"故老言""闻故老言"，后加征引内容，"言"的动词性质更为明显。从"闻诸 O 言"句式来看，"言"的使用有限。与"言"相似，言说动词"谓"亦见用，如：

（179）闻诸前辈，谓此石将归天上，好事者迭纸以拓之，纸在上者字微瘦，理宜尔也。（李心传《题刘明达所题兰亭帖》）

（180）闻诸柱史之说，谓乎竺乾之师，肇自金方，流于震旦。（李嵩叟《修证院法堂记》）

（181）矧兹行役之际，闻诸舆人之言，谓臣此去远则荆之留务，顾虑尚多，此行入则蜀之副阃，牵制宁免。（李曾伯《第四次辞免奏》）

3例"闻诸O谓"中，1例来源为"前辈"，与"闻诸O言"相似；2例为"柱史之说、舆人之言"，"谓"与"闻诸O"的间距拉大，且言说动词性质弱化，主要作用是引导征引内容，即"N之说、N之言"真正的内容，"谓"起到了连起同位语从句的关系词作用。"闻之于O"中征引来源没有"N之言"类成分，随着"诸"合并"之于"，"闻诸O"形式宾语句隐形，故征引来源拓展出"N之言"类成分，此时它与后面的征引内容构成同位语关系，句式上也成了同位语从句。

有意思的是，"谓"在言说动词用法上引申出表"意谓"的语义，即"认为"义。《全宋文》中亦有"闻诸O以为"征引句式，如：

（182）实以平昔<u>闻诸术者皆以为</u>今岁不利，而又参之怙恃之年，衰病之态，以此恐误委寄，用沥血忱，以告陛下，敢祈圣念！（李曾伯《回奏宣谕》）

（183）不肖曩时以虚名屡当此责，<u>尝闻诸先生长者，以为</u>考试以至公慎密为主，以礼待士为次。（黄庭坚《答李材》）

（184）且臣近者<u>闻诸上流阃幕，以为</u>大理久已降敌，而朝论方在疑信之间，可为痛哭。（高斯得《轮对奏札》）

"闻诸O以为"，"以为"后内容即为O的看法、观点。"阃幕"义指"古代将帅的府署"，此处指代将帅府署里的人。这些"闻诸O+言说动词/意谓动词"的句式，当O为人物时，即为兼语句式，同时O形式较长时，其后形成停顿，"言说动词/意谓动词"引起后续征引内容。这都大大拓展了"闻之"征引句式的结构，使其更为松散，但语义更为显化。

"闻诸O"直接引出征引内容的（即没有"曰"等衔接词引导），共有34例，其中征引来源为人物的有29例，有1例为官署名，为记载或人物言谈的有4例。

29例征引来源为人物的用例中，引用古人或前代人物的，往往征引言论事理；更多是引用年长者或时人，征引其所述故实、情况。如：

(185) 然尝闻诸夫子：听讼犹人，必使无讼。（张纲《谒文宣王庙文》）

(186) 闻诸苏子：天下所小者非材也，气也。（孙德之《宋故宝应军签判郭公贡父墓志铭》）

(187) 余儿时闻诸长老，故侍郎张公无垢先生来守永嘉，一以礼义廉耻遇其士民。（戴栩《跋无垢先生言行》）

(188) 某闻诸吴履斋，其父吴正肃公题门榜曰："宽著胸襟行好事，大开庭户纳春风。"（谢枋得《荐写神黄鉴堂》）

1 例征引来源为官署：

(189) 闻诸计司，名籍尚不减数万。（唐仲友《上四府书》）

"计司"指"古代掌管财政、赋税、贸易等事务的官署"，征引职能官署信息，亦凸显信息之可据性。

没有"曰、谓"等衔接词引导征引内容的"闻诸O"句式中，有 4 例征引来源为典籍记载或言谈类名词，如：

(190) 尝闻诸释典，龙性刚猛，有怒有喜，怒则为物畜害，非但岁功农事而已。（范开《白龙潭记》）

(191) 闻诸圣言，聪明得道者，没乃为神。（晁补之《亳州祭土地神文》）

(192) 闻诸往记，世人所以多责过，疾疠因畏，不如欲者，皆缘冢诉。（晁补之《祭西园旅瘗文》）

(193) 闻诸先生长者之谈，上以至仁覆天下，不忍一夫不得其所。（曹彦约《送权郎中守临江序》）

"释典"指佛教典籍，其余"圣言""往记""先生长者之谈"等言谈、记载泛称名词性成分，其后征引内容没有"曰、谓"等词引导。例（191）、

（192）均为告祭文中开篇之辞，主语缺省，"闻诸O"有虚化倾向。

"闻诸道路（之言）+衔接词"征引句式共12例，衔接词主要为言说动词，如"谓、曰、云、言、称"等，还有1例"以……为"意谓结构征引。7例"谓"，2例"曰"，"云、言、称"各1例。

（194）臣伏见南京分司吕溱，降官责废已来，<u>闻诸道路，皆谓</u>坐费公使钱，罪当夺官。（刘敞《乞叙用吕溱状》）①

（195）然臣来自山林，<u>闻诸道路间，谓</u>许史私恩，颇哗物论，南阳近属，类玷清华，幸门浸开，鼠穴难窒，天下疑其有外戚之形。（黄应龙《对策札子》）

（196）<u>闻诸道路之言，谓</u>金人顷立伪齐，使之屈膝，令受北面之礼，靡所不至，岁时之贡，靡所不取。（魏矼《条奏议和利害》）

（197）<u>臣窃闻诸道路之言，或谓</u>陛下颇惩前日群臣诞谩之说，比年不轻于举动，所谋既多不遂，稍有怠于初志。（赵汝愚《乞广圣志选群才疏》）

"闻诸道路谓"征引传闻例中，有3例为"闻诸道路之言"，表示征引传闻语义更为明确。"谓"前还能有"皆""或"等词，"皆"有确认的意味，"或"则显得更为委婉。通过"谓"引出传闻内容，是最为常见的。此外，还有其他言说动词，如"曰、云、言"，用例均较少。如：

（198）<u>闻诸道路，信有斯言，曰</u>公在天，胡俾我寒？（晁补之《国子监祭司马温公文》）

（199）臣昨日<u>闻诸道路之言曰</u>，高俅近收其兄伸等书报，言上皇初至南京，不欲前迈，复为数贼挟之而前，沿路劫持，无所不至，上皇饮食起居不得自如。（陈东《登闻检院三上钦宗皇帝书》）

---

① 此文《全宋文》重复收录，另属蔡襄文，仅计1例。

例（198）"信有斯言"为插入语，"曰公在天"中"曰"后内容即为"闻诸道路"的"斯言"，这是受祭文中四字格句式影响。例（199）"闻诸道路之言曰"征引传闻内容。"曰"从上或从下均可行，因为"曰"正是一个关系词，衔接前后文。

（200）某闻诸道路，未知信否，似云，相公目疾，迩来较前颇甚。（林季仲《与赵参政书八》）

（201）臣闻诸道路，未知信否，或言朝廷欲追尊濮安懿王为安懿皇。审或如此，窃恐不可。（司马光《论安懿皇札子》）

（202）盖闻诸道路，称近日左拾遗胡旦上书，希求差遣，圣人问难训诘，仍于中书取状，似烦圣听，有黩宸严。（田锡《上宰相书》）

"云""言""称"各有 1 例，"云、言"例，均有插入语"未知信否"，且有"似""或"，这些均为表示不确定的委婉方式。

14 例"闻诸道路"直接征引传言内容，其中 11 例无主语，3 例主语为"臣"，有 2 例"闻诸道涂"，1 主语为"臣"，1 例无主语，2 例"闻诸道路/道途之言"，均无主语。

（203）公因启奏曰：闻诸道路，宰执欲奉陛下出狩以避狄。果有之，宗社危矣。（李纶《宋丞相谥忠定李公行状上》）

（204）然臣近者闻诸道路，敌有无故之形，和有不坚之意。（员兴宗《察敌情轮对札子》）

（205）臣窃闻诸道涂，车驾将有建康之幸，既降旨以趣营缮，又具例以救百司，此诚甚胜之举。（李纲《应诏条陈八事奏状》）

（206）数日已来，闻诸道途之言，自界首以至近境，店肆之间，公然鬻卖，遂密切遣人缉捉。（胡颖《宰牛当尽法施行判》）

（207）迩来闻诸道路之言，士大夫日夜望尚书进陪国论，今也使某得见，岂得泊然无意哉！（章援《与坡公书》）

"道路""道途（涂）"均为表示传闻的方式，没有具体的说话来源，均征引某种情况。或为委婉说法，引出某一论说话题，对其加以评论。

"闻诸道路"句式，与"闻之道路"句式较为相似。

(二)"有之"系列征引句式

《全宋文》中"有之"系列句式征引，内容以事理为主，多征引古代典籍，S以典籍名常见，同时也有"古语"等泛称名词。其中有关系词"曰"的"有之曰"句式共有60例，还有1例关系词为"云"的"S有之云"。S为典籍名或"传""记""兵法""制""史"等具有书面记载性质的名词的，有37例；S为"训、语、古语、谚"等言语性质的名词的，有24例，其中尤其是"训、古语"等征引内容实际上亦常出自古代典籍。无关系词的"有之"征引句式共163例，其中S为典籍名或记载类名词的，有89例；S为言语类名词的，有74例。"有之"征引句式是征引来源先行的句式，故S不可缺省。

1. "S有之曰"征引句式

"S有之曰"句式，多征引上古典籍，较多的有《诗》《易》《尚书》《左传》《礼记》《论语》《孟子》等，此外还有《孙子兵法》《史记》《新唐书》等，多用典籍名简称，亦有"传、记、兵法、制"等泛称名词。如：

(208) 周《诗》有之曰："南有嘉鱼，烝然罩罩，烝然汕汕。"而卒章曰："翩翩者雏，烝然来思。"（郑侠《代达夫干提举再书》）

(209)《传》有之曰："太上有立德，其次有立功，其次有立言。"此三者，君子所以成身而善名者也。（华镇《上林枢密书》）

(210)《孟子》有之曰："得天下有道，得其民，斯得天下矣；得其民有道，得其心，斯得民矣。"（李椿《论国家天下如一身奏》）

例（209）《传》特指《左传》。《全宋文》中"传有之（曰）"征引句式中"传"多指《左传》，亦泛指"文字记载"，如：

(211) 臣闻传有之曰:"惠则足以使人。"又曰:"德以施惠,战所由克。"又曰:"衣食足然后知荣辱。"凡此者,皆谓抚存之于前,则可以责用于其后,而为吾所役者,亦将舒徐悦怿,愿自表见。(袁说友《宽恤士卒疏》)

(212) 传有之曰:"吉人为善,惟日不足。凶人为不善,亦惟日不足。"汝等欲为吉人乎?欲为凶人乎?(邵雍《戒子孙》)

(213) 传有之曰:"千金之子不垂堂,百金之子不倚衡。圣主不乘危,不徼幸。"又曰:"乘船危,圣主不乘危。"伏愿陛下念之哉。(陈次升《上哲宗幸金明池乞不乘船》)

例(211)连用三处征引,第一句"惠则足以使人"出自《论语·阳货》,第二句"德以施惠,战所由克"出自《左传·成公十六年》,第三句"衣食足然后知荣辱"出自《管子·牧民》①;例(212)征引内容出自《尚书·泰誓中》;例(213)两处征引均出自《史记·袁盎晁错列传》。可见,以上"传"并不特指《左传》,这些"传"不宜加书名号,表示"记载"。连续征引,通过"又曰"衔接。

《全宋文》征引句式中典籍名多单字简称,有特指与泛指区别,除了"传",还有"语、书、礼、记"等。"语"特指时多指《论语》(下文"S 有之"例),亦有指《国语》;"书"特指《尚书》,也泛指书面记载;"礼"多特指《礼记》,"记"有时亦特指《礼记》,也泛指"礼法""记录"等。如:

(214)《语》有之曰:"夏则资皮,冬则资绨。"夫皮岂当暑之急,而绨岂御寒之具哉,盖无事而备之者,所以待有事也。(邹浩《侯嬴论》)

本例征引内容出自《国语·越语上》。

---

① 《管子·牧民》有"仓廪实则知礼节,衣食足则知荣辱",《史记·管晏列传》引作"仓廪实而知礼节,衣食足而知荣辱"。

(215)《书》有之曰:"毋若丹朱傲,惟慢游是好,罔昼夜頟頟,朋淫于家,用殄厥世。"(陈舜俞《治说四·说戒》)

(216) 盖书有之曰:"沉潜刚克,高明柔克。"若昔圣贤之教人,常视其偏而正之,使至于中而止。(真德秀《潜斋记》)

例(215)征引自《尚书》,例(216)征引自《左传·文公五年》,此"书"不宜冠以书名号。①

(217)《礼》有之曰:"敖不可长,欲不可纵,志不可满,乐不可极。"(张方平《四箴·序》)

(218)《记》有之曰:"人莫不知苗之硕,莫知子之恶。"言蔽物也,有己而蔽于物。(薛季宣《序反古诗说》)

(219) 龙游有石而锐,古记有之曰:"尖石圜,出状元。"(楼钥《跋刘资政游县学留题》)

前两例《礼》《记》均指《礼记》,例(218)出自《礼记·大学》:"故谚有之曰:'人莫知其子之恶,莫知其苗之硕。'此谓身不修不可以齐其家。"例(219)"古记"泛指古代记载。

除了征引上古汉语典籍外,还偶引距离宋代较近或同时代的史书,如:

(220) 史有之曰:"去河北群贼易,去朝廷朋党难。"陛下诚不可不留神也。(陈东《登闻检院上钦宗皇帝书》)

此例征引内容或本自《旧唐书·李宗闵传》"尝谓侍臣曰:'去河北贼非难,去此朋党实难。'"《新唐书》易为:"尝叹曰:'去河北贼易,去此

---

① 《全宋文》未辨别,给"书"加书名号,不宜,需辨别是否为典籍名。曾枣庄、刘琳主编:《全宋文》,上海:上海辞书出版社,合肥:安徽教育出版社,2006年,第406页。

朋党难！'"

此外，还有引用兵法，常径称"兵法"，如：

（221）兵法有之曰："兴师十万，出征千里，百姓之费，公家之奉，日费千金。内外骚动，怠于道路者七十万家。""而爱爵禄，百金不能知敌之情者，不仁之至也。""故三军之事，莫亲于间，赏莫重于间。"间者，三军之司命也。（苏辙《上神宗皇帝书》）

苏辙文中"兵法有之曰"征引的这几句话出自《孙子兵法·用间》。

"S有之"通过关系词来衔接征引内容的，基本用"曰"，仅1例用"云"，即：

（222）然《诗》有之云，"不可使得罪于天子"，亦云"可使燕及朋友"。（彭龟年《策问三》）

在征引典籍时，多有"S云"用法，有时亦在连续征引句段中与"有之"句式并用，如下文例（233）"《诗》有之……《礼记》亦云……"。"有之曰"中的"曰"或因此而类化替换为"云"。例（222）"有之云"与后续"亦云"形式上一致。不过，"有之曰"具有强凝固性，并未像"闻之曰"中"曰"广泛拓展至其他言说动词。

"S有之曰"句式中，S为言语性质的共有24例，其中S为"古语"11例，"谚"7例，"语"3例，"训、古训"3例。如：

（223）古语有之曰，"忠言逆耳而利于行，良药苦口而利于病"者，其斯之谓欤！（欧阳澈《上皇帝第三书》）

（224）昔谚有之曰：责亭茸而游，亭不理而休；责圃滋而育，蔬不供而朴。（李璋《济民仓记》）

（225）谚有之曰："长安好高髻，四方高一尺。长安好广眉，四方

且半额。长安好大袖,四方全匹帛。"斯言如戏,有切事实。(廖刚《与程伯起舍人杂说》)

(226)常侍郎曰:"语有之曰:'变古乱常,不死则亡。'是天道也。陛下虽固爱错,不能违天。"(刘敞《设常侍郎对》)

(227)训有之曰:"位不期骄,禄不期侈。"(邹浩《郭献卿除节度观察留后制》)

"古语有之曰"引用内容亦多出自上古典籍,亦有流行俗语;"谚有之曰"征引谚语、歌谣等;"语有之曰"征引内容均来自典籍记载之语,如例(226)出自《史记》,还有引自《礼记》《汉书》等;"训有之曰"征引古代留传下来的教言。

《全宋文》有一例"古训有之,曰尊高年,曰敬大臣","S有之,曰A,曰B"这种征引句式无其他用例,我们推测很可能为"S有之曰"句式,如:

(228)古训有之曰:尊高年,敬大臣。(刘克庄《赐观文殿大学士提举洞霄宫吉国公董槐乞生前致仕不允诏》)

此例文本从《刘克庄集笺校》①,《全宋文》作"古训有之,曰尊高年,曰敬大臣"②,"曰"作为关系词,通常与"有之"紧密衔接,并列二项则后者不用"曰"。若为两个征引内容,从征引典籍例来看,一般后面的征引内容会通过"又曰"引出。"古训有之曰"例亦如此,如:

(229)夫狱,重事也。古训有之曰:"一成而不变,故君子尽心

---

① [宋]刘克庄著,辛更儒笺校:《刘克庄集笺校》,北京:中华书局,2011年,第2754页。标点原作:"古训有之,曰尊高年,敬大臣。"
② 曾枣庄、刘琳主编:《全宋文》,上海:上海辞书出版社,合肥:安徽教育出版社,2006年,第154页。

焉。"又曰："悉其聪明，致其忠爱，以尽之，毫发有差，死生所系，岂可忽哉！"然此理甚明，居是官者，孰不知之，而鲜有能遂其志者，曷为而然？（袁燮《滁州司理李君墓志铭》）

故例（228）以不复用"曰"为长，亦为"S有之曰"句式，而非"S有之"句式。

2. "S有之"征引句式

《全宋文》"S有之"征引句式比"S有之曰"用例更多。两种句式中征引来源S性质具有较为广泛的相似性，即"曰"对S不具有选择限定性，或者说"曰"的使用有一定的随意性。

"S有之"征引句式中S为典籍名或书面记载泛称类名词，共有89例。典籍征引除与上述"S有之曰"句式相似的之外，还有《庄子》《离骚》等。

(230) <u>《语》有之</u>："既往不咎。"（刘克庄《进故事》）

(231) <u>《祭法》有之</u>："山川丘陵，能出云为风雨曰神"，又曰："非此族也，不在祀典。"（真德秀《岳麓湘江祝文》）

(232) 吾党范龙友自号以芷屋，曰："<u>《离骚》有之</u>，'芷葺兮荷屋'，寄言也。"（陈著《芷屋说》）

(233) 盖<u>《诗》有之</u>，"上帝临汝，无贰尔心"，又曰"皇矣上帝，临下有赫"，又曰"神之格思，不可度思，矧可射思"，《礼记》亦云"洋洋乎如在其上，如在其左右"，凡此皆言上帝神明，近与人接，不可斯须之不敬，不可一念之不诚也。（真德秀《代周道珍黄箓普说》）

(234) 在<u>《书·甘誓》有之</u>："左不攻于左，汝不共命！右不攻于右，汝不共命！御非其马之正，汝不共命！"<u>《牧誓》有之</u>："不愆于五步、六步、七步，乃止齐焉；不愆于四伐、五伐、六伐，乃止齐焉。"盖陈法也。（薛季宣《策问七》）

（235）《庄子》有之："寻常之沟，巨鱼无所还其体，而鲵鳅为之制；步仞之邱陵，巨兽无所隐其躯，而孽狐为之祥。"（王之道《上宣抚大使叶少蕴观文书》）

例（230）"语"即《论语》简称，征引自《论语·八佾》："成事不说，遂事不谏，既往不咎。"例（231）征引内容出自《礼记·祭法》篇，征引典籍有此类径用篇名例。偶有连续征引的情况，通过"又曰"引出，往往出自同一典籍，如例（231），再如例（233），都出自《诗经》；或如前文提到的"传有之"，"传"泛指书面记载，故通过"又曰"征引不同典籍的内容。通常连续征引不同典籍，亦会转换征引句式，如例（233），后面征引《礼记》，即直接用"S 亦云"句式。或如例（234）引用《尚书》不同篇目，用了相同句式，但第一处书名、篇名同具，后一处承上省略书名。

典籍中"S 有之"征引内容一般在其后出现，偶有特殊用法，如：

（236）"采葑采菲"，卫《诗》有之，愿借是以为请；"无德不报"，周《诗》有之，愿托此以自誓，惟相公念焉。（周必大《贺汤左相小简》）

此例两引《诗经》，均为征引内容先行，再补充"S 有之"，这属于特例，将征引内容作为话题主语，语用上有强调效果。相应的，"S 有之"中"之"亦实指前面所引《诗经》句子。

此外，需要注意的是，有一些征引典籍，S 并不具典籍名，而是用泛指的"传"。如：

（237）于传有之，哀公问于有若曰："年饥，用不足，如之何？"有若对曰："盍彻乎？"曰："二，吾犹不足，如之何其彻也？"对曰："百姓足，君孰与不足？百姓不足，君孰与足？"（王之道《论增税利害

代许敦诗上无为守赵若虚书》)

此例征引内容出自《论语》，故"传"不宜加书名号①。类似的还有：

(238) 于传有之：得国常于斯。(文天祥《论宜分天下为四镇奏》)
(239) 传有之："天时不如地利，地利不如人和。"此言形势之不如德也。(苏轼《形势不如德论》)
(240) 传有之：耕道而得道，猎德而得德。(江公望《谏猎奏》)
(241) 传有之，"制宅命子，足以观士。"(韩元吉《铅山周氏义居记》)
(242) 然传有之："明于天地之性者，不可惑以神怪；明于万物之情者，不可罔以非类。"(朱熹《己酉拟上封事》)

以上数例，《全宋文》给"传"均冠以书名号，不宜。上述"传有之"征引内容分别出自《礼记》《孟子》《法言》《史记》《汉书》，"传"是表示书面记载的泛称名词，故不能加书名号，否则容易引起误解。

《全宋文》"传"作为典籍名，多指《左传》，亦有指《易传》，如：

(243)《传》有之："君人者昭德塞违以照临百官，百官于是乎戒惧而不敢易纪律。"此又明辩之本也。(徐鹿卿《丁酉进故事札子》)
(244)《大传》有之，无思也，无为也，寂然不动，感而遂通，天下之故。变通之道，尽此赞矣。(薛季宣《复张人杰学谕书》)

或称"传"，或称"大传"，均指《易传》，宜加书名号。

"传"之外，其他泛称类名词还有"先志、前志、军志、兵说、兵家、

---

① 曾枣庄、刘琳主编：《全宋文》，上海：上海辞书出版社，合肥：安徽教育出版社，2006年，第64页。

汉诏"等。如：

（245）<u>前志有之</u>：王法必本于农。（李觏《安民策》）

（246）<u>兵说有之</u>："词卑者进，词强者退。"（吕陶《虑边二》）

（247）侯又曰："<u>兵家有之</u>，曲道险陁则剑楯利，仰高临下则弓矢便。"（朱熹《射圃记》）

（248）<u>汉诏有之</u>：人有智愚，官有上下，故使中外疑狱谳之廷尉，廷尉以当附律令闻上也。（范百禄《与门下韩侍郎书》）

这些泛称类名较"S有之曰"句式稍多。

"S有之"征引句式中，S为"语、谚、训"等言语类泛称名词的共有74例，其中S为"古语"最多，有46例，"语"13例，"谚、古谚、鄙谚、谚语"10例，"里语、俚语"3例，"训、大训"2例。使用亦较有"曰"句式更为丰富。

（249）<u>古语有之</u>："物不得其平则鸣。"某则以为凡物之鸣，不皆不得其平，顾自不得不鸣耳。（刘弇《再上元长内翰书》）

（250）<u>古语有之</u>："兔走归窟，鸟反其乡。"（周孚《上梁参政》）

（251）虽然，<u>语有之矣</u>："学所入者浅，体所安者深。"（葛胜仲《与程嘉量秀才书》）

（252）<u>俚语有之</u>，"官事私雠"，此小人之所不为，而挺之安为之，岂忠臣乎？（江公望《言赵挺之怀私劾王古疏》）

（253）<u>古谚有之</u>："辅车相依，唇亡齿寒。"仆与刘备，实有唇齿相须之势。（苏轼《拟孙权答曹操书》）

（254）<u>训有之</u>，"如有周公之才之美，使骄且吝，其余不足观也已。"（韩元吉《皇叔祖故检校少保向德军节度使知大宗正事嗣濮王赠少师封琼王仲儦谥议》）

（255）<u>大训有之</u>："天聪明，自我民聪明；天明畏，自我民明威。"

（陆九渊《宜章县学记》）

例（254）"训有之"，征引内容出自《论语》。例（255）"大训"指"先王圣哲的教言"，引自《尚书·皋陶谟》，用于开篇征引。例（251）"语有之矣"是仅1见的"S有之"后有语气词，其他均无，可见"S有之"后已罕见语气词。

诸多"古语有之"征引句式中，有1例，原作"古云有之"，我们推测当为"古语有之"，即：

（256）古云有之："仍旧贯，何必改作？"孔子取焉。（朱梦说《进徽宗皇帝时务策》）①

此例征引内容出自《论语·先进》"闵子骞曰：'仍旧贯，如之何？何必改作？'"若为"云"，则不宜再加"有之"，"有之"句式前加"古云"不合句法。从征引内容来看，符合"古语有之"征引句式的用法，该"云"似当为"语"。

"S有之"征引句式连续征引时，多用"又曰"，仅2例"语有之"连续征引时后一征引内容用"又云"引出征引内容：

（257）语有之，"朝气锐，暮气惰"，又云"坚凝之难"。（刘克庄《魏克愚直华文阁两浙运副制》）

（258）语有之，"居大名难"，又云"保晚节难"。（刘克庄《文天祥除正字制》）

用"又云"可能是刘克庄个人习惯。

---

① 曾枣庄、刘琳主编：《全宋文》，上海：上海辞书出版社，合肥：安徽教育出版社，2006年，第381页。

还有 1 例 "S 有之" 中 S 为 "先圣之言"：

（259）抑<u>先圣之言有之</u>，古之学者为己，今之学者为人。（朱熹《衢州江山县学记》）

该句中第二个 "之"，淳熙本作 "云"①。"之""云"字形相近，从《全宋文》征引句式来看，两种皆可能，"S 有之" 征引句式更常见，但亦有 "S 有云" 征引句式，如：

（260）<u>仲尼有云</u>，人而不仁，嫉之太甚，乱必攸因。（田锡《嫉恶箴》）

（261）<u>古人有云</u>："言之必可行也。" 又曰："知之非艰，行之惟艰。"（包拯《天章阁对策》）

（262）淳古之俗，<u>前志有云</u>："杂人兽之居，靡相为害，食草木之实，各遂所养。"（刘筠《敕延庆院放生池碑铭》）

（263）<u>里语有云</u>，青蝇窃膻而后玷，时明可赖，白璧经炼以方真。（张咏《申堂自陈状》）

"S 有云" 中 S 既可以是人物，也可以是记载或言语类名词，故 "先圣之言有云" 亦有可能。不过，"先圣之言" 具有一定的书面语性质，其后往往用 "曰"，如：

（264）<u>夫子之言有曰</u>："孝乎惟孝，友于兄弟，施于有政，是亦为政。"（张宋卿《教授题名记》）

（265）惟<u>先圣之言曰</u>，军旅之事未之学也。（方岳《帅幕谒夫子庙

---

① 曾枣庄、刘琳主编：《全宋文》，上海：上海辞书出版社，合肥：安徽教育出版社，2006年，第 67 页。

祝文》)

相比而言，如《全宋文》作"先圣之言有之"或为长。

3. "S有之（曰）"征引句式特殊用法

从《全宋文》"有之（曰）"句式来看，有两点特殊性值得关注：一是在典籍等记载类征引源头O前多见"于""在"字式，即"于（在）S有之（曰）"式；二是"闻"字式与"有"字式两种征引方式有套用现象。

（1）"于（在）S有之（曰）"句式。

"于S有之"征引句式共8例，4例S为典籍名，分别为《传》（《左传》）、《易》（《周易》2次）、《礼》（《礼记》），其余4例均为"于传有之"，其中"传"为"记载"义泛称名词，征引内容出自《礼记》《论语》等典籍。有两个特点：一是无"曰"字式，二是S为"传"具有特殊性。如：

(266) 于《传》有之："五世其昌，并于正卿。"又曰："世济其美，不陨其名。"请以是为祝规。（周必大《跋鱼计亭赋》）

(267) 于《易》有之："云雷屯，君子以经纶。"吾则厚自培养，立其体而宏其用。于《记》有之："嗜欲将至，有开其先。天降时雨，山川出云。"（陈著《胡贵常云寄说》）

(268) 于传有之，禹手胼而足胝，官卑而食菲，娶涂山而遽去家，不暇视其呱泣之子，则其勤劳亦至矣。（陆游《禹庙赋》）

例（266）征引内容出自《左传》，其中"传"宜加书名号，《全宋文》未加①，不妥。

对于典籍或记载类征引，介词"于"对引源具有凸显作用，随着文言

---

① 曾枣庄、刘琳主编：《全宋文》，上海：上海辞书出版社，合肥：安徽教育出版社，2006年，第35页。

向白话的转化,"于"逐渐让位于"在"。《全宋文》中"在 S 有之"句式相比"于 S 有之"已成为优势句式,不仅用例更为普遍,且有少量还带关系词"曰",构成"在 S 有之曰"句式。

"在 S 有之(曰)"共 27 例,其中"曰"字式 4 例,1 例"在传有之曰"[即下文例(296),与"抑尝闻在《礼》有之曰"同一语段],实际征引内容出自《礼记》,1 例"在兵法有之曰","传""兵法"共此 2 例为泛称记载类名词,另 2 例 S 为"《周易》""《礼》"。23 例"在 S 有之"句式中 S 均为典籍名。如:

(269)<u>在兵法有之曰</u>:"有其有者安,贪人有者残。"又曰:"利人土地货宝者谓之贪兵,兵贪者破。"今之所为,正犯此禁。(苏辙《论西边商量地界札子》)

(270)故<u>在《周易》有之曰</u>:"开国承家,小人勿用。"(苏辙《乞罪许将奏》)

两例均为苏辙文。苏辙文多用征引,句式亦相当丰富。可见,征引句式的灵活运用,有一定的个人因素。

23 例"在 S 有之"征引句式,S 集中在《周易》《诗经》《尚书》3 部典籍,还有 1 例《书》当指《周书》。

12 例征引《周易》,9 例简称《易》(其中 1 例"在《易》有之"后,连续征引两卦内容,分别出具卦名),2 例称《周易》,另有 1 例兼具书名和卦名。

(271)<u>在《易》有之</u>:"君子以远小人,不恶而严。"(张栻《萧望之刘向所处得失论》)

(272)<u>在《易》有之</u>:<u>《萃》</u>以除戎器,戒不虞。<u>《既济》</u>曰:"君子思患而豫防之。"(张舜民《长城赋》)

(273)<u>在《周易》有之</u>:"天地革而四时成。"此言能改命而创制,

及小人乐成则革面以顺上矣。（罗处约《复尚书都省之制议》）

（274）在《易·乾》象有之："天行健，君子以自强不息。"（薛季宣《序辊弹漏刻》）

例（272）征引《周易》两卦内容，先用"在《易》有之"锁定典籍来源，再通过卦名来引出征引内容，"《萃》""《既济》曰"表明征引更为具体的来源。例（274）征引出处更为具体，不仅兼具书名与卦名，且明确为"象辞"，组合为"在《易·乾》象有之"。可见，随着"在"对"于"的替换，"在S有之"句式中S韵律形式上得到了拓展，不再局限于单音词。

6例征引《诗经》，均为"在《诗》有之"。

（275）在《诗》有之，"蔽芾甘棠，勿剪勿伐，召伯所茇。"（韩元吉《两贤堂记》）

（276）在《诗》有之："载色载笑，匪怒伊教。"又曰："有斐君子，终不可谖兮。"贤侯处心，一举而二美具，可无述哉！（葛胜仲《陈去非诗集序》）

"在《诗》有之"句式简单，仅具典籍简称，无篇名。

5例征引《书》，其中4例为《尚书》，1例为《逸周书》。4例为"在《书》有之"，1例兼具篇名，为"在《书·甘誓》有之"。

（277）在《书》有之，"今天其命哲，命吉凶，命历年。"（胡元质《玉局观崇禧殿记》）

（278）在《书·甘誓》有之："左不攻于左，汝不共命！右不攻于右，汝不共命！御非其马之正，汝不共命！"《牧誓》有之："不愆于五步、六步、七步，乃止齐焉，不愆于四伐、五伐、六伐，乃止齐焉。"盖陈法也。（薛季宣《策问七》）

（279）在《书》有之：布义行刚曰景，严恭临民曰庄。（苏颂《赠太师王嗣宗谥景庄议》）

例（277）征引自《尚书·吕刑》篇，仅出典名，未具篇名。例（278）兼具典名、篇名，且连续征引同一典籍不同篇目，"在《书·甘誓》有之……《牧誓》有之……"，可见"在"限定的是典籍名，而不是篇名，"在 S 有之（曰）"征引句中，"在"均有这一特点。例（279）征引内容出自《逸周书·谥法解》。

(2)"闻之 O 有""闻 O 有之"句式。

宋文中"闻之""有之"两种征引句式有融合用法，产生了"闻之 O 有"与"闻 O 有之"两种套用句式。

"闻之 O"与"有"式组合成"闻之 O 有（曰）"式，"有"或带宾语"言"，与其后征引内容构成同位语关系。"闻之 O 有（曰）"5 例，O 为典籍、记载或"N 之言"，其中 3 例有"曰"，2 例无；"闻之 O 有言（曰）"5 例，O 为指人名词，"古人"或具体的人名，1 例有"曰"，4 例无。

征引典籍、记载或"N 之言"，"闻之 O 有（曰）"句式，如：

（280）臣闻之《诗》有曰"无竞维人，四方其训之"，言人君之不可不自强也。（贾廷佐《上高宗论遣使书》）

（281）盖尝闻之孟子之言有曰，人之所以异于禽兽者几希，庶民去之，君子存之，此君子所为而学也。（朱熹《答曾无疑》）

（282）珂闻之常言有曰："人之是非，其惑常在身前，其定常在身后。"（岳珂《上宰执第二书》）

（283）然臣等闻之唐史有"以乱易乱，终归于乱，以治易治，其治乃定"，兵法"先为不可胜，以待敌之可胜"。（汪应辰《读喻玉泉绍兴甲寅奏对录》）

（284）予尝闻之诗史有"水落鱼龙夜"之句，盖长沙湘乡之山，鱼龙蛰土，化而为石，工部固尝形容于诗矣。（孔传《云林石谱序》）

"闻之O有（曰）"引用《诗经》或其他记载，如"唐史、诗史"等，亦引"N之言、常言"之言论，多为事理性质。连续征引时，后续征引承前省略句式结构，仅具征引来源，如例（283）"兵法"。

征引来源为指人名词的"闻之O有言（曰）"句式，如：

（285）臣闻之古人有言曰："有叛卒，无叛民。"（吴伸《论经国大要书》）

（286）臣闻之古人有言："好恶不愆，民知所适，事无不济。"又曰："示之以好恶而民知禁。"（吕好问《论绍述奏》）

（287）抑臣闻之陆贽有言，核才取吏，有三术焉：一曰拔擢以旌其异能，二曰罢黜以纠其失职，三曰序进以谨其官守。（魏矼《论用人之道疏》）

另有1例"予闻之长沙宰令狐君有言"征引长段言论。例（286）连续征引，前处无"曰"，后处"又曰"征引，"曰"在后续征引时有衔接的必要性。"闻之O有言（曰）"均有主语。

这一句式与典籍中"S有言（曰）"征引句式的普遍运用有关。《全宋文》中"S有言（曰）"是征引古人言论的一种重要句式，其中无"曰"的句式用例约为有"曰"句式的两倍。主语大多为指人名词，具体的人名为主，偶见主语为"前史、古训"，有"曰"或无"曰"的用例如下：

（288）贾谊有言曰："前车覆，后车戒。"（司马光《义勇第四札子》）

（289）古训有言曰："民犹水也，可以载舟，可以覆舟。"（米芾《参赋》）

（290）前史有言曰："圣人以天下为度者，不以私怒而伤公义焉。"（张洎《论北方兵事奏》）

（291）刘宾客有言："人之神妙，其在于诗。"（谢绛《又答梅圣俞书》）

（292）前史有言：尧之水，汤之旱，而无危亡之虑，以其储蓄有备尔。（张方平《论京师军储事奏》）

亦有"S 闻 O 有言（曰）"句式，如：

（293）臣闻先民有言曰："陈力就列，不能者止"，臣下之通规也；"进人以礼"，君亲之盛德也。（范仲淹《乞小郡表》）

（294）予闻管仲有言："十年之计以木，百年之计以德。"（宋祁《福严院种杉述》）

这类句式是"闻之 O 有言（曰）"句式的基础，插入形式宾语"之"，从而使"闻之 O"形成一个句法完整的结构，其后似成一停顿，故今标点多在其后读开，加逗号，本质上是一样的。

"闻之 O 有"句式是较为复杂的，形式上是两种功能相当的征引句式的叠加，句式上更长，并不常用。

"闻"与"有之"式套用形成"闻 O 有之（曰）"句式，共 10 例，其中有关系词"曰"的有 6 例，无"曰"的 4 例。

（295）某闻《书》有之曰："古有夏先后，方懋厥德，周有天灾，山川鬼神，亦莫不宁，鸟兽鱼鳖咸若。"又闻《诗》有之曰："行苇，忠厚也。周家忠厚，仁及草木。"窃诵其言，想见其时，太平一何盛也！（邹浩《上政府书》）

（296）抑尝闻在《礼》有之曰："能御大菑则祀之。"在传有之曰："有功于民则祀之。"（郭愔《超山应润庙敕序》）

（297）臣又闻古语有之曰："嘈嘈者易虑，默默者可防。"故涓涓不塞，将成江河；一叶不伐，将寻斧柯。（欧阳澈《上皇帝第二书》）

（298）余闻谚有之曰："随师三年，譬歆相似。"（释宝昙《送瑞岩行者庆诚求僧序》）

（299）<u>臣闻兵法有之</u>："众已聚，不虚散；兵已出，不徒归。"诚惧人情懈弛，士气衰堕，不可以再鼓也。（廖刚《乞用兵札子》）

（300）<u>窃闻古谚有之</u>："房自鬻，虽美不售；士自眩，虽辩不纳。"（苏舜钦《上孔待制书》）

"S有之（曰）"具有客观性，同时亦显得较为生硬，而"S闻"句式表示"听说"性质，使得语气更为舒缓，如例（299）开篇通过"臣闻兵法有之"征引内容来发起论说，"S闻"征引内容通常作为臣子疏札开篇来引发论说。如上数例可见，征引典籍、"兵法"、"古语"或谚语等，均可套用"闻O有之（曰）"句式，"S闻之（曰）""S有之（曰）"句式的区分在此趋向融合，句式更为复杂，但同时也起到特殊的语用效果。第一人称主语或可省略，通过副词"窃"隐含，或因"抑"承接上文而省略。

此外，在"闻"的类化下，还有1例"谓O有之"征引句式：

（301）<u>某谓谚有之</u>：学家多士大夫。（葛胜仲《张太安人王氏墓志铭》）

"谓"的用法没有"闻"来得婉转，故无他例。这是《全宋文》中的新现象。

三、唐宋文征引句式比较

(一)《全宋文》对《全唐文》的发展

部分句式特点在《全唐文》中萌芽，《全宋文》得到更大发展。

句式类型上，"闻之"式主语上，唐文中始出现"某"（李商隐《为举人上翰林萧侍郎启》），宋文中大为发展，较多使用"某"，成为自称谦辞以及第一人称代词中，仅次于"臣"的第二多用主语。"闻之"主语缺省在唐文中已较多见，宋文中比例增加，"闻之"在很多征引叙事性内容的语境中，具有了一定的话语标记性质，不纯粹表示征引，即语义虚化。

"闻之O"句式，唐文多有"曰"作关系词，偶有"云"；宋文中双宾语句式增加，关系词亦拓展，"曰"一定程度上保留，"云"的使用扩大，同时其他言说动词"言、谓"亦产生类化用法，并由此扩及意谓动词"以谓、以为"。相应的，句式结构亦更为松散。从征引内容而言，叙述性内容以及自己的主张增加。

唐文中出现"在O有之曰"用例，但极少，仅刘禹锡《辩易九六论》"在左氏《国语》有之""在《左氏春秋传》有之曰"2例。这种句式在宋文中出现更多，有"于O有之""在O有之（曰）"，对典籍用"于、在"加以强调凸显，且35例"于（在）O有之（曰）"中仅有4例"在O有之"有关系词"曰"，其余均没有，说明宋文中句式的"规整"性弱化。

篇章标记更为凸显，唐文中已较多见"闻之"句式前用副词"抑"衔接上文；宋文中更为普遍，"抑闻之""抑尝闻之""抑又闻之"等常见，当有主语时，"抑"处于主语之前，即"抑"处于句首，显然是承接上文，引起下文，"抑"起着衔接上下文的功能。"闻之"前副词使用上，宋文延续唐文的类型，主要有"尝、抑、窃"等，更为多见，又出现"窃伏"等用法。且宋文中多用"盖尝"发起"闻之"句式，语气上更为舒缓。

"闻之（诸）道路"句式，宋文在唐文基础上进一步拓展，"道路"又多用"道涂"，且后接关系词亦多样化，如"谓、曰、云、言、称"等，唐文仅用"云"。

(二)《全宋文》句式新变化

《全唐文》不用"闻之曰"句式来征引，有着较为严格的句式功能区分，即用"S闻之曰"句式来表达评论。《全宋文》中则有30余例"闻之曰"句式，且有较多主语缺省的例子。以征引事理名言为主，偶有征引叙述性情况。

值得注意的是，宋文中，"S闻之"语用功能进一步混淆，表现在第一人称主语的"闻之曰"句式不再专用于表达征引，亦用于表达对某事或某言论的看法、评论或回应。这与宋文叙事性强的特点有关，其中表达个人看法，不再假托第三人称发表，而是径用第一人称表达。这一转变，使源自上古汉语直至唐文都遵守的"闻之曰"句式主语分布规律被打破，语用功能的差异对应句式的差异淡化。

宋文"闻之"征引句式，在主语上，自称谦辞"愚"见用。"吾"的使用，唐文中还较多，而宋文中较为受限，宋文中保留的"吾闻之（曰）"有多例是沿用古代典籍中的句式，以至于举子程文中用"吾"取代"愚"被看作弊病（洪迈《乞纠举子程文之弊奏》）。

宋文中对"闻之""有之"两种句式的分布差异也趋向混同，产生了融合式"闻之O有"或"闻O有之"句式，这说明句式差异进一步消融。同时句式趋向复杂。

第二章　假设范畴句法演变研究

假设连词在句法上起到连起假设小句的功能，很多假设连词亦有其独特的语义功能与篇章功能。本章将探讨汉语史上独特的假设连词"若使"，基于语料，对其功能展开立体化研究，尝试结合语义、篇章等视角揭示其功能的独特性及其历时演变。假设范畴中亦有些表达方式经历了较为复杂的演变衍生出假设用法，本章通过探讨"实"类肯定推度副词产生假设用法的演变机制，探讨"尝"的语法化历程及其假设用法的来源，试图呈现假设范畴句法来源的多样化途径。

第一节　假设连词"若使"用法研究

汉语史上假设连词非常丰富，在单音词基础上，也形成了一系列双音假设连词，如杨伯峻提及："'若'作假设连词，有时作'若其''若苟''若使''若或'。"[1] 以往研究对假设连词用法的认识，主要着眼于复句内部引导假设条件小句。我们在考察"若苟"用法时，注意到它多用于承接前文的假设推理句段，句式为"A，若苟 A，则 B"，认为它具有联系上下文的篇章衔接功能，标记着推论由此及彼不断向前推进[2]。从这个角度来

---

[1] 杨伯峻：《古汉语虚词》，北京：中华书局，1981 年，第 136 页。
[2] 张萍：《〈墨子〉篇章衔接连词"若苟"用法探究》，载《当代修辞学》，2017（4）。

看,"若使"在句段中也起着篇章衔接功能,它往往关联前后两个语意相对的假设复句。

另一方面,如袁毓林谈到反事实条件句语法标记时指出,古汉语虚词辞书和教材中,一般都能明确假设连词"表示假设",但"不一定会特意指它们还具有引导反事实假设小句的功能"①,即以往对假设连词用法缺乏语义细分。近来研究越来越注重区分可能假设与违实假设,如罗晓英、龚波②。我们在考察"若使"用法时,注意到其语义上呈现出虚拟假设倾向③,同时发现语义类别与篇章衔接功能具有联系。

"若使"在上古汉语产生,使用延续至近代汉语,跨度很大,不同时期使用有消长,在篇章衔接、语义类型上也有演变。我们着眼于语义类型、篇章衔接两个方面来探讨"若使"用法的演变及其影响因素,试图揭示双音假设连词功能的独特性与丰富性。

一、上古汉语"若使"用法:产生与功能

从上古汉语主要典籍来看,假设连词"若使"首先产生于《左传》,其后在《墨子》《韩非子》等典籍中较多见用。"若苟"是"若""苟"同义复合而来,与此不同,"若使"是通过句法跨层结构词汇化而来。

(一)假设连词"若使"的产生

从《左传》8例"若""使"线性共现情况可以看出"若使"形成的轨迹。7例为"连词'若'+动词'使'"组合,其中6例中的"使"可释为"派遣",1例中的"使"为"致使、让"义;仅1例"若使"为假设连词。

---

① 袁毓林:《汉语反事实表达及思维特点》,载《中国社会科学》,2015(8)。
② 罗晓英:《现代汉语假设性虚拟范畴研究》,广州:暨南大学出版社,2014年,第9页;龚波:《上古汉语假设句研究》,北京:商务印书馆,2017年,第7页。
③ 蒋严、潘海华提到"反事实条件句",说"这种条件句的前件一定为假,即它们的前件表达的是一种虚拟状态"。参见蒋严、潘海华:《形式语义学引论》(修订版),北京:中国社会科学出版社,2005年。我们采用"虚拟"说法,包括与事实相反(即违实)、不可能实现的内容,能更全面地涵盖"若使"的用法。

（1）国危矣，若使烛之武见秦君，师必退。（《左传·僖公三十年》）

（2）楚隆曰："若使吴王知之，若何？"赵孟曰："可乎？"（《左传·哀公二十年》）

（3）若使邲在君之他竟，寡人何知焉？属与敝邑际，故敢助君忧之。（《左传·定公十年》）

例（1）"使"为"派遣"义动词，处于"使NP+VP"兼语句中，"若"是连词，引导假设小句，此时"若""使"在句法层次上跨层明显，但韵律上常常合为一个双音节奏，这使其具备了凝固的倾向。例（2）也是"若使NP+VP"式假设兼语句，意为"如果让吴王知道"，"使"动词义更为抽象，为"致使、让"义。随着"使"词义进一步虚化，与后一行为不再具有明显的"致使"关系时，"使"就脱离兼语句，从语义、句法上为"若""使"结合提供条件。

例（3）"若使NP+VP"，"使"对后面的VP"在君之他竟（境）"没有"致使"作用，表现在VP的性质是地理位置关系，无法移动或改变，不具有被致使性，"使"从兼语式结构中脱离出来，句法上羡余，语义上，"在君之他竟"与客观事实"属与敝邑际（刚好与敝邑交界）"相反，构成虚拟语义。此时"使"与"若"在韵律作用下，凝固为双音假设连词。沈玉成、李梦生都将"若使"对译为"如果"①，这实际上隐含着"若使"凝固成词的句法、语义。

例（3）当是假设连词"若使"最早的用例，其源结构是"连词'若'+动词'使'NP+VP"，动因在于"使"语义虚化。这一过程，与"使"虚化为假设连词相似。解惠全、洪波结合上古汉语典籍具体例子对假设连词"使"的产生与机制作出演变推导②，梅广亦提到"'使'表假设，它的发

---

① 沈玉成：《左传译文》，北京：中华书局，1981年，第541页；李梦生：《春秋左传译注》，上海：上海古籍出版社，2010年，第1266页。

② 解惠全：《谈实词的虚化》，洪波：《论汉语实词虚化的机制》，均载吴福祥主编：《汉语语法化研究》，北京：商务印书馆，2005年。

展雏形见于《左传》"①。从"若使"产生的句法环境来看,其产生是跨层结构的词汇化过程。

(二)"若使"的功能特点

陈丽、马贝加提到"'使'是一个表达虚拟条件的连词",并突出"使"正是"在虚拟语境中虚化的,最后完全承担假设连词的功能的"②。与此相似,例(3)"若使"引起的假设为虚拟情况,与现实状况形成反照。前后两个复句语意上对照,通过正反假设推理来加强说服力,"若使"除了引起虚拟的假设小句,还关联着前后对照的两个推理,即还具有句段衔接功能。

"使令"义动词是"使"最主要的用法,表层同是"若使",可能是"若"与"使"兼语式的连用,也可能是双音词"若使"。由于这种歧义性,上古汉语中假设连词"若使"并不高频。先秦典籍中,《墨子》用例最多,其次见于《韩非子》《晏子春秋》《吕氏春秋》等;至西汉时期,《史记》《淮南子》《说苑》中见用。

考察上古汉语代表性典籍中"若使"用例(如表2所示),"若使"篇章功能较为突出,呈现出不同逻辑类型的句段关联,语义类型也呈现出相应规律。下面从篇章功能入手,对其进行论述,同时讨论语义功能的分布规律。

表2 上古汉语代表性典籍假设连词"若使"用例

单位:例

典籍	左传	墨子	商君书	韩非子	战国策	管子	晏子春秋	吕氏春秋	史记	淮南子	说苑
总数	1	9	1	4	1	2	4	5	1	4	2
篇章功能	1	6	1	4	1	2	2	4	1	2	2

---

① 梅广:《上古汉语语法纲要》,上海:上海教育出版社,2018年,第107页。
② 陈丽、马贝加:《假设连词"使"的语法化动因》,载《温州大学学报》,2009(4)。

在不同逻辑关系的句段中,"若使"的篇章衔接功能有着不同的形式表现。最常见的是对照式衔接,又分为推论式和溯因式两种。

1. 推论式:若使 A,B;若使-A,C

"若使"最常用于正反对照的假设推理中,组成"若使 A,B;若使-A,C"句段。如:

(4) 若使鬼神请(情)有,是得其父母姒兄而饮食之也,岂非厚利哉?若使鬼神请(情)亡,是乃费其所为酒醴粢盛之财耳。(《墨子·明鬼下》)

(5) 使秦而欲屠赵,不顾一子以留计,是抱空质也。若使子异人归而得立,赵厚送遣之,是不敢倍德畔施,是自为德讲。(《战国策·秦策五》)

(6) 若使秦破赵,君安得有此?使赵而全,君何患无有?(《说苑·复恩》)

例(4)两个"若使"分别引出正反两种可能假设条件,句式对照整齐,句中复指代词"是"起到标记推论的作用。有时"若使"替换为"使",或有韵律影响,如例(5)、(6)。

龚波列举例(6)前一复句为《说苑》表可能假设的"若使"[①]。该"若使"与后一复句的"使"是语意对照的两种假设可能,二者密切关联,实质为"若使 A,(则)B;使-A,(则)-B",只是推论小句用了反诘句,语气更为强烈。关照"若使"与"使"在句段中的衔接关联,前后两种对照的可能假设才能完整呈现,故不宜将"若使"从句段中割裂出来。

"若使"亦能引出虚拟假设条件,加以推论,如:

(7) 若桀、纣不遇汤、武,未必亡也,桀、纣不亡,虽不肖,辱未

---

① 龚波:《上古汉语假设句研究》,北京:商务印书馆,2017年,第165页。

至于此。若使汤、武不遇桀、纣,未必王也,汤、武不王,虽贤,显未至于此。(《吕氏春秋·长攻》)

(8) 庖人调和而弗敢食,故可以为庖。若使庖人调和而食之,则不可以为庖矣。(《吕氏春秋·去私》)

例(7)"若使"与前面"若"分别引起两个虚拟假设条件,"不遇"主宾互换,构成一种对照关系;例(8)前为因果复句,原因小句是客观事实,"若使"与其衔接,从反面进行虚拟假设,形成对照。

2. 溯因式:A(者),(以/为)B也;若使-B,则-A①

阐释原因,由果溯因进行推理,又从原因的反面进行假设推理,得出事实结果的反面,由此对前述原因加以强化。

(9) ……是以天下乱。此其故何以然也?则皆以疑惑鬼神之有与之别,不明乎鬼神之能赏贤而罚暴也。今若使天下之人偕(皆)信鬼神之能赏贤而罚暴也,则夫天下岂乱哉!(《墨子·明鬼下》)

(10) 察此何自起?皆起不相爱。若使天下兼相爱,爱人若爱其身……故不孝不慈亡有。……故大夫之相乱家、诸侯之相攻国者亡有。若使天下兼相爱,国与国不相攻,家与家不相乱,盗贼无有,君臣父子皆能孝慈,若此则天下治。(《墨子·兼爱上》)

(11) 今人君之所尊安者,为其威立而令行也,其所以能立威行令者,为其威利之操莫不在君也。若使威利之操不专在君,而有所分散,则君日益轻,而威利日衰,侵暴之道也。(《管子·版法解》)

例(9)用设问的方式追溯"天下乱"的原因,通过"今若使"从原因反面进行假设,其目的仍是对原因的强调。时间名词"今"接假设内容,

---

① 针对某一事实现象进行溯因,句式较为灵活,如《墨子》多用设问形式,此处以陈述形式"A(者),(以/为)B也"概括。

是一种语用修辞手段，让听者有"身临其境"的"真实感"，"若使"是表示假设的语法手段，假设内容与前文对照，使其具有了篇章衔接功能。例（10）与例（9）相似，《墨子》善于设问引出原因，句段形式可概括为"A者，B也。若使$_1$-B，故C；若使$_2$-B，-C，则-A"，两个"若使"均承原因B"不相爱"从反面假设，"若使$_2$"在"若使$_1$"基础上累进层递，从而达到对B的强调。

例（11）句段溯因层递，为"A者，为B也；B者，为C也。若使-C，则-A而-B"，"若使"从根本原因C的反面假设推理，得出事实A及其直接原因B的反面结论，由此达到对C的强调。

例（10）两个"若使"连用，与《墨子》"A，若苟$_1$A，则B；若苟$_2$B，则C"式"若苟"用法形式相似，但二者有明显差别，"若使$_1$"引起的是前文内容的反向假设，而"若苟$_1$"则是顺接假设，如：

（12）事则不与，禄则不分，请问天下之贤人将何自至乎王公大人之侧哉？<u>若苟</u>贤者不至乎王公大人之侧，则此不肖者在左右也。不肖者在左右，则其所誉不当贤，而所罚不当暴，王公大人尊此以为政乎国家，则赏亦必不当贤，而罚亦必不当暴。<u>若苟</u>赏不当贤而罚不当暴，则是为贤者不劝而为暴者不沮矣。（《墨子·尚贤中》）

"若苟$_1$"引起的正是前文反诘句的语义。可见，同是"若"系双音假设连词，"若苟""若使"用法有分布差异，语义衔接功能不同。例（10）两个"若使"有语义累进关系，但二者语义指向仍与前文内容对照。

溯因式句段中，A是事实现象，原因B也是事实，"若使"假设为所溯之因的反面，故为虚拟假设。

张欢、徐正考提到"若使"等双音节条件连词常用于上古汉语违实条件句，认为它们"除表示条件语义，再无其他功能"[①]。事实上，如上所述，

---

① 张欢、徐正考：《上古汉语违实条件句违实因素及句法论析》，载《语言研究》，2022（2）。

"若使"或表虚拟假设，或表可能假设，与人们善于从正反两方面进行思辨的思维规律有着密切关联。当通过语篇呈现时，往往形成前后对照的句段，此时"若使"凸显篇章衔接功能。

二、中古汉语"若使"用法：继承与新变

从东汉到魏晋南北朝，"若使"在典籍中用例又有所增多，篇章衔接功能还有所保留，但在不同性质的语料中，也呈现出新的变化，如表3所示。

表3　中古汉语主要典籍假设连词"若使"用例数量表

典籍	汉书	东汉译经	潜夫论	汉纪	三国志	抱朴子	搜神记	世说新语	后汉书	高僧传
总数	1	11	3	1	11	6	1	6	6	7
篇章功能	0	0	2	1	4	2	1	1	3	0

（一）中古汉语"若使"用法的继承

"若使"较多见用于《三国志》《抱朴子》《世说新语》《后汉书》《高僧传》等典籍中，其篇章照应功能在《潜夫论》《三国志》《后汉书》中占比较高。篇章衔接功能仍以前后语意相反对照为主，如：

（13）若使鬼神有知，不受不臣之愬；如其无知，愬之何益？故不敢为也。（《汉纪·孝成皇帝纪》）

（14）今若有人来告：权、禅并修德政，复履清俭，轻省租赋，不治玩好，动咨耆贤，事遵礼度。陛下闻之，岂不惕然恶其如此，以为难卒讨灭，而为国忧乎？若使告者曰：彼二贼并为无道，崇侈无度，役其士民，重其征赋，下不堪命，吁嗟日甚。陛下闻之，岂不勃然忿其困我无辜之民，而欲速加之诛，其次，岂不幸彼疲弊而取之不难乎？（《三国志·魏志·高堂隆传》）

(15) 凡民之所以轻为盗贼，吏之所以易作奸匿者，以赦赎数而有侥望也。若使犯罪之人终身被命，得而必刑，则计奸之谋破，而虑恶之心绝矣。(《潜夫论·述赦》)

例（13）前用"若使"，后用"如"，分别引出正反两种可能性假设推理，为的是强调"故不敢为"。例（14）前后两个假设句段，来人告知的内容相反，引起的反应相反，前用"若"，后用"若使"，二者具有照应衔接功能。例（15）则是溯因式，为虚拟假设。

(二) 中古汉语"若使"用法的新变

此期"若使"在两种典籍中的用法值得关注：一是佛教译经典籍，一是口语性强的《世说新语》。

东汉译经中有10余例假设连词"若使"，但无一例具有篇章照应功能，如：

(16) 若楼若堂，屋不覆，若使雨来，柞亦渍椽亦渍壁亦渍。(安世高译《七处三观经》)

(17) 若不得经卷者，便当写之。若使其人不与是经卷持归写者，菩萨便就其家写之；若使善男子善女人言自饿写者，自饿写之；若言经行写，当经行写之；若言住写，当住写之；若言坐写，当坐写之。(支谶译《阿閦佛国经》卷下)

"若使"用法上有两个特点：一是句法上独立引起假设小句，不再具有篇章照应功能，如例（17）一系列假设句，"若使"与"若"并用，但各自独立（功能相同，分布互补："若使"引起主谓小句，"若"引起无主语的谓语句，亦有韵律影响）；二是语义上，"若使"多表可能性假设。

"若使"在假设复句中引起条件小句，这是其显性功能，而虚拟语义及篇章衔接则是隐性功能，近似"语感"。据东汉译经"若使"的用法，可以推测西域佛经译者对"若使"的隐性功能未能较好地习得并使用。

随着口语的发展，魏晋时期"若使"篇章功能进一步丧失，使其句法功能更主要体现在复句内部。如《高僧传》有7例假设连词"若使"，均无篇章照应，如：

（18）王公尝谓密曰："外国有君，一人而已。"密笑曰："**若使**我如诸君，今日岂得在此?"（《高僧传·译经上·帛尸梨密》）

（19）先是帝未甚崇信……谓尚之曰："**若使**率土之滨，皆敦此化，则朕坐致太平，夫复何事?"（《高僧传·义解四·释慧严》）

"若使"仅引起假设条件小句，无篇章衔接作用。与译经对比，"若使"表虚拟更为突出，例（18）假设内容与现实相反，例（19）"若使"引起的内容在说话者角度是虚拟的、不现实的假设。

"若使"这一特点在《世说新语》中更为典型。《世说新语》共6见"若使"，均引起虚拟假设。如：

（20）**若使**新妇得配参军，生儿故可不啻如此！（《世说新语·排调》）

（21）**若使**阡陌条畅，则一览而尽，故纡余委曲，若不可测。（《世说新语·言语》）

6例"若使"在语境中均与现实相反对照，如例（20）现实是此新妇许配的正是与其对话的王浑，而非王浑的弟弟"参军"王伦。5例用于复句，无篇章关联，仅例（21）"若使"兼具篇章衔接功能。例（21），他人批评王导营建建康"制置纡曲"为"劣"，王珣对其反驳，认为这正是"巧"，先解释原因"江左地促，不如中国"，进而从事实反面假设推理，之后又回到事实，凸显其巧妙之处，"若使"与"故"两个复句形成对照。可见"若使"篇章功能依托的是较为完整的论说语段，而这在口语性凸显的

《世说新语》中少见。

综上，口语的发展，是促成"若使"篇章功能丧失的一个主要原因；同时，魏晋时期"若使"假设语义仍以虚拟为主。这些特点影响着近代汉语中"若使"的用法。

三、近代汉语"若使"用法：高峰与衰落

近代汉语中，"若使"用法主要集中于唐诗宋词与《朱子语类》中[①]，用例达到最多，之后趋向消亡。

（一）唐诗宋词"若使"多引起虚拟假设

唐诗中，"若使"颇常见，《全唐诗》及《全唐诗补编》中"若使"共52见。多于某一联出句引起假设，以虚拟条件为主，或与历史事实相违，或为无生命事物拟人，如：

（22）若使巢由知此意，不将萝薜易簪缨。（张说《灃湖山寺》）
（23）若使江流会人意，也应知我远来心。（元稹《嘉陵水》）

偶尔亦用于可能假设，如：

（24）若使三边定，当封万户侯。（孔绍安《结客少年场行》）
（25）林中若使题书信，但问漳滨访客船。（刘商《送刘南史往杭州拜觐别驾叔》）

[①] 目前对汉语史分期较为普遍的看法是：西汉以前为上古汉语，东汉至隋唐为中古汉语，晚唐五代至清代为近代汉语（参见吴福祥主编：《近代汉语语法》，北京：中国社会科学出版社，2015年，第3页）。蒋绍愚认为"从语法、词汇方面看，近代汉语的上限或许可以提前到唐代初年"，故其《近代汉语研究概要》将唐五代纳入研究范围，参见蒋绍愚：《近代汉语研究概要》，北京：北京大学出版社，2005年，第3页。不少近代汉语相关研究亦作如此处理，考虑唐诗与宋词中"若使"功能具有一致性，我们也将唐诗置于近代汉语阶段来论述。

《全宋词》有 8 见"若使",均在复句中引起虚拟假设,如:

(26) <u>若使</u>当时身不遇,老了英雄。(王安石《浪淘沙令》)
(27) <u>若使</u>梅花知我时,料得花须瘦。(陈师道《卜算子》之二)

由上可知,唐诗宋词中假设连词"若使"见用较多,以虚拟假设为主,由于"篇章"被格律打破,"若使"仅作用于复句内部。

(二)《朱子语类》"若使"多见篇章衔接功能

"若使"在《朱子语类》中用法突出,用例多达 58 例。从语法、语义两方面考察,有 36 例"若使"作用于假设复句内部,其中虚拟假设 27 例,可能假设 9 例;22 例具有篇章衔接功能,其中推论式句段有 3 种形式,共 21 例,溯因式句段 1 例。句段形式与语义类型如表 4 所示:

表 4 《朱子语类》假设连词"若使"用法表

功能		句 段 形 式	假设语义	例 数	
篇章衔接	推论	A,B;若使-A,-B	虚拟	8	11
			可能	3	
		A,若使-A,则B	虚拟	5	22
		若使A,B;-A,C	虚拟	4	5
			可能	1	
	溯因	A,是B;若使-B,则-A	虚拟	1	1
复句内部		若使A,则B	虚拟	27	36
			可能	9	

1. A,B;若使-A,-B

先假设或陈述一种情况,进行推论,再从反面假设得出相对的结论,

目的是加强对前一复句的说明,共 11 例。如:

(28) 使上不尽礼,而致君臣不以善终,却是贼其君者也。<u>若使</u>君能尽礼,则君臣划地长久。(《朱子语类》卷二五)

(29) 惟其天下无二道,圣人无两心,所以有我底着他底不得,有他底着我底不得。<u>若使</u>天下有二道,圣人有两心,则我行得我底,他行得他底。(《朱子语类》卷一二六)

例(28)"使"与"若使"分别引起两个对照的假设推理。该类句段中,2 例"若使"为可能假设,如例(28),前复句为假设推论;9 例为虚拟假设,如例(29),前复句为事实推论。

2. A,若使－A,则 B①

先陈述某一观点,"若使"从反面进行假设推理,从而补充说明前述观点,共 5 例。如:

(30) 道夫言:"向者先生教思量天地有心无心。近思之,窃谓天地无心,仁便是天地之心。<u>若使</u>其有心,必有思虑,有营为。天地曷尝有思虑来!"(《朱子语类》卷一)

(31) 圣人行事,只问义之合与不合,不问其能与不能也。<u>若使</u>每事只管计较其能与不能,则岂不惑于常情利害之私乎?(《朱子语类》卷三四)

紧承前文所述观点,从说话者角度而言,"若使"引起的为虚拟假设。

3. 若使 A,B;－A,C

该类句段共有 5 例,其中 4 例 A 为虚拟假设,－A 为相对的事实,1 例

---

① "若使"推论小句句首的承接词,以连词"则"为常,也有"必""亦"等副词,此处以"则"为代表。

为相对的可能假设。前者如：

(32) <u>若使</u>有圣人收拾去，可知大段好。只是当时吾道黑淬淬地，只有些章句词章之学。(《朱子语类》卷四)

(33) <u>若使</u>别撰得出来，古人须自撰了。惟其撰不得，所以只共这个道理。(《朱子语类》卷一一八)

两例中后一复句均为事实，与例(3)相似。比较例(33)与例(29)，可见"若使"假设在前或在后，具有一定灵活性。

(34) <u>若使</u>过底，拗转来却好；不及底，趱向上去却好。(《朱子语类》卷一二四)

该例是对"过""不及"两种对立的可能情况进行说明，前后照应。

4. A，是 B；若使－B，－A

《朱子语类》还有1例溯因式"若使"句段：

(35) 吕与叔言语多不缜密处，是他不满五十岁。<u>若使</u>年高，看道理必煞缜密。(《朱子语类》卷九四)

前复句为溯因关系，"是"提起原因小句，后复句紧承原因小句，从对立语义进行虚拟假设推论。

《朱子语类》多用"若使"，主要出现在朱子的言语中。起篇章衔接功能的"若使"，仅1例出自弟子，即例(30)。朱子在讲解中善用正反假设，以求将理说透，以便学生理解。

(三) 明清以来"若使"少用

明清之际，"若使"见用减少。如：

(36) 若使父母飘泊他乡，我却安佚故土，心上安否？（《三刻拍案惊奇》第九回）

(37) 若使二姐姐是个男人，这一家上下若许人，又如何裁治他们？（《红楼梦》第七三回）

如这两例所示，"若使"仅作用于假设复句内部，语义上，例（36）表可能，例（37）表虚拟。再往后，随着现代白话的发展，"若使"由于其文言色彩较浓，在假设连词系统中为其他成员替代。

四、假设连词篇章功能的分化

假设推论中，人们总是倾向于从正反两面进行思考。这种思维模式体现在语言上，就会由对立关系的两方面推论并列构成句段。假设连词引起复句中的假设小句，同时在句段层面来看，这些假设标记往往也起着篇章衔接的功能，如《左传》中假设连词"若"多有如下用法：

(38) 若有之，则分室以行；若无之，则反子之所。（《左传·哀公八年》）

(39) 无神，何告？若有，不可诬也。（《左传·襄公十四年》）

(40) 若可，君而继之。不可，收师而退，可以无害，君亦无辱。（《左传·襄公十八年》）

(41) 寡君以为苟有盟焉，弗可改也已。若犹可改，日盟何益？（《左传·哀公十二年》）

前三例，前后两个假设复句，内容相对，"若"或前后对举，或仅用一处。这些"若"在标记复句内假设小句的同时，还起着关联前后两个复句的篇章衔接功能。例（41）即"A，若-A，（则）B"式承接某一观点从反面进行假设推理。

上述这种起着篇章衔接功能的假设连词"若"在《左传》中共有35

例①。以往假设连词研究中,仅仅着眼于其在复句内部的假设标记功能,并未关注到其在句段层面的关联作用。当"若苟""若使"等双音假设连词产生之后,它们除了作为假设标记之外,也延续了"若"的篇章衔接功能,且呈现出一些分布差异,如"若使"主要标记句段之间的对举照应,"若苟"则是标记顶针式层递关系②。

总之,这些假设连词除了假设标记的共性之外,还有着独特的更为广大的"神通",它们超越复句内部,作用于句段之间,"句段是篇章的最小单位"③,起着篇章衔接功能。我们赞同梅广"语法研究应到句段为止"的看法④,从"若使"等假设连词的用法来看,对虚词的研究,尤其是连词的研究,仅限于复句内部是远远不够的。

《汉语大词典》"若使"词条,释为"假使,假如,如果",首引书证出自《晏子春秋》:

(42) <u>若使</u>古之王者毋知有死,自昔先君太公至今尚在,而君亦安得此国而哀之?(《晏子春秋·外篇上二》)

由前文可知,书证引例过晚,且上文为"夫古之有死也,令后世贤者得之以息,不肖者得之以伏","若使"其实衔接前后句段。修订"若使"词条书证,一则应提前首见时代,二则应兼顾体现其独特语义、篇章功能的典型性。利用书证尽可能呈现词汇的代表性用法,这是词典编撰与修订中的一个重要部分。

纵观"若使"用法的历时演变,"若使"语义虚拟为主,篇章衔接功能受一些因素影响有消长。如东汉译经的西域译者由于不谙"若使"篇章衔接、虚拟语义等较为"隐秘"的功能,仅将其用为一个纯粹的假设标记,

---

① 如例(38)两个"若"对举于前后两个复句构成一个句段的,计为1例。
② 张萍:《〈墨子〉篇章衔接连词"若苟"用法探究》,载《当代修辞学》,2017(4)。
③ 梅广:《上古汉语语法纲要》,上海:上海教育出版社,2018年,第223页。
④ 梅广:《上古汉语语法纲要》,上海:上海教育出版社,2018年,第266页。

中古往后,"若使"的篇章结构被口语语体、诗律等打破,而《朱子语类》因具有文人解说的语体性质,还较为显著地保留了"若使"的篇章功能。"若使"篇章功能与论说性质的语体有着高匹配度,这与人们习惯从正反两面进行思辨的思维规律有关。

第二节 "实"类推度副词的假设用法

推度副词"用于谓语前,表示对事态、情况等的估计与测度,分为大约推度与肯定推度两类",肯定推度表示对事态、行为的"一种肯定推度或判断"[1]。部分推度副词有假设连词用法,如大约推度副词"其、将"等,肯定推度副词"诚、必"等[2]。龚波探讨"必、诚、信、果"等"必类副词"假设义的来源,认为"必"在假设构式中,经过语义漂白、语境吸收、规约化,成为假设副词[3]。蒋绍愚指出"必定,一定"义副词"必"在未然语境中获得假设义,同时"一定,确实"义消失,在句法和词义共同影响下产生"假如"义[4]。此外,张玉金提到"其"的假设连词用法"应是源自表达不定、未然的意思的推度副词'其'"[5]。推度副词产生假设用法,这些研究提到的语境吸收是重要因素,但对推度副词如何进入假设语境缺乏考虑,对推度语义"漂白"的原因或缺乏讨论,或还可进一步商榷。同

---

① 杨伯峻、何乐士:《古汉语语法及其发展》,北京:语文出版社,2001年,第345页。
② 《词诠》指出"其"兼有"副词,殆也,于拟议不定时用之""假设连词,若也,如也"。参见杨树达:《词诠》,北京:中华书局,2004年,第160、162页。《汉语大词典》"将"兼有"副词。殆,大概""连词。如,若"。《词诠》明确"诚"为"副词,由前义(表态副词)引伸,于假设时用之"(《词诠》第215页),《汉语大字典》列"诚"义项"连词,表示假设关系"。《汉语大字典》《汉语大词典》"必"均收"连词,表示假设关系"义项。
③ 龚波认为必类副词语义已发生变化,经过语义漂白,失去了肯定或确认意味,有的吸收了构式语义,可以理解为"如果",但句法功能没有改变,仍然是副词而不是连词,称其为"假设副词"。参见龚波:《构式语义的吸收——"必"类副词表假设探源》,载《乐山师范学院学报》,2011(10)。
④ 蒋绍愚:《词义演变和句法演变的相互关系》,载《汉语史学报》第15辑,2015年,第7—23页。
⑤ 张玉金:《出土先秦文献虚词发展研究》,广州:暨南大学出版社,2016年,第167页。

时,对于其他推度副词,诸如"实、情"等,它们的假设用法在以往研究中却未受到关注,相关辞书亦无著录。

我们在对《墨子》语料研究过程中,发现推度副词"实""情"(字或作"请")也有表假设的用法。《墨子》多单双音节同功能词并用现象①,在"实、情"基础上,《墨子》产生了独特的双音词"中实、中情",它们在推度副词用法上,发展出假设义。我们把这几个词称为"实"类副词,它们在《墨子》中有较为丰富的用例(其中"请、中实、中情"用法为《墨子》特有),通过对其用法的考察,进一步呈现推度副词向假设连词发展的过程与机制。

一、肯定推度用法及其语义特征

《墨子》单独的"实""情(请)"作推度副词用法较为突出,"中实"亦有推度副词用法,而"中情(请)"共3例,当为"中实"类推用法,其用法或已向假设义发展,将于下一部分讨论。

(一)"实""情"推度副词用法

《墨子》"实""情(请)"作推度副词及由此进一步发展出的假设词,分别有18例、13例。两词作推度副词的用例,如:

(1)其亲死,列尸弗敛,登屋窥井,挑鼠穴,探涤器,而求其人焉。以为<u>实</u>在,则赣愚甚矣;如其亡也,必求焉,伪亦大矣。(《墨子·非儒下》)

(2)今絜为酒醴粢盛,以敬慎祭祀,若使鬼神<u>请</u>(情)有,是得其父母姒兄而饮食之也,岂非厚利哉?若使鬼神<u>请</u>(情)亡,是乃费其所为酒醴粢盛之财耳。(《墨子·明鬼下》)

---

① 参见张萍:《从〈墨子〉"选、择、选择"用法看"选择"成词》,载《励耘语言学刊》第27辑,2017年,第245—255页。

（3）今至大为不义攻国，则弗知非，从而誉之，谓之义。<u>情</u>不知其不义也，故书其言以遗后世。若知其不义也，夫奚说书其不义以遗后世哉？（《墨子·非攻上》）

（4）故古者圣王唯而审以尚同以为正长，是故上下情<u>请</u>为通。上有隐事遗利，下得而利之；下有蓄怨积害，上得而除之。（《墨子·尚同中》）

（5）乡者，吾本言曰，意亦使法其言，用其谋，计厚葬久丧，<u>请</u>可以富贫众寡、定危治乱乎？则仁也，义也，孝子之事也，为人谋者不可不劝也；意亦使法其言，用其谋，若人厚葬久丧，<u>实</u>不可以富贫众寡、定危治乱乎？则非仁也，非义也，非孝子之事也，为人谋者不可不沮也。（《墨子·节葬下》）

（6）子墨子谓鲁阳文君曰："今有一人于此，羊牛犓豢，维人但割而和之，食之不可胜食也。见人之作饼，则还然窃之，曰：'舍余食。'不知日月安不足乎？其有窃疾乎？"鲁阳文君曰："有窃疾也。"子墨子曰："楚四竟之田，旷芜而不可胜辟，䜊灵数千，不可胜入，见宋郑之闲邑，则还然窃之，此与彼异乎？"鲁阳文君曰："是犹彼也，<u>实</u>有窃疾也。"（《墨子·耕柱》）

（7）古者圣王为五刑，<u>请</u>以治其民。譬若丝缕之有纪，罔罟之有纲，所连收天下之百姓不尚同其上者也。（《墨子·尚同上》）

以上例子中"实""情（请）"均用于对某一情况加以肯定的推度或判断。观察"实""情（请）"的用法，可发现其语义特征是往往有加以"确认"的语境，最为典型的是语意前后对照。有显性对照，如例（1）"以为实在""如其亡也"，指双亲死后，为其招魂，如果认为鬼魂真的存在，这是愚蠢至极，而如果明知鬼魂不存在，还要寻找，这就是虚伪至极；例（2），"鬼神请（情）有""鬼神请（情）亡"从鬼神有无两方面对照假设；例（3）"情不知其不义也"，后有"若知其不义也"反面假设推论。也有隐性对照，即对照不在同一句段中，而是扩展至更大的篇章范围，或隐含不表，如例（4）上文讲"今王公大人"上下不同义，所以"有正长与无正长之时同",此处讲古者圣王的做法与其不同,强调效果确实不同;例(5)"请(情)""实",表示实施的实际效果,与宣扬厚葬久丧为仁义的主张形成对照。

语意对照外,前后语意重复叠加时,亦有"确认"语气,如例(6)前面提出判断"有窃疾也",后面"实有窃疾也","是犹彼也"明确在"彼"的基础上对"是"进一步判断;例(7)下文有打比方对"请(情)"之确认加以进一步论证。"实"类副词所在语境含"确认"义需求,是其推度副词用法的重要语义特征。

"情"作推度副词的用法,为《墨子》独特用法。《词诠》"情"列"表态副词,诚也",书证即例(3)①。关于《墨子》副词"情(请)",王念孙将其看作通"诚"②,该看法因孙诒让《墨子间诂》采录,影响颇大。如姜宝昌将例(3)等句中"情"均释作"读为诚",并在其"校文"中径改为"诚"③;谭家健注例(3)"情"为"通'诚',实在"④;再如《通假字汇释》"情"条列"通'诚'",多引《墨子》书证,并按"'情''诚'叠韵,古多通借"⑤。

《墨子》全书不用"诚",不存在"情""诚"通用之例。"确实"义副词用法,为"情"本身词义演变而来。正如"实"由"实情"义引申出"真实"义,继而发展为"确实"义副词,"情"也有相同的词义演变路径。《墨子》"情"有"实情"义,如《非命中》篇"我所以知命之有与亡者,以众人耳目之情知有与亡"(《非命上》篇有"原察百姓耳目之实");有"真实"义,如《非命中》篇"然今天下之情伪未可得而识也"("情"与"伪"反义并列),由此进一步发展为"确实"义副词。

---

① 杨树达:《词诠》,北京:中华书局,2004年,第317页。
② 如例(3),孙诒让引王念孙云:"情、诚通用。"孙诒让撰,孙启治点校:《墨子间诂》,北京:中华书局,2001年,第128页。
③ 《墨论训释》凡副词用法"情(请)"均作此校改。姜宝昌:《墨论训释》,济南:齐鲁书社,2016年,第286页。
④ 谭家健、孙中原:《墨子今注今译》,北京:商务印书馆,2009年,第104页。
⑤ 冯其庸、邓安生:《通假字汇释》,北京:北京大学出版社,2006年,第605—606页。

(二)"中实"推度副词用法

《墨子》共有12例"中实"①,其中3例为推度副词,其余例发展为假设义用法。"中实"推度副词用法如下:

(8)今王公大人亦欲效人以尚贤使能为政,高予之爵,而禄不从也。夫高爵而无禄,民不信也。曰:"此非<u>中实</u>爱我也,假藉而用我也。"(《墨子·尚贤中》)

(9)今天下之君子之为文学、出言谈也,非将勤劳其惟(喉)舌而利其唇呡也,<u>中实</u>将欲其国家邑里万民刑政者也。(《墨子·非命下》)

(10)且天之爱百姓也,不尽物(此)而止矣②。今天下之国,粒食之民,杀一不辜者,必有一不祥。曰:谁杀不辜?曰:人也。孰予之不辜?曰:天也。若天之<u>中实</u>不爱此民也,何故而人有杀不辜而天予之不祥哉?(《墨子·天志下》)

以上诸例"中实"用法与上述"实、情"相同,均有对照语境,从而具有"确认"强化语气。例(8)"此非中实爱我也"与"假藉而用我也"对照,例(9)"中实将欲其国家邑里万民刑政者也"与前面"非将勤劳其惟(喉)舌而利其唇呡也"对照,例(10)"若天之中实不爱此民也"与前文"天之爱百姓也"对照,对照语境凸显了强化确认语气的必要性。可见,"中实"用法符合肯定推度副词典型特征。

姜宝昌注例(8)"中"为"心,心中",认为"此非中实爱我"意为"谓此非其心中真正亲爱我也",例(10)亦作"中+实"分解③。这些"中实"均为双音词,不宜再看作短语,例(10)更不能视为"天之中+实"。《墨子》中可解为"心中"义的"中"均出现在"中实""中情(请)"中,

---

① 《墨子》另有2例"忠实",用法与"中实"相似,多认为"忠、中"通用,我们认为二者可能为词法不同的两词,下文详论。
② 王念孙云:"'物'字义不可通,'物'当为'此'。'此'字指上文而言。"其校为是。参见孙诒让撰、孙启治点校:《墨子间诂》,北京:中华书局,2001年,第209页。
③ 姜宝昌:《墨论训释》,济南:齐鲁书社,2016年,第113、458页。

无单独使用例。例（10）"若天之中实不爱此民也"中"之"袭段首"天之爱百姓也"中"之"而来，均为主谓之间的助词，其实本句有"若"引导成假设小句，主谓间不必有"之"，当为因袭前文而衍。

《墨子》"中情"例少，当为"情""实"同义互用基础上，与"中实"同时出现的相似双音词，二者可互参。上古其他典籍中不见"中实"用例，但有"中情"，为名词用法，义为"内心的实情"，如"中情信诚则名誉美矣，修行谨敬则尊显附矣"（《管子·形势解》），"心郁邑余侘傺兮，又莫察余之中情"（《楚辞·九章·惜诵》）。参照来看，"中实""中情"当为定中式名词，可引申出"真实"义，继而用作"确实"义推度副词（进而发展出假设义）。其演变机制可仿照"实""情"（或者说由"实""情"直接类化产生）。《汉语大词典》将"中实"释为"犹真实"，引例（8），该义当改为"确实"义推度副词。

二、假设用法及其产生机制

随着句式的转变，"实"类推度副词产生了假设义。假设义"诚、必"究竟是副词还是连词，诸家看法不一。如"王必无人，臣愿奉璧往使"（《史记·廉颇蔺相如列传》），《汉语大字典》引作"连词"书证，蒋绍愚从《王力古汉语字典》视为"果真"义副词[①]。"实"类副词产生假设义，亦有这个问题。可以肯定的是，推度副词在假设句段中首先成为假设副词，继而进一步虚化为假设连词，这是一个连续统过程，有些例子不能截然区分。

（一）"实""情（请）"假设义

龚波、蒋绍愚都指出"必"因语境吸收产生假设义（龚文"假设构式"，蒋文"假设语境"）[②]，却没有考虑推度副词如何进入假设语境的问

[①] 蒋绍愚：《词义演变和句法演变的相互关系》，载《汉语史学报》第15辑，2015年，第7—23页。
[②] 龚波：《构式语义的吸收——"必"类副词表假设探源》，载《乐山师范学院学报》，2011（10）。

题。这个过程中，推度副词本身的句式转换起着重要作用。

"实"等推度副词的功能是对某一情况加以确认式的推度或判断，即它所在的小句是一个论断（表达确认的情况），它可以作为前提小句，参与构成推断复句，如例（3）"情不知其不义也，故书其言以遗后世"（《墨子·非攻上》）。比较下列两例：

（11）古者王公大人为政于国家者，情欲毁誉之审，赏罚之当，刑政之不过失。（《墨子·非攻中》）

（12）君实欲天下之治而恶其乱也，当为宫室不可不节。（《墨子·辞过》）

例（11）、（12）中"情、实"均修饰"欲NP"，例（11）是单句，其中"情"表示肯定推度，无法发展出假设义，推度副词只有进入推断复句作为前提小句时，才有可能产生假设义〔如例（12）〕。推断复句与假设复句具有相似性，都属于广义的因果复句①。例（3）"情VP"中VP为已然事实，"情"肯定推度副词性质不变，例（12）句式与例（3）相似，由于"欲NP"为未然语义，就使推断复句转换为假设复句，前提小句成为假设小句。

蒋绍愚认为"必"获得假设语境义后，变成"果真"义副词，直到东汉口语"必"的"一定，确实"义消失，如"必若"同义并用引导假设小句。"必""若"同义复用，是"必"的"一定，确实"义消失的表现，至于该语义的消失原因却并未讨论。龚波认为"必"语义羡余后，在无标记假设构式中吸收语境义，从而产生假设义。我们赞同龚文看法，即"必"的"一定，确实"义羡余后，才能吸收假设小句的假设语义，否则假设语义只能是小句的语境义，无法为"必"所吸收。

---

① 邢福义把复句分为因果类、并列类、转折类等3个系统，因果类复句包括因果句、推断句、假设句、条件句、目的句等。参见邢福义：《汉语复句研究》，北京：商务印书馆，2001年，第39页。

不过龚文认为"必"语义羡余的原因是假设构式中"前件本身含有肯定和确认义素"，这是值得商榷的。如果是这个原因，则推度副词与假设标记不应同现，这显然不合语言事实，如例（2）、（10）等，假设小句中"请（情）""中实"仍发挥着推度副词的功能，并未因为处于假设小句而丧失"肯定和确认"义。

"实"等推度副词语义羡余的原因，还得抓住其语义特征——语境中有"确认"义的必要性。一旦该必要语境消失，即语意对照或叠加的语境缺失，"实"等即发生语义羡余。例（12）"君实VP"中VP不再是语意对照的重点，"实"的"确实"义羡余，从而吸收假设小句的假设语义（当句中缺失假设标记时）。语义羡余的"实"类词成为非必需成分，故有时亦被省略，如：

（13）且今天下之士君子，将欲辩是非利害之故，当天有命者，不可不疾非也。（《墨子·非命中》）

此例句式与例（12）相似，"将欲VP"前没有"实"类词，这是"实"语义羡余的表现。在语义羡余的基础上，"实"类词不再表示"确实"义，当假设小句中没有其他假设标记，"实"类词吸收小句语境的假设语义。如例（12），"实"语义上已为假设义，句法上与后面的VP关联还颇为紧密，这样的"实"当为副词。随着"实""情（请）"前移至句首，则可视为假设连词，如：

（14）公孟子谓子墨子曰："实为善人，孰不知？譬若良玉，处而不出，有余糈。譬若美女，处而不出，人争求之。"（《墨子·公孟》）

（15）是与天下之所以察知有与无之道者，必以众之耳目之实知有与亡为仪者也。请惑闻之见之，则必以为有；莫闻莫见，则必以为无。（《墨子·明鬼下》）

例（14）"实"为假设连词①，"假如是好人，谁不知道呢"。例（15）"惑"通"或"，代词作主语，"请（情）"为假设连词，引导假设小句"或闻之见之"。这两例"实""请"似仍有"确认"语境，但其处于假设小句句首的位置使其表达假设连词的句法功能，不再显化肯定推度的语义功能。

《墨子》中，"实"类词由副词向假设连词发展，还有一种句式原因，即其后修饰的成分由 NP 变为 VP，VP 又趋向更为复杂。如：

（16）古者②王公大人，<u>情</u>欲得而恶失，欲安而恶危，故当攻战而不可不非。（《墨子·非攻中》）

（17）今天下之王公大人士君子，<u>请</u>将欲富其国家，众其人民，治其刑政，定其社稷，当若尚同之不可不察，此之本也。（《墨子·尚同中》）

（18）今天下之王公大人士君子，<u>实</u>将欲求兴天下之利，除天下之害，故当鬼神之有与无之别，以为将不可以不明察此者也。（《墨子·明鬼下》）

例（12）"实"修饰的谓语动词为单音节"欲"，例（16）"欲得而恶失"中"欲"与"恶"性质相同，还是实义动词，与例（12）相同，但"情"修饰的谓语有"欲得而恶失""欲安而恶危"两个并列成分，"情"具有了一定独立性。至例（17）"欲"转变为情态动词，后面修饰 VP，且 VP 由多个结构相当的成分组成，值得注意的是"欲"前还出现了另一个情态动词"将"，使得"将欲"同义复用为一个双音单位，此时"请（情）"

---

① 董琨、张仁明将此例"实"看作"判断副词"，我们认为已转变为假设连词。杨伯峻、何乐士把"出现在名词谓语前、兼有系词作用的副词"称为"判断副词"，我们将其并入推度副词（亦有判断功能），不再区分。董琨、张仁明研究《墨子》中的副词，对"中实"等词失察，又将"情""请"计作两个副词，宜补正。参见董琨、张仁明：《〈墨〉中的副词》，载中国社会科学院、语言研究所历史语言学一室：《何乐士纪念文集》，北京：语文出版社，2009年，第29—54页；杨伯峻、何乐士：《古汉语语法及其发展》（修订本），北京：语文出版社，2001年，第350页。

② 孙诒让采王念孙看法，校为"今者"。参见孙诒让撰，孙启治点校：《墨子间诂》，北京：中华书局，2001年，第133页。

在句法和韵律节奏上更为独立。与例（12）单音主语"君"相比，例（17）、（18）主语为形式较长的定中式名词结构，使其后面增加了停顿，由此"请、实"更为独立，可以视为假设连词。

（二）"中实""中情（请）"假设义

《墨子》9例"中实"、3例"中情"（1例作"中请"）均用于假设复句前一小句，为假设义。其产生机制同"实、情"。"中实"例，如：

（19）今王公大人<u>中实</u>将欲治其国家，欲修保而勿失，胡不察尚贤为政之本也？（《墨子·尚贤中》）

（20）且今天下之王公大人士君子，<u>中实</u>将欲为仁义，求为上士，上欲中圣王之道，下欲中国家百姓之利，故尚贤之为说，而不可不察此者也。（《墨子·尚贤下》）

（21）今天下之君子，<u>中实</u>将欲遵道利民，本察仁义之本，天之意不可不慎也。（《墨子·天志中》）

（22）且今天下之士君子，<u>中实</u>将欲为仁义，求为上士，上欲中圣王之道，下欲中国家百姓之利者，当天之志而不可不察也。（《墨子·天志下》）

（23）今天下之王公大人士君子，<u>中实</u>将欲求兴天下之利，除天下之害，当若鬼神之有也，将不可不尊明也，圣王之道也。（《墨子·明鬼下》）

例（19）推论小句以"胡不"反问方式出现，以引起下文，位于段首。其余例大多位于篇末总结（偶有段末），句式相似，为"NP，中实+将欲+VP，（当）某一主张不可不V"。假设复句中推论小句表示要重视相关话题（均为墨论主要主张），句式上，论说对象作话题〔如例（20）、（21）〕，或用介词"当"引介〔如例（22）、（23）〕，都有对其凸显的作用，述题部分均为双重否定句式，这也凸显了论说文结语的强调效果。

"中情（请）"共3例，全部为假设义用法，为"中实"的类化双音词，故其用法与"中实"的主流用法相同。

（24）今天下王公大人士君子，<u>中情</u>将欲为仁义，求为上士，上欲中圣王之道，下欲中国家百姓之利，故当尚同之说而不可不察。(《墨子·尚同下》)

（25）今天下之士君子，<u>中请</u>将欲为仁义，求为上士，上欲中圣王之道，下欲中国家百姓之利，故当若节丧之为政，而不可不察此者也。(《墨子·节葬下》)

（26）今且天下之王公大人士君子，<u>中情</u>将欲求兴天下之利，除天下之害，当若繁为攻伐[ ]①，此实天下之巨害也。(《墨子·非攻下》)

3例"中情（请）"所在小句句式均为"NP，中情（请）+将欲+VP"，为假设的情况，"中情（请）"可视为"果真，假如"义假设连词。

(三) 假设义"忠实"性质与用法

《墨子》还有2例"忠实"，语义、句式与上述"实""中实"相似，如下：

（27）今天下之君子，<u>忠实</u>欲天下之富而恶其贫，欲天下之治而恶其乱，当兼相爱、交相利。此圣王之法、天下之治道也，不可不务为也②。(《墨子·兼爱中》)

（28）今天下之士君子，<u>忠实</u>欲天下之富而恶其贫，欲天下之治而恶其乱，执有命者之言不可不非，此天下之大害也。(《墨子·非命上》)

---

① 此处用"[ ]"为我们添加，表示有脱文，下文详论。
② 下画曲线表示此句或为错序文字，下文详论。

以往多认为"忠"通"中"①，这就将"忠实"看作"中实"的另一种写法，是同一个词。仔细考察其句式细节，差异提示二者或为异构同义词。

这两例"忠实"句式，是例（12）主语、谓语稍复杂化而来，其中"欲"为实义动词，"忠实"与例（12）"实"、例（16）"情"相似，副词性质更为明显。基于"中实"句式的高度一致性，而"忠实"句式与"实、情"更为相似，我们推测，"忠实"很可能是"忠""实"同义复用（均为"真实"义），进而用为"确实"义副词②。由此，"忠实"亦为"实"类副词的一个成员，而非"中实"的另一种写法（两者内部词法不同）。

三、假设句式的语用规律及其价值

上文结合《墨子》语料，探讨了"实、情、中实、中情"等"实"类副词的肯定推度用法以及假设义用法，这两种用法，对应"确实""果真，如果"两种不同语义，分别对应论断句、假设复句两种句式，这样的句式差异在篇章分布中也呈现出语用规律，可以为文本校勘提供依据。下面我们结合具体的校勘例子，对其语用规律加以分析。

（一）句式分布的语用规律

例（11）、（16），孙诒让采王念孙看法，将"古者"校为"今者"③，两例情况有别，不能尽改。例（11）与以下二例相似：

（29）子墨子言曰：古者王公大人为政于国家者，皆欲国家之富，人民之众，刑政之治。然而不得富而得贫，不得众而得寡，不得治而

---

① 例（27），孙诒让引毕沅曰"忠，一本作'中'"，并按"忠、中通"。参见孙诒让撰，孙启治点校：《墨子间诂》，北京：中华书局，2001年，第112页。《汉语大字典》"忠"立义项"通'中'，内心"，即采此注，引例（27）。从句式异同来看，未必如此。
② 《汉语大词典》"忠实"有"真实"义，引现代汉语书证，如丁玲《莎菲女士日记·十二月二十四》："他却只能如此忠实的去表现他的真挚。"毛泽东《〈农村调查〉的序言和跋》："开调查会，是最简单易行又最忠实可靠的方法。"《墨子》"忠实"例虽然已经发展为假设义，但其语义基础是"真实"义，亦往往可以译为"确实"。
③ 孙诒让撰，孙启治点校：《墨子间诂》，北京：中华书局，2001年，第129、133页。

得乱，则是本失其所欲，得其所恶，是其故何也？子墨子言曰：是在王公大人为政于国家者，不能以尚贤事能为政也。(《墨子·尚贤上》)①

（30）子墨子言曰：古者王公大人为政国家者，皆欲国家之富，人民之众，刑政之治。然而不得富而得贫，不得众而得寡，不得治而得乱，则是本失其所欲，得其所恶，是故何也？子墨子言曰：执有命者以杂于民间者众。(《墨子·非命上》)

这3例"古者"不能改为"今者"。这3例均位于所在篇目的开头，正是墨子从历史情况引出话题，经过推究原因，最后再回到当下，强调结论［如例（17）、（18），均位于所在篇目的末尾］。从句式而言，例（11）"情欲NP"与例（29）、（30）"皆欲NP"一样，都是对"古者王公大人为政"目的的肯定推度。例（11）下文为："是故子墨子曰：古者有语：'谋而不得，则以往知来，以见知隐。'谋若此，可得而知矣。"正是承上而言，后面再用"今师徒唯毋兴起"讲当今攻伐现状及其弊病（与"古者"情况形成对照），最后总结正是例（16）。

作为总结，是以"古者"为鉴，经过分析"今者"问题，最后明确"今者"该如何做。由此，例（16）当同例（17）等句，"古者"当改为"今者"，这是一个假设复句，其中"情"已为假设义，结论小句中"故"为"承递连词，则也"②。

由上可见，"实"类词"确实"义、"果真（假如）"义的分布与句式、语用之间都有相应的分布规律，这也能帮助古籍文字校勘。王念孙以为"此谓今之王公大人，非谓古也"，进而据《群书治要》本改为"今者"③，对句式差异以及语篇分布中的语用差异没有细辨。

---

① 孙诒让采王念孙"此谓今之王公大人，非谓古也。'古者'当依《群书治要》作'今者'"而改"古者"为"今者"。参见孙诒让撰，孙启治点校：《墨子间诂》，北京：中华书局，2001年，第43页。
② 杨树达：《词诠》，北京：中华书局，2004年，第101页。"故"多为因果复句中结果小句引导词，假设复句中则为承递连词，从广义因果句而言，是统一的。
③ 孙诒让撰，孙启治点校：《墨子间诂》，北京：中华书局，2001年，第43页。

（二）假设句式推论小句规律

假设义"实"类词句式，以"NP，'实'类词+（将）欲+VP，（故）（当）NP+不可不V"为主，往往位于某篇末尾，其推论小句是对该篇话题主张（亦即篇名）的强调，表示对该主张"不可不V"，其后偶有对该主张利弊的简短论断加以补充。如果是肯定式主张，如"尚同""尚贤""天志""明鬼"等，V主要为"察/慎/尊明"等；如果是否定式主张，如"非攻""非命"，V为"非"，或VP"疾非"。据此，或能帮助一些句子的校勘。

例（26）"当若繁为攻伐"后疑有脱文"不可不V"，参照例（16）《非攻中》"故当攻战而不可不非"，宜补"不可不非"，后接"此天下之大害也"进一步补充"不可不非"的原因。与此类似，例（28）即为"NP不可不非，此天下之大害也"，肯定式例（23）句式亦与例（26）极为相似。我们论证了"当"为介词，"繁为攻伐"为指称性成分，有指示代词"若"对其加以指定①。以往《墨子》研究中，未能对该句作出应有的校补，导致将"当若"误解为假设连词②。

再来看例（27），"当兼相爱、交相利"中"当"亦为介词，"兼相爱、交相利"为指称性成分，根据"实"类假设句式特点，我们推测后面的"不可不务为也"很可能为错序句，宜移至"当兼相爱、交相利"之后，其后再补充说明"此圣王之法、天下之治道也"。同样是论述"兼爱"主张：《兼爱下》结尾有：

（31）故君子<u>若</u>欲为惠君、忠臣、慈父、孝子、友兄、悌弟③，当

---

① 张萍：《从〈墨子〉"当若"具体用法看〈汉语大词典〉"当若"词条的问题》，《辞书研究》，2019（4）。
② 如水渭松注"当若"为"倘若，作假设连词"。参见水渭松：《墨子导读》，成都：巴蜀书社，1991年，第81—82页。
③ 本句"若"上原有"莫"，王念孙云："'若'上不当有'莫'字，盖涉上文'莫若'而衍。"参见孙诒让撰，孙启治点校：《墨子间诂》，北京：中华书局，2001年，第126页。上文有"故君子莫若审兼而务行之，为人君必惠，为人臣必忠，为人父必慈，为人子必孝，为人兄必友，为人弟必悌"，"莫若VP"是"不如/定要VP"义，是一个论断句，而其后的本句则位于推断复句的前件小句，根据语义，当为"若"，而非"莫若"。由于语义紧承上文，文字上相似度高，涉上而衍的可能性大，此处从王说改。

若兼之不可不行也，此圣王之道而万民之大利也。(《墨子·兼爱下》)

与《兼爱中》篇例（27）句式相似，该例用"若"引导，例（27）用"忠实"引导。推论小句中"当若兼之不可不行"，"兼之"为指称性成分（前有指示代词"若"限定），例（27）"兼相爱、交相利"与"兼之"性质相同，语义所指亦相同，"不可不V"一用"行"，一用"务"，同义。

《墨子》上述句式中"当（若）NP"之"当"表示针对对象的介词，该用法较为特殊，当其后宾语为谓词性成分，如例（26）"繁为攻伐"、例（27）"兼相爱、交相利"，"当"很可能被误解为"应当"义，恢复谓词性成分的陈述性，进而将其后"不可不V"脱漏，或移位。

以上，我们应用《墨子》独特的语料，对"实、情、中实、中情、忠实"系列"实"类副词用法及其假设义用法展开研究。从实际材料出发，提炼"实"类推度副词的语义特征为"确认"语境，表现为语意对照或叠加，从句式转换角度，探讨了"实"类推度副词进入假设复句的可能性，同时对其产生机制加以辨析，进而基于"实"类词假设句式特征，挖掘其语用规律，帮助文本校勘。我们利用以往研究中被忽略的语料进行新的研究，为汉语推度副词研究做出了补充，同时亦能为推度副词向假设词演变提供例证，丰富其演变机制的研究。

第三节 "尝"假设用法及其多元产生机制

裴学海提到"尝"犹"若"也，"假设之词也"，"字或作'当'或作'常'或作'向'"。如"尝试使山东之国与陈涉度长絜大，比权量力（《史记·陈涉世家》）"，并注明"'尝试'皆训'若'，'尝'与'试'复语"。① "尝"有假设用法，与"尝"副词用法的进一步虚化有关。然而对于"尝"副词用法及其产生机制的研究还不够全面、充分。

---

① 裴学海：《古书虚字集释》，上海：上海书店，1996年，第835页。

"尝"由"辨别滋味，吃一点儿试试"的本义引申出"试探，试验""经历"等动词义(《汉语大词典》)，古汉语中还常见"曾经"义时间副词用法。此外，《词诠》《古书虚字集释》等还列有"尝"的"试"义副词用法①。关于"尝"副词用法及其产生途径有不同意见，解惠全等按："试"义副词用法"由动词尝试义虚化而来，与'试'演化平行"，"曾"义副词用法是"动词经历义的虚化"②；刘道锋指出"尝"有"试探性"语义特征，引申出"试探"义，继而产生"经历"义，由此虚化出表示"过去曾经"的时体语法意义③；王继红、陈前瑞认为"尝"由"试着"义语法化产生时间副词④。

　　在"试着"义上，"试"与"尝"高度相似，若说"尝"由"试着"义发展出"曾经"义，则无法解释"试"为何没有发展出"曾经"义副词用法。我们不赞同"试着"义与"曾经"义用法之间的相继发展关系，二者当为并行关系，基于"尝"本义蕴含的不同语义基础，在不同的句法环境中，语法化为不同性质的副词。

　　与"曾经"义副词用法相比，学界对"尝"的"试着"义副词用法的认识与研究还很欠缺。一是经常被忽略，如《汉语大词典》⑤《简明汉语史》⑥等仅提"曾经"义；二是性质待明确，仅杨伯峻、何乐士明确为"状态副词"（表尝试)⑦，其他如《词诠》等仅称"副词"。受词义的干扰，"试着"义副词用法易与"尝试"义动词用法混为一体，或致其不被关注。

---

① 杨树达：《词诠》，上海：上海古籍出版社，2004年，第190页；裴学海：《古书虚字集释》，上海：上海书店，1996年，第834页。
② 解惠全、崔永琳、郑天一：《古书虚词通解》，北京：中华书局，2008年，第52—53页。
③ 刘道锋：《饮食类动词"尝"的词义演变及其动因》，载《湖南人文科技学院学报》，2009 (5)。
④ 王继红、陈前瑞：《从尝试到经历——"尝"的语法化及其类型学意义》，载《语言科学》，2014 (5)。
⑤ 《汉语大词典》"尝"列"试探、试验"义，所举书证均为"尝"直接带名词或代词宾语（如《左传·襄公十八年》"臣请尝之"），显见这种用法的"尝"是动词，而"副词"用法即列"曾经"义，后带VP成分。
⑥ 向熹：《简明汉语史》（修订本），北京：商务印书馆，2010年，第136页。
⑦ 杨伯峻、何乐士：《古汉语语法及其发展》（修订本），北京：语文出版社，2012年，第304页。

副词"尝"有哪些用法，究竟是什么性质，又分别如何产生与发展？本节将从"试着"义"尝"的演变入手，再通过与"曾经"义副词用法的句法语义比较，挖掘二者产生机制的差异，进而探讨两种副词用法如何产生假设用法。

一、"试着"义"尝"的演变

(一)表尝试性的描摹性副词"尝"

"试着"义"尝"的使用在先秦文献中并不普遍，我们考察了《论语》《礼记》《国语》《孟子》，其中无"试着"义"尝VP"；《左传》有1例，即例(1)，其后《庄子》中有数例，如例(2)、(3)，是《助字辨略》《词诠》《古书虚字集释》等"试着"义"尝"多举的例子①。

(1) 公告栾书，书曰："其有焉。不然，岂其死之不恤，而受敌使乎？君盍尝使诸周而察之？"(《左传·成公十七年》)

(2) 虽然，请尝言之。(《庄子·齐物论》)

(3) 虽然，若必有以也，尝以语我来！(《庄子·人间世》)

杨树达引《说文解字》"尝，口味之也"，又说"前义引伸之，则凡试于事亦曰尝"，举《左传·襄公十八年》"臣请尝之"②。"试于事"之"事"在语义上往往指某一行为，当句法上由代词拓展至谓词性成分，则形成"尝VP"句式，例(1)是我们发现典籍中最早的"试着"义"尝VP"。VP"使诸周而察之"是具体动作行为，"尝"的"尝试"意味还较为明显，表示尝试去做后面的VP行为。"尝VP"最初为连动式，当VP占

---

① 《助字辨略》列例(2)(3)，按："此尝字，试也。"参见刘淇著，章锡琛校注：《助字辨略》，北京：中华书局，2004年，第98页；《词诠》明确"副词"，举2例，同《助字辨略》例，参见杨树达：《词诠》，上海：上海古籍出版社，2004年，第213页；《古书虚字集释》举4例，包括《词诠》2例以及例(1)，还有"尝试与来"(《庄子·应帝王》)，参见裴学海：《古书虚字集释》，上海：上海书店，1996年，第834页。

② 杨树达：《词诠》，上海：上海古籍出版社，2004年，第190页。

据语意重点,"尝"趋向句法降级,由动词向副词发展。随着 VP 行为语义的弱化,"尝"的"尝试"义进一步弱化,如例(2)、(3)VP 中心语"言""语"为言说动词,此时"尝"不再具有"尝试"意味,由此"试着"义"尝"发生语法化①。

"试着"义"尝 VP"用例不如"曾经"义"尝 VP"常见,其中还有一些被误认为"曾经"义。

(4)子墨子曰:"子之所谓义者,亦有力以劳人,有财以分人乎?"吴虑曰:"有。"子墨子曰:"翟<u>尝</u>计之矣₁,翟虑耕而食天下之人矣₂,盛,然后当一农之耕,分诸天下,不能人得一升粟。籍而以为得一升粟,其不能饱天下之饥者,既可睹矣。翟虑织而衣天下之人矣₃,盛,然后当一妇人之织,分诸天下,不能人得尺布。籍而以为得尺布,其不能暖天下之寒者,既可睹矣。翟虑被坚执锐救诸侯之患,盛,然后当一夫之战,一夫之战,其不御三军,既可睹矣。"(《墨子·鲁问》)

(5)吾<u>尝</u>终日而思矣,不如须臾之所学也;吾<u>尝</u>跂而望矣,不如登高之博见也。(《荀子·劝学》)

以上两例,王继红、陈前瑞举来说明"尝"的部分典型的经历体用法中含有"试着"义的痕迹②。这两例"尝"实则并非经历体的"曾经"义副词,而是"尝试"义。

其所以被认为是经历体,或常被译为"曾经",最主要是受"矣"的影响。句末语助"矣"多表已然的事实,但此二例却是另一种用法,即在子句句末,"表提示以起下文"③,如"恶不仁者,其为仁矣,不使不仁者加乎

---

① 尽管很多句子仍可译为"试着",但其实此时已无"尝试"义,仅表示谦敬语气,正如陈鼓应译为"还是容我说说""且说给我听听",参见陈鼓应注译:《庄子今注今译》,北京:中华书局,2009年,第83、125页。
② 王继红、陈前瑞:《从尝试到经历——"尝"的语法化及其类型学意义》,载《语言科学》,2014(5)。
③ 杨树达:《词诠》,上海:上海古籍出版社,2004年,第359页。

其身"(《论语·里仁》)。

两例"矣"均位于小句句末，主要作用是表示停顿，并提示关联下文，例（4）"矣$_1$"用法与"矣$_2$""矣$_3$"相同，"计之"对应后续3个方面"虑"的内容，为总分关系，这3个"矣"均不表示已然，而是停顿，提示下文。这样的"矣"可以省略，如第三个"虑"小句"翟虑被坚执锐救诸侯之患"没有"矣"。"尝"后VP即将于下文展开，"尝"不是"曾经"义，而是表示"我试着算一下，我姑且来算一算"。例（5）讲"终日而思不如须臾所学"的道理，"矣"不是句末表已然事实，而是小句句末停顿，表提示衔接下文，"我试着整天思考""我试着踮起脚尖来望"。这些论说语境中，第一人称的使用，有拉近与听者或读者心理距离的效果，"尝"均是"试着"义，使语气更为缓和委婉，易于对方接受。

第一人称主语以及"矣"的干扰，使得上述两例"尝"被广泛误认为"曾经"义[1]。没有这两个因素的干扰，"尝VP"就易于被看作"试着"义，如：

（6）今尝计军上（出），竹箭、羽旄、幄幕、甲盾、拨劫，往而靡獘腑冷不反者，不可胜数，又与矛戟戈剑乘车，其列住碎折靡獘而不反者，不可胜数……则是鬼神之丧其主后，亦不可胜数。(《非攻中》)[2]

同样在《墨子》中，例（6）"尝VP"内容与例（4）相似，没有主语与"矣"，王继红、陈前瑞列为"试着"义"尝"的例子[3]。例（4）与例（6）一样，"计"行为在语言当下展开，而非"已然"性质。

---

[1] 例（4），谭家健译为"我曾经计算过了"，姜宝昌译为"我曾算过一笔账"。参见谭家健、孙中原：《墨子今注今译》，北京：商务印书馆，2009年，第411页；姜宝昌：《墨论训释》，济南：齐鲁书社，2016年，第800页。

[2] 孙诒让注："尝犹试也，'上'字误，疑当作'出'。"参见孙诒让撰，孙启治点校：《墨子间诂》，北京：中华书局，2001年，第130页。

[3] 王继红、陈前瑞：《从尝试到经历——"尝"的语法化及其类型学意义》，载《语言科学》，2014（5）。

同时，例（6）与例（4）语感上的差异，正说明从"主语+尝 VP+矣"到"尝 VP"的过程中，"尝"语法化程度加深了。随着"尝试"义的弱化，在对话或论说语境中，主语趋向脱落，"尝"主要表达委婉语气，如例（2）、（3）。①

对于例（1）与例（2）的"尝"，或将其一同看作"试"义副词（如杨树达），或将其看作"尝试"义用于方式状语的"半虚化用法"（王继红、陈前瑞），前者着眼于"尝"修饰谓词性成分，后者则关照语义的滞留。通过以上分析，二例并不完全同质，兼顾句法与语义两个方面，"尝 VP"经历了连动式向状中式发展的过程②。

"尝试"义"尝"的语法化过程可以参照"试"的语法化过程。张谊生提到"试"在本义"任用"基础上引申出"试用"和"尝试"二义，"'尝试'义再进一步引申虚化，'试'的动作义逐渐丧失，并开始常用于对话体或祈使句中，终于从动词'试'中分化出一个表'姑且'义的谦敬类评注性副词"，并举例（7）、（8）③：

（7）因谓秦王曰："梁非戍周也，将伐周也。王试出兵境以观之。"（《史记·周本纪》）

（8）先生试言，寡人将览焉。（东方朔《非有先生论》）

相比来看，例（7）"试"的 VP 语义行为"出兵境"更为具体，"试"

---

① 姜宝昌将例（6）译为"现在我们不妨尝试计算一下军队出师物力和人力消耗之概况"，"不妨"实际上正是"尝"在句中的语用功能。参见姜宝昌：《墨论训释》，济南：齐鲁书社，2016 年，第 294 页。

② 事实上，由于"尝试"语义的显现，"尝 VP"中"尝"往往还易被视为动词，这是"试"义"尝"副词用法被忽略的一个重要因素。与"试"义"尝"语法化相似，"试"亦存在动、副难辨的情况。张伯江、方梅提到"大王试听其说，一举而天下之从不破"（《战国策·秦策一》）、"试为巴人唱"（李白《古风·郢客吟白雪》）等例，认为："这里的'试 VP'应该分析为连动式，'尝试'语义由词汇成分'试'负载。"其所列例句中，也是混杂着连动式与状中式两种性质。参见张伯江、方梅：《汉语功能语法研究》，北京：商务印书馆，2014 年，第 202 页。

③ 张谊生：《论与汉语副词相关的虚化机制——兼论现代汉语副词的性质、分类与范围》，载《中国语文》，2000（1）。

的"尝试"义还较为明显,表示行为带有尝试性,这样的"试"当为"状态副词"①,再具体一点,即为"描摹性副词"②。例(8)VP 为"言",言说动词的语义更为抽象,"试"表"姑且"义,为谦敬类评注性副词,是由表尝试性的描摹性副词进一步语法化的结果。

在连动式"尝/试 VP"中,当语义焦点向 VP 移动时,句法结构向状中式转变,"尝"逐渐发展出副词用法,表示动作行为的尝试性,此时"尝/试"是状态副词。随着 VP 行为语义的抽象化,"尝/试"的"尝试"义进一步弱化,最终演变为表"姑且"义的评注性副词。这是一个连续的语法化过程,由此,如例(1)这类的"尝 VP"句法可以两解,或为连动式,或为状中式,语义上"尝"仍有"尝试"义。

(二)表"姑且"义的评注性副词"尝"

表尝试性的状态副词"尝"继续语法化,随着"尝 VP"中 VP 语义抽象化,比如为言说动词等,"尝"的"尝试"义弱化,此时"尝 VP"用法主要有两种类型:一是在对话体中,对 VP 行为附加谦敬语气,如例(2)、(3),再如例(9);二是在论说文中用于提起话题,展开新的论证,表示委婉语气,以增强说服力,如例(4)、(6),再如例(10)。

(9)予尝为女妄言之,女以妄听之。(《庄子·齐物论》)

(10)今天下之士君子,或以命为亡。我所以知命之有与亡者,以众人耳目之情知有与亡。有闻之,有见之,谓之有,莫之闻,莫之见,

---

① 杨伯峻、何乐士把"尝""试"归于"状态副词","试"例举"兵既整齐,王可试下观之"(《史记·孙子吴起列传》),"尝"例举"我虽不敏,请尝试之"(《孟子·梁惠王上》),并说"'尝'修饰'试'"。参见杨伯峻、何乐士:《古汉语语法及其发展》(修订本),北京:语文出版社,2012 年,第 304 页。"下观之"行为语义具体,前面有"可"修饰,"试"的"尝试"意味还较明显,"试"为"状态副词"。"尝"例还可斟酌,或为双音词"尝试"带宾语"之"。

② 张谊生根据虚化程度区别,将副词分成"描摹性副词""限制性副词""评注性副词"三大类。参见张谊生:《论与汉语副词相关的虚化机制——兼论现代汉语副词的性质、分类与范围》;《中国语文》,2000(1)。

谓之亡。然胡不尝考之百姓之情？自古以及今，生民以来者，亦尝见命之物，闻命之声者乎？则未尝有也。若以百姓为愚不肖，耳目之情不足因而为法，然则胡不尝考之诸侯之传言流语乎？自古以及今，生民以来者，亦尝有闻命之声，见命之体者乎？则未尝有也。然胡不尝考之圣王之事？古之圣王，举孝子而劝之事亲，尊贤良而劝之为善，发宪布令以教诲，明赏罚以劝沮。若此，则乱者可使治，而危者可使安矣。（《墨子·非命中》）

王继红、陈前瑞概括"尝"的"试着"义特点：一是多见于施事为说话人或第一人称的未然用法，属自谦式表达，如例（6）、（9）；二是也见于施事为听话人或第二人称的未然用法，主要表示一种委婉的建议，如例（1）；三是也少量用于第三人称的未然用法，如例（10）①。其实，所有"试着"义"尝VP"均为未然行为（不必分三类），而主语人称并不是影响"尝"用法的区别因素。前两种可合并为对话体中的谦敬用法（对己表谦，对人表敬），例（10）为无主语句，用反问引出新的话题，以展开论证，并非王继红、陈前瑞所说主语为第三人称"天下之士君子"。可见，其概括并不"精准"。

我们区分两种语境，例（6）、（10）都属于论说语境。例（6）"今尝VP"引出话题，展开论证，并非"自谦式表达"；例（10）反诘的方式利于引人注意，但语气上往往较为强烈，"尝"则起到舒缓语气的效果，从而使论说更易被人接受。"尝"的这两种用法，第一类即表谦敬类评注副词，是辞书及相关研究中较多注意到的用法，而第二类论说文中的用法，尚未受到专门的关注，或可归为表婉转态评注性副词②。两种均可概括为"姑且"义评注性副词。

---

① 王继红、陈前瑞：《从尝试到经历——"尝"的语法化及其类型学意义》，载《语言科学》，2014（5）。
② 参考张谊生对使用评注性副词表示汉语情态类型的讨论。参见张谊生：《评注性副词功能刍议》，载中国语文杂志社编：《语法研究和探索》（十），北京：商务印书馆，2000年，第232页。

"尝试"义弱化的"尝"为何会起到表达谦敬与委婉语气的效果？刘道锋提到"尝"区别于其他饮食类动词的语义特征是"试探性"①，王继红、陈前瑞认为"尝"虚化过程中"少量"义延续，将"尝"的试着义用法归为"限量体（delimitative）"②。我们认为"尝"本义的"试探性"是很重要的语义特征，动作的"试探性"意味着动作的量小。当"尝"表示尝试性语义时，它表示的是客观小量，而随着"尝"的语法化，客观小量发生了向主观小量的转变，即说话者有意"往小里说""往轻里说"，体现的是说话者的语用意图，呈现出来的效果就是表达谦敬或婉转③。

二、"尝"副词用法及其产生机制

评注性副词"尝"的用法未受到关注，有一个重要原因，即它在很多典籍中见用有限。我们在研究《墨子》语言时，发现《墨子》保存了较多"试着"义"尝VP"用例，然而以往虚词用法或汉语史研究中，对《墨子》语料的关注与使用并不充分，关于"试着"义"尝VP"的专门研究中亦未能注意到《墨子》语料的独特性④。论说语境中评注性副词"尝"的用例，集中在《墨子》"墨论"部分，且与时间副词用例相当，故以下以

---

① 刘道锋：《饮食类动词"尝"的词义演变及其动因》，载《湖南人文科技学院学报》，2009（5）。
② 王继红、陈前瑞：《从尝试到经历——"尝"的语法化及其类型学意义》，载《语言科学》，2014（5）。
③ 任鹰指出"V个NP"得以形成主观小量特征的语义基础是"个"的个体化功能。与"个"指向事物数量表"小量"相似，"尝"表"试探性"的语义基础具有动作含量为"小量"的特征，由此形成主观小量的功能。参见任鹰：《"个"的主观赋量功能及其语义基础》，载《世界汉语教学》，2013（3）。
④ 评注性副词"尝"由"试着"义描摹性副词"尝"发展而来，在辞书、研究著作以及典籍译文中亦往往译为"试，试着"，以下部分，我们姑且用"试着"义来指称"尝"的描摹性副词、评注性副词用法（理论演变中二者区别，实际语言中二者相似度高，前者稍含"尝试性"语义，且后者多见），以与"曾经"义时间副词"尝"相区别。王继红、陈前瑞举了《墨子》例子，但并未注意到"试"义"尝VP"在《墨子》中的集中见用，故未对其作出更为全面的考察。参见王继红、陈前瑞：《从尝试到经历——"尝"的语法化及其类型学意义》，载《语言科学》，2014（5）。《墨子》语料中此类用例丰富，与墨子论说注重质朴近人的特点有关。

《墨子》"尝VP"为例，考察"试着"义、"曾经"义用法的句法语义特征，从而进一步辨析二者的差异。

(一)《墨子》"尝VP"句法语义分布

《墨子》中"尝VP"共有43例①，其中23例为"试着"义，20例为"曾经"义。

"试着"义与"曾经"义"尝VP"在《墨子》中使用呈现规律性分布。二者在句式、语用上具有区别性特点。先来看"试着"义"尝VP"：句式上，前多有副词"姑"（"姑尝VP"13例)，多有疑问代词引导［"何不"2例，"胡不"3例，"盍（盇）"3例］，此外还有"今不尝VP"1例，以及例（4）、（6)；语用上，这些句式均用于建议或提议，引起新话题，展开更充分的论证。

(11) 用而不可，虽我亦将非之。且焉有善而不可用者？姑尝两而进之，谁（设）以为二士，使其一士者执别，使其一士者执兼。（《墨子·兼爱下》）

(12) 然则姑尝稽之，今虽毋法执厚葬久丧者言，以为事乎国家。（《墨子·节葬下》）

(13) 今以攻战为利，则盍尝鉴之于智伯之事乎？此其为不吉而凶，既可得而知矣。（《墨子·非攻中》）

(14) 今不尝观其说好攻伐之国？若使中兴师，君子〔数百〕，庶人也必且数千，徒倍十万，然后足以师而动矣。……此其为不利于人也，天下之害厚矣。而王公大人，乐而行之，则此乐贼灭天下之万民也，岂不悖哉！（《墨子·非攻下》）②

---

① 《墨子》有一些地方"尝"作"赏""当"等字，此类暂不纳入统计考察。
② 谭家健注句中"说"字疑衍（参见谭家健、孙中原：《墨子今注今译》，北京：商务印书馆，2009年，第117页），姜宝昌校为"悦"（参见姜宝昌：《墨论训释》，济南：齐鲁书社，2016年，第324页)。我们赞同姜说，即"说好"为同义复用，《墨子》另有"说喜"同义复用（《非儒下》"富人有丧，乃大说喜"），句法语义均合理，"说"非衍文。

(15) 若以百姓为愚不肖，耳目之情不足因而为法……然胡不<u>尝</u>考之圣王之事？古之圣王，举孝子而劝之事亲，尊贤良而劝之为善，发宪布令以教诲，明赏罚以劝沮。若此，则乱者可使治，而危者可使安矣。(《墨子·非命中》)

"姑尝VP"占"试着"义"尝VP"的一半以上，"姑"与"尝"均为评注性副词，表达谦敬、婉转，二者同义复用。同时，从二者的高频复用亦可佐证"尝"已语法化为成熟的评注性副词，不再处于"半虚化"性质。例 (13) "盍尝VP"中"盍"通"盇"（"何不"义），用法与例 (15) "胡不尝VP"相同，例 (14) "今不尝VP"亦同。例 (13)，谭家健注"尝"字疑衍①。"疑问代词+不"或"盇"往往表反诘，语气较为强烈，当表示提议、建议时，"尝"的加入使得语气更为舒缓，利于论说的推进。多用"尝"来舒缓论说语气，是墨子常用论说技巧，例 (13) "尝"并非衍文。

再来看"曾经"义"尝VP"：句式上，前多有副词修饰，8 例"未尝VP"，其他副词有"亦、固、皆"等，多"有"参与的句式，如"未有尝VP""亦有尝VP""尝有VP者"等；语用上，这些句式全部表示对过去的时段曾有过某种情况或不曾有过某种情况加以论断，表现在"未尝VP"小句句尾均有表示论断的语气词"也"，"亦"也具有论断意味②。如：

(16) 我未<u>尝</u>闻天下之所求祈福于天子者也，我所以知天之为政于天子者也。(《墨子·天志上》)

---

① 谭家健、孙中原：《墨子今注今译》，北京：商务印书馆，2009 年，第 110 页。
② 陈浦清介绍"表示疑问、商榷"的习惯句式"不亦……乎"时作了说明："'亦'是副词，在这个句式中，主要是表判断，不要译为'也'。"参见陈浦清：《文言文基础知识问答》，长沙：岳麓书社，2016 年，第 192 页。《墨子》"亦（有）尝VP"有 8 见，"亦"表论断。

(17) 自古及今，未有尝能有以此王天下、正诸侯者也。(《墨子·尚贤中》)①

(18) 自古以及今，生民以来者，亦有尝见鬼神之物，闻鬼神之声，则鬼神何谓无乎？(《墨子·明鬼下》)

(19) 非惟若书之说为然也，昔者宋文君鲍之时，有臣曰祐（祝）观辜，固尝从事于厉。(《墨子·明鬼下》)

(20) 君子必服古言然后仁。应之曰：所谓古之言服者，皆尝新矣，而古人言之、服之，则非君子也。然则必服非君子之服，言非君子之言，而后仁乎？(《墨子·非儒下》)

值得注意的是，20例"曾经"义"尝VP"中，有11例"尝VP"前有表示过去的时段信息，如"自古之及今，生民而来""自古及今""昔者"等，②4例主语"先王之宪"等，隐含过去时间信息，2例"尝VP"引起过去的事件话题，下文以"昔""昔者"承上启下。可见，"曾经"义"尝VP"所处语篇通常有明显的表示过去时间信息的成分，以表示过去的时间词为主。"亦""固""皆"等副词往往表示论断。3例无时间信息词

---

① 孙诒让引苏时学云"上'有'衍字"（参见孙诒让撰，孙启治点校：《墨子间诂》，北京：中华书局，2001年，第65页），姜宝昌按"旧本'未'下皆无'有'字"，并从苏校改为"未尝能有以此王天下、正诸侯者也"（参见姜宝昌：《墨论训释》，济南：齐鲁书社，2016年，第135页）。我们认为此例两个"有"，下"有"为衍文的可能性更大。该句为"未有尝VP者"，《墨子》中还存在并行的肯定式"亦有尝VP"，即例 (18)。表示"曾经"义的"尝"可以省略，如《兼爱中》篇"夫挈太山而越河济，可谓毕劫有力矣，自古及今未有能行之者也"，"尝"在"有"之前或之后，都符合句法，即"未尝有VP者"和"未有尝VP者"，两者语义本质上相同，故前一个"有"未必是衍文。需要注意的是，"能"修饰VP，《墨子》多"有能VP者"句式，例 (17) "能有VP者"不符句法，"有"为衍文。相较于常式"未尝有VP者"，"未有尝VP者"虽符合句法，但少见，我们推测例 (17) 很可能是后人因此欲将"未有尝VP者"改为"未尝有VP者"时，将"有"过度移至"能"之后所致（本来只需将"有"从"尝"前移至"尝"后）。若将上"有"看作衍文，则下"有"与"能"亦错序。因此，我们推测下"有"为衍文的可能性更大。

② 其中两例"则未尝有也"作为答句，与"亦尝……乎"问句搭配使用。鉴于前面数据统计分开计算，故这两例叠加计算。

的,均为"未尝 VP 也",表示论断①。仅 1 例有句末"矣"[例(20)],主语"古之言服"已隐含过去时间义,这也恰恰说明"矣"并非表达"曾经"义"尝"的主要手段,故不可仅凭借"矣"就将"尝"视为"曾经"义,如我们前面对例(4)的辨析,最重要的还是看 VP 在语篇中限定的是过去时段。

(二)"尝 VP"用法差异

通过上述分布比较,"试着"义、"曾经"义"尝 VP"的差异主要体现在以下三方面:

1. VP 时间指向不同

两种语义的"尝 VP"具有显著的时间指向差异,"试着"义"尝 VP"中 VP 指向当下的行为,在论说语境中,展开下文论述,语段中没有表示过去时间的信息词;"曾经"义"尝 VP"中 VP 指向过去时段,故语段中多有过去时间信息词。

2. VP 语义虚实不同

两种语义的"尝 VP"中 VP 具有一定的分布差异,"试着"义"尝 VP"的谓语中心词主要有"进(推进论证)""稽(考察)""鉴(借鉴)""观(审察)""考(考察)""本原(推究)"② 等等,词义均为抽象义,更多表达的是主观意识行为;"曾经"义"尝 VP"谓语中心词主要为"有""闻""见""从事"等,为存现动词或具体的行为动词。

3. "尝 VP"语用目的不同

如上部分分析,"试着"义"尝 VP"的语用目的是提起新话题,以展开下文论述;"曾经"义"尝 VP"则是对过去时段是否存在 VP 行为加以

---

① 这3例为:"思利寻焉,忘名忽焉,可以为士于天下者,未尝有也"(《墨子·修身》),例(16)以及与之句式内容相仿的"我未尝闻天之祷祈福于天子也,吾以此知天之重且贵于天子也"(《墨子·天志下》)。

② "本原"例为:"此又天下之害也,姑尝本原若众害之所自生,此胡自生?"(《墨子·兼爱下》)

论断。不同语用目的，也对应着句式上的差异，如"试着"义"尝VP"没有否定句式，而"曾经"义"尝VP"则较多"未尝VP"类否定句式，对过去未然的情况加以论断，肯定式则是对已然的情况加以论断。[①]

对照以上三方面，能更准确地判别"尝"的用法。回到例（4）"翟尝计之矣"，语段中无时间信息词；"计之"中"之"承接前面提到的"力""财"，"计"表示"计算"，词义抽象；最重要的是，该句并不对某一情况加以论断，而是引出新话题，以展开下文的论述。因此，这句话宜译为"我试着（姑且）算算啊"，与例（2）"请尝言之"有相似之处。例（4）出现在对话语境中（亦是一种论说形式），主语自称名"翟"为自谦用法，相应的"尝"亦具有谦敬意味。例（5）《荀子》两用"吾尝VP"没有明确的时间信息词，其语用目的在于提出新话题，通过比较引发论说，符合"试着"义"尝VP"特征。

《墨子》还有1例，与例（4）句式相仿，可提供佐证：

(21) 今若有一诸侯于此，为政其国家也，曰："凡我国能射御之士，我将赏贵之，不能射御之士，我将罪贱之。"问于若国之士，孰喜孰惧？我以为必能射御之士喜，不能射御之士惧。我赏（尝）因而诱之矣，曰："凡我国之忠信之士，我将赏贵之，不忠信之士，我将罪贱之。"问于若国之士，孰喜孰惧？我以为必忠信之士喜，不忠不信之士惧。(《墨子·尚贤下》)

孙诒让指出："'赏'当为'尝'。尝，试也。此句为下文发端。"[②] 这

[①] 对某一已然事实加以论断、确认，这是"曾经"义"尝VP"很重要的特点，当句段中没有时间信息词时，这往往是其区别于"试着"义"尝VP"的判别线索。王继红、陈前瑞提到《左传》诸例经历体"尝"没有时间状语，如："吾尝学此矣，忠信之事则可，不然，必败。""且君尝在外矣，岂必不反？""吾尝同僚，敢不尽心乎？"在对话语境中，均是对已然情况加以确认。参见王继红、陈前瑞：《从尝试到经历——"尝"的语法化及其类型学意义》，载《语言科学》，2014 (5)。比照《墨子》"曾经"义"尝"用法来看，这种没有时间信息词的例子是特例，王、陈文反据此将其看作经历体的主要特征，为语料不足之弊。

[②] 孙诒让撰，孙启治点校：《墨子间诂》，北京：中华书局，2001年，第66页。

一例因为有主语与语气词"矣","尝"易误解为"曾经"义①,然而此句乃是承接前文"今若有……"的假设开展的进一步假设论说,并非对过去已然事件的表述。该例符合"试着"义"尝"的上述三方面特征,孙注释义值得参考。谢德三将此例看作"试"义动词"尝"的用法②,区别于其他"试"义副词"尝"。我们认为,该例"尝"在论说语境中,已不再表示动作的"尝试性",而是表婉转的评注性副词,可译为"我姑且据此进一步诱导"。

(三)"尝"两义副词用法产生机制

由上文"试着"义"尝"语法化过程可知,"试着"义"尝"由动词语法化为副词,经由描摹性副词发展为评注性副词,其主要机制是"尝"本义蕴含的语义基础"试探性"具有"小量"特征,由客观小量进一步衍生出主观小量的用法。

尽管"曾经"义时间副词"尝"在古汉语中很常见,但关于其来源的探讨却较为有限。解惠全等认为是由"尝"的引申动词义"经历义"虚化而来③;王继红、陈前瑞则认为"这种动词的经历义非常罕见……无法建构语法范畴的演化路径",并试图从"试着"义"尝"论证"曾经"义"尝"的产生④。我们认为,"试着"义"尝"与"曾经"义"尝"是两个独立的语法化过程,语法化机制亦不同。

"曾经"义"尝"从"经历"义"尝"语法化而来。"尝"的本义"辨别滋味",蕴含着口舌"感受"滋味之义,由此义进一步引申出"经受,经历"义,如:

(22)晋侯在外十九年矣,而果得晋国,险阻艰难,备<u>尝</u>之矣!

---

① 《墨论训释》译为"我曾由此进而诱导"。参见姜宝昌:《墨论训释》,济南:齐鲁书社,2016年,139页。
② 谢德三:《墨子虚词用法诠释》,台北:学海出版社,1982年,第313页。
③ 解惠全、崔永琳、郑天一:《古书虚词通解》,北京:中华书局,2008年,第53页。
④ 王继红、陈前瑞:《从尝试到经历——"尝"的语法化及其类型学意义》,载《语言科学》,2014(5)。

(《左传·僖公二十八年》)

此例"尝"宾语"之"指代的是"险阻艰难","尝"词义通过隐喻发生引申,表示"经受、经历"义。

尽管"经历"义动词"尝"在典籍中罕见,但从早期一些例句中仍能窥见其痕迹,如:

(23)郕子士请御之,弥援其手,曰:"子则勇矣,将若君何?不见先君乎?君何所不逞欲?且君尝在外矣,岂必不反?当今不可,众怒难犯,休而易间也。"乃出。(《左传·哀公二十五年》)

(24)示子服惠伯,曰:"即欲有事,何如?"惠伯曰:"吾尝学此矣。忠信之事则可,不然,必败。"(《左传·昭公十二年》)

以上二例"尝"所在句子,可以仿照例(22)转换为:

(23a)在外,君尝之矣。
(24a)学此,吾尝之矣。

例(23a)指"出走在外"这种状况,君主经历过。例(24a)指"学习《易》的事情,我经历了"。这说明例(23)、(24)"S+尝+VP矣"句式中,VP最初很可能是指称性质的,指代某种已然的情况或事件,此时"尝"为"经历"义动词。随着"尝NP"向"尝VP"拓展,VP占据语义重点,并恢复陈述性,"尝"语法降次为副词。"尝VP"由动宾结构重新分析为状中结构。这个过程中,"尝"语义的羡余是一个重要因素。随着"尝"的宾语由名词性成分向谓词性成分拓展,"尝"的"经历"义逐渐被VP所涵盖,从例(22)"尝艰难险阻"到例(23)"尝在外",再到例(24)"尝学此","尝"后成分由名词到表状态的谓词性成分再到表行为的谓词性成分,相应的,"尝"的语义由必要逐渐到羡余,"尝VP"中,VP

发生的过程就是"尝"的"经历"义,此时"尝"起到对 VP 的发生加以确认的作用(语义叠加效果)。同时,由于 VP 具有已然性质,在叙述句法中,"尝 VP"蕴含着 VP 发生于过去,这一时间信息亦由"尝"来承担,故通常所说的"曾经"义时间副词"尝"实际的功能是对过去某事的发生与否表示确认。前文研究《墨子》"曾经"义"尝 VP",发现其有表"论断"的特征,正与此相关。

"尝 VP"发生重新分析的过程,还可以通过上文《墨子》例子来佐证。例(19)"尝从事于厉",可能发生的演变是:最初,"尝"为"经历"义动词,指称性成分"从事于厉"为"尝"的宾语,由于 VP 的谓词性,占据语义重点的 VP 在认知中恢复陈述性,其发生覆盖了"尝"的语义,功能羡余的"尝"发生语法降级,对 VP 形成一种确认,由此动宾式重新分析为状中式。再如例(20) "尝新","新"既可能是指称性(如《世说新语·贤媛》"衣不经新,何由而故?"),也可能是谓词性。"尝"为"经历"义动词时,"尝新"为动宾式,与"经新"结构相同;当"新"为谓词性时,"尝"语法降级为副词,"尝新"重新分析为状中式。

如上可知,"尝"的时间副词用法有两个作用:一是蕴含表过去的时间信息,这源自"尝 VP"中 VP 的已然性质;二是对 VP 有确认作用,这是"尝"的"经历"义被 VP 覆盖产生的叠加效果[①]。曹茜蕾(Hilary Chappell)探讨汉语传信标记(evidential marker),提到"过"的例子,认为其核心特征是"对事件发生的确认"[②]。在这一点上,"尝"有着相似特征。与"过"由"经过"义实义动词发生语法化相似,时间副词"尝"由"经历"义动词发生语法化而来,二者具有相似的语义基础。

[①] 王继红、陈前瑞认为经历体典型用法为"非连续性语义",从而将"先黥布反时,高祖尝病甚"和"陛下居代时,太后尝病"看作特例。参见王继红、陈前瑞:《从尝试到经历——"尝"的语法化及其类型学意义》,载《语言科学》,2014(5)。对照我们对时间副词"尝"用法特征的提炼,这两例均符合其典型用法,而非特例。

[②] Hilary Chappell: A typology of evidential markers in Sinitic languages. *Sinitic Grammar: Synchronic and Diachronic Perspectives*, ed. by Hilary Chappell, Oxford: Oxford University Press, 2001: pp. 56-84.

肯定式"尝VP"又拓展出否定式"未尝VP"用法，表示对过去未发生VP加以确认。《墨子》分别有1例"亦有尝VP""未有尝VP"，远不及"亦尝有VP""未尝有VP"多见。"有尝VP"变成"尝有VP"，"尝"位置前移，当是副词"尝"发展更为成熟的表现。"有尝VP"例少，或为"尝"语法化历程残留的痕迹。

"尝"的"试着"义（含"姑且"义）副词与"曾经"义副词用法，分别由"尝"的两种引申动词义语法化产生，其过程如图1所示：

```
                  词义引申    "尝试"义   语法化    "试着"义   语法化    "姑且"义
            ┌─────────────→          ─────────→          ─────────→
"口辨味"    │   试探性     动词      客观小量   描摹性副词  主观小量   评注性副词
实义动词    │
            │   词义引申    "经历"义     语法化            "曾经"义
            └─────────────→           ─────────────────→
                经受义       动词        重新分析           时间副词
```

图1　"尝"多元语法化示意图

三、"尝"假设用法的产生机制

（一）"试着"义"尝"假设用法

如裴学海所言，"尝"有假设用法，其所举例子多为"尝试"复用，显然这种用法是在"试着"义"尝"的基础上发展而来的。

前文我们研究了"试着"义"尝"在对话语境或论说语境中虚化为表示"姑且"义的评注性副词，该词义有一个特点，即其后行为往往是比较抽象的，尤其是在论说语境中，"尝VP"的VP通常是假设的情况，这样的"尝"表委婉语气的用法弱化，转而表达假设语义。

（25）尝试使山东之国与陈涉度长絜大，比权量力。（《史记·陈涉世家》）

（26）今夫穷鄙之社也，叩盆拊瓴，相和而歌，自以为乐矣。尝试为之击建鼓，撞巨钟，乃性仍仍然，知其盆瓴之足羞也。（《淮南子·精神训》）

这两例及"尝试释詹子之察"(《韩非子·解老》)是裴学海列出的"尝"的假设义①。三例不尽相同。《韩非子》例"尝试"是表示谦敬的语气副词,可以释为"姑且",其后 VP 是紧接着就发生的行为,是真实情况。例(25)和例(26)"尝试"后的 VP 为虚拟的情况,此时"尝试"不再有谦敬、委婉义,位于句首的"尝试"吸收语境假设义,从而成为假设连词。

其实上文讨论的评注性副词"尝",有的已经向假设连词转变了。如例(6)"今尝计军(上)出","尝 VP"的 VP 在这里不是真实发生的行为,而是一种假设的未然的情况,此时"尝"在真实 VP 前表委婉的用法削弱,"尝"吸收语境的假设义②,此时"尝"可视为假设连词。

"尝"与"当""常"等语音相同,在副词、连词用法上,"尝"字多有作"当""常"者。如:

(27) 若之二士者,言相非而行相反与?<u>当使</u>若二士者,言必信,行必果,使言行之合犹合符节也,无言而不行也。……然即交若之二君者,言相非而行相反与?<u>常使</u>若二君者,言必信,行必果,使言行之合犹合符节也,无言而不行也。(《墨子·兼爱下》)

孙诒让注"当"通"尝","常"也是"疑当读为尝"③。"当使""常使"均为"尝使","若"是指示代词,限定"二士""二君"。"尝使"引

---

① 裴学海:《古书虚字集释》,上海:上海书店,1996 年,第 835 页。
② 句中"今"独立性强。关于"今"的性质也有不同看法。《词诠》列"假设连词",引王念孙云:"今犹若也。"不过杨树达按:"此乃说一事竟,改说他端时用之,王氏训为若,乃从上下文之关系得之,疑今字仍是本义,非其本身有若字之义也。"参见杨伯峻:《词诠》,北京:中华书局,2004 年,第 147 页。谢德三释"今"有"关系词"用法,"用以表示假设之关系,其用法犹'若'","此用法在《墨子》中最常见"。参见谢德三:《墨子虚词用法诠释》,台北:学海出版社,1982 年,第 51 页。"今"吸收假设语境的假设义,成为假设连词,这是可能的。不过,对照现代汉语与"今"相应的时间名词"现在",亦经常被用于引起假设情况,以起到让听者身临其境的效果,从而加强说服力,这样的"现在"往往并不会被看作假设连词,故古籍中的"今",更多是一种语用手段,而非句法手段。我们不轻易将其视为假设连词。
③ [清]孙诒让撰,孙启治点校:《墨子间诂》,北京:中华书局,2001 年,第 119 页。

导假设小句①,"尝"与"使"为假设连词复用。《墨子》中亦有"尝"单独作假设连词的,字作"当",如:

(28)然则奚以为治法而可?<u>当</u>皆法其父母,奚若?天下之为父母者众,而仁者寡,若皆法其父母,此法不仁也。法不仁,不可以为法。<u>当</u>皆法其学,奚若?天下之为学者众,而仁者寡,若皆法其学,此法不仁也。法不仁,不可以为法。<u>当</u>皆法其君,奚若?天下之为君者众,而仁者寡,若皆法其君,此法不仁也。法不仁,不可以为法。故父母、学、君三者,莫可以为治法。(《墨子·法仪》)

"当皆法其父母,奚若"中"当"为假设连词,其本质是"尝",即由表"试着"义的"尝"进一步虚化而来。

(二)"曾经"义"尝"表假设的可能性

刘道锋提到"尝"进一步虚化为"表示加强否定语气的助词",如"自行束脩以上,吾未尝无诲焉"(《论语·述而》)②。这是"尝"的"曾经"义时间副词用法的进一步虚化。

上文我们论述了时间副词"尝"的功能是对过去时段是否发生某事加以确认,"未尝VP"是由"尝VP"句式扩展出来的,表示对VP没有发生加以确认,由于语义重点不再是VP,而是否定词"未",加上韵律节奏的影响,"未尝"趋向凝固,此时"尝"修饰VP的副词作用弱化,虚化为刘文所说的"助词",黏附于否定词"未"。原先"尝"对VP加以确认,由于"未"成为语句语义重心,以及"尝"与"未"的凝固性,"尝"的

---

① 何乐士等举例中前"当使"复句,译为:"假使这两个人,说话有信用,行动能果决,使自己的言行一致就像符节的相合一样,(那就)没有什么话不付诸实现的。"认为"当"连词用法,表示假设,有时作"当使"。参见何乐士、敖镜浩、王克仲等:《文言虚词浅释》,北京:北京出版社,1979年,第41页。

② 刘道锋:《饮食类动词"尝"的词义演变及其动因》,载《湖南人文科技学院学报》,2009(5)。

"确认"语义发生移位,转而对"未"的否定义加以确认,起到加强否定的效果。

除了以上这种后继虚化途径之外,时间副词"尝"亦可能发展出假设义。时间副词"尝"表示对 VP 的确认,"尝 VP"最常用于叙述语境,有时亦用于论说推论语境,如:

(29)若<u>尝</u>为臣者,则礼辞其贽。(《仪礼·士相见礼》)

该例"尝"是时间副词,可译为"如果宾曾经做过主人的家臣,主人则推辞一次而接受其礼物"①。在这个假设复句中,"尝 VP"表示宾主之间过去有过臣主关系,"若"以此为假设前提,加以推论。

当假设小句中的假设标记"若"等缺失,则会出现以下情况:

(30)先祖<u>当</u>贤,后子孙必显行。(《荀子·君子》)

王念孙按:"'先祖当贤'即'先祖尝贤',作'当'者,借字耳。……古多以'当'为'尝'。"② 古籍中"当""尝"因同音通用,如例(29)武威汉简作"如当为臣者,则礼辞其贽"③,其中"当",传世本今作"尝"。例(30)"当"为"尝",王说可信。

这个"当(尝)"本与例(29)"尝"用法相同,是"曾经"义,表示对"先祖贤"的确认,不过这里"先祖"与后面的"子孙"均非特指对象,而是泛指性质,由此它丧失叙述性质,成为一个假设条件。这个句子可译为:"先祖曾经贤能(的话),那么……",或"先祖假如贤能,那么……"可见,假设义乃是复句前后关系显现出来的假设关系。

---

① 尚学峰译注:《仪礼》,南京:江苏人民出版社,2019 年,第 72 页。
② 王念孙:《读书杂志》(第 11 册),北京:中国书店,1985 年,第 104 页。
③ 甘肃省博物馆、中国科学院考古研究所:《武威汉简》,北京:文物出版社,1964 年,第 89 页。

当处于论断性复句中，小句不再表达确定的过去时间信息（显性或隐含），"尝"失去时间副词的功能，仅保留"确认"语气；同时，这个假设复句中假设小句缺少假设标记，由此"尝"吸收语境的假设义，从而具有了假设义，成为一个假设副词。

有意思的是，英语中 once 也兼有"曾经"义副词用法与"一旦"假设连词用法：

(31) He once lived in Shanghai.

(32) Once I'm in Miami, I can get a job.

例（31）once 表示"曾经"义；例（32）表示"一旦"，是未然条件，具有假设意味。例（32）的用法当是由例（31）的用法演变而来。

可见，"曾经"义时间副词演变出假设用法，具有一定的类型学规律。

古汉语中，"尝"的"尝试"义以及"曾经"义很常见，其假设用法多为人忽略，如例（30）梁启雄虽引王念孙"即先祖尝贤也"，仍按："当，读为'傥'，若也。"① 基于"尝""当"在上古典籍中通用的语言事实，我们更赞同"当，读为尝"。

---

① 梁启雄：《荀子简释》，北京：中华书局，1983年，第340页。

第三章 比方范畴句法演变研究

打比方是汉语从古至今常用的论说方式,是一种经典而有效的论说手段。本章将围绕古汉语中最核心的比方动词"譬"及其演变,展开比方句法的研究。我们将重点研究先秦汉语"譬之V$_{比方}$"比方句式,并对《荀子》中独特的比方句式及其论说特色作出个案式专门研究。随着汉语单音词向双音词发展的趋势,"譬"趋向与其他单音词凝固成双音词,其中有一批"譬×"在汉语不同历史时期通过不同机制凝固成双音比方词,各自又有着不同的句法特征,我们将对所有"譬×"展开研究,探讨其历时成词过程与机制,以及各自的句法语义用法。此外,还将对特殊比方词"譬喻"的历时演变作出专门研究。

第一节 先秦"譬之V$_{比方}$"比方句式

谢德三《墨子虚词用法诠释》将"譬之犹""譬之若"中的"之"释为"语气词,用于句中,无义"[①]。其实,该"之"仍当是代词,而不是语气词,"之"复指前文内容,即被比方成分。上古汉语中,"譬"是一个常见的比方动词,且句式灵活多样,有"譬之如""譬之犹""譬之若"等"譬之V$_{比方}$"句式,或"之"缺省的"譬如""譬犹""譬若"等"譬

---

① 谢德三:《墨子虚词用法诠释》,台北:学海出版社,1982年,第47页。

V$_{比方}$"句式,以及没有后续比方词"如"等的"譬之(诸)"式、"譬于"式,这些比方句式,我们统称之为"譬"系列比方句式。"譬 V$_{比方}$""譬之""譬于"等句式,我们在研究《墨子》相关句式时亦对先秦其他典籍中相同句式使用情况作出了较为详细的分析①,此不赘述。

一、"譬之 V$_{比方}$"句法性质

在"譬之 V$_{比方}$"句式中,谓词"譬"前面的句子内容是其受事,即被比方对象,已经话题化,具有相对独立性,"之"作为"譬"的宾语,正是复指前面话题化的受事,其后由"如""犹""若"等比方关系动词 V$_{比方}$引导比方成分对"譬"进行语义补充。"譬"施事隐含,当是说话人。"譬"的宾语"之"指代的对象正是后面"如""犹""若"等 V$_{比方}$的主语,由此,"譬之 V$_{比方}$"句式当属兼语式。杨伯峻、何乐士给古汉语兼语式分类时,提到"褒贬评论类",列出的动词有"视"("认为、看作"意),构成"视……如……"兼语句式,如"嗟乎!吾诚得如黄帝,吾视去妻子如脱躧耳(《史记·孝武本纪》)","此例的兼语是动宾短语'去妻子'"②。"譬……如……"等"譬……V$_{比方}$……"句式与此例"视……如……"句式相似,只不过其中的兼语成分往往比较复杂,故提前作为话题主语,而用代词"之"复指,由此,"譬之 V$_{比方}$"中的"之"可看作兼语。"譬之 V$_{比方}$"句式是古汉语中的一种特殊兼语句式。

二、"譬之 V$_{比方}$"句式特点

"譬之如",《左传》《国语》《战国策》分别有 2、3、1 例;"譬之若",《墨子》《荀子》《韩非子》中各有 3 例(《韩非子》含 1 例"譬诸若"),《吕氏春秋》有 21 例;"譬之犹"在《墨子》《荀子》《管子》《晏子春秋》《吕氏春秋》中均有所用,分别为 7、4、1、3、2 例。

---

① 张萍:《〈墨子〉特殊语言现象研究》,上海:上海大学出版社,2018 年。
② 杨伯峻、何乐士:《古汉语语法及其发展》(修订本),北京:语文出版社,2001 年,第 599 页。

(一)"譬之如"句式

《左传》《国语》中"譬之如"后续比方成分均是名词成分,如:

(1) 公膳日双鸡,饔人窃更之以鹜。御者知之,则去其肉,而以其洎馈。……卢蒲嫳曰:"譬之如禽兽,吾寝处之矣。"(《左传·襄公二十八年》)

(2) 夫苦成叔家欲任两国而无大德,其不存也,亡无日矣。譬之如疾,余恐易焉。(《国语·鲁语上》)

《左传》《国语》中"譬之如"后面所接比方成分都是名词,至《墨子》其后成分复杂化,如:

(3) 圣人以治天下为事者也,必知乱之所自起,焉能治之,不知乱之所自起,则不能治。譬之如医之攻人之疾者然,必知疾之所自起,焉能攻之,不知疾之所自起,则弗能攻。(《墨子·兼爱上》)

此例为"譬之如 NP 之 VP 然",其中"然"是代词,黏附于"NP 之 VP"结构,指代"NP 之 VP"的情况和状态,其后多有进一步说明。

(二)"譬之若"句式

《墨子》有3例"譬之若",后接成分或为名词,或为"NP 之 VP 然",或为两个并列的主谓短语,如:

(4) 故古者之置正长也,将以治民也。譬之若丝缕之有纪而罔罟之有纲也,将以运役天下淫暴而一同其义也。(《墨子·尚同中》)

(5) 苟兼而食焉,必兼而爱之。譬之若楚越之君,今是楚王食于楚之四境之内,故爱楚之人,越王食于越,故爱越之人。(《墨子·天志下》)

《荀子》"譬之若"可以衔接多个比方成分，为其特色用法，如：

（6）以桀诈尧，<u>譬之若</u>以卵投石，以指挠沸，<u>若</u>赴水火，入焉焦没耳。（《荀子·议兵》）

"譬之若"带谓词性比方成分，这里有3个比方成分，最后一个由于后续还有解说，故又通过"若"来引起。

《韩非子》有2例"譬之若"，1例"譬诸若"，后接成分均为名词。如：

（7）道<u>譬诸若</u>水，溺者多饮之即死，渴者适饮之即生；<u>譬之若</u>剑戟，愚人以行忿则祸生，圣人以诛暴则福成。故得之以死，得之以生，得之以败，得之以成。（《韩非子·解老》）

另有《韩非子·有度》篇"为人臣者，譬之若手，上以修头，下以修足"。"譬之（诸）若"所处语段，句式简短为主，故其后成分也为单音或双音名词。

至《吕氏春秋》，"譬之若"数量大增，共有21例，达到高峰，且句式更为灵活，如：

（8）今世上卜筮祷祠，故疾病愈来。<u>譬之若</u>射者，射而不中，反修于招，何益于中？（《吕氏春秋·尽数》）

（9）夫兵不可偃也，<u>譬之若</u>水火然，善用之则为福，不能用之则为祸。（《吕氏春秋·荡兵》）

（10）先王之立功名，有似于此，使众能与众贤，功名大立于世，不予佐之者，而予其主，其主使之也。<u>譬之若</u>为宫室，必任巧匠，奚故？（《吕氏春秋·分职》）

如上数例可见：《吕氏春秋》"譬之若"句式带比方成分，或为 NP，或为"NP+然"，亦或为 VP，其后均有进一步的解说。

(三)"譬之犹"句式

(11) 今夫子曰"圣王不为乐"，此<u>譬之犹</u>马驾而不税，弓张而不弛，无乃非有血气者之所不能至邪？（《墨子·三辩》）

(12) 此语古者国君、诸侯之不可以不执善承嗣辅佐也，<u>譬之犹</u>执热之有濯也，将休其手焉。（《墨子·尚贤中》）

(13) 我以为人之于就兼相爱、交相利也，<u>譬之犹</u>火之就上、水之就下也，不可防止于天下。（《墨子·兼爱下》）

(14) 吾三人者之于齐国也，<u>譬之犹</u>鼎之有足也，去一焉则必不立矣。（《管子·大匡》）

(15) 此<u>譬之犹</u>自治鱼鳖者也，去其腥臊者而已。（《晏子春秋·内篇谏下》）

(16) 溺而后问坠，迷而后问路，<u>譬之犹</u>临难而遽铸兵，噎而遽掘井，虽速亦无及已。（《晏子春秋·内篇杂上》）

"譬之犹"可以带两个比方成分，如例（11）、（13）、（16）。比方成分的性质以名词性成分为主，主谓短语之间往往插入"之"，使其仂语化，如例（12）、（13）、（14）；或为谓词性成分，如例（11）、（16）。《荀子》用法相似（下节专论）。

第二节　《荀子》"譬"相关词与系列句式

《荀子》在先秦典籍中独具特色，郭预衡《中国散文史》中介绍荀子文章的特点，其中一个是"引物连类、设喻说理，只是简单比况，而不讲语言故事。这和《战国策》的游士之词不同，和《孟子》《庄子》的喻道之文也不一样。这是学者之文的特征"①。邹文贵、李英霞《先秦诸子用比的共性特征及其发展》提到先秦诸子用比的共性特征是"详陈喻体""连类设比",发展是由实取喻体到"虚拟喻体",还有"喻体扩大",主要是"以故事或寓言设喻",其"虚拟喻体""连类设比"分别举《荀子》1例②;杨新生提到《荀子》"独具特色的比喻",认为"形式灵活多样""用比说理",仅举《劝学》篇例子略加说明③;薛霄琳提到比喻是"《荀子》中出现频率最高的辞格",《荀子》全书比喻"多达224"条,总结《荀子》比喻的特点为"博喻",举例说明了"描述性博喻"和"说理性博喻"④。这些从修辞角度涉及《荀子》比方句的研究,对其均未作详细充分的论述。正如熊浩莉回顾先秦诸子比喻研究时所说:《墨子》《孟子》《荀子》三者"在句法层面上的比喻类型研究非常不平衡,关于《墨子》和《荀子》比喻的研究相比《孟子》来说,不仅数量较少,而且总结归纳的类型也不全面"⑤。

以往研究注重从比喻辞格角度加以研究,其中所谓用比喻的方式来进行类比推理的"说理性比喻"即"譬"。《墨子·小取》有"辟也者,举也(他)物而以明之也"。《汉语大词典》"辟"词条专列一个义项为:"通'譬'",释为"墨子提出的逻辑推理的方法之一。谓举旁例以喻所说的论题"。用打比方的方式来说理,这一用法的"辟"与"譬"是一组古今字,后作"譬",字形中加入"言",更是体现出"譬"的言说性质,因此我们认为"譬"是以打比方为特征的言说动词。它引起的句子从辞格上来说是比喻句,但是它与表示比喻关系的"犹""若""如"等词性质并不等同。"譬"与这些习惯上称之为"比喻动词"的词经常连用,主要是因为"譬"这一言语行为要用到比喻,需要将被比方对象与比方对象关联起来,这种关联体现在语言上就是"犹""若""如"等比喻动词的使用。

---

① 郭预衡:《中国散文史》,上海:上海古籍出版社,1986年,第145页。
② 邹文贵、李英霞:《先秦诸子用比的共性特征及其发展》,载《修辞学习》,1997(2)。
③ 杨新生:《略论〈荀子〉修辞艺术的突出特色》,载《凯里学院学报》,2008(2)。
④ 薛霄琳:《〈荀子〉辞格研究》,西北师范大学硕士学位论文,2014年。
⑤ 熊浩莉:《〈荀子〉喻体世界的三重内涵》,载《华南师范大学学报》(社科版),2017(6)。

我们在研究《墨子》"譬"系列比方句式时，考察了先秦主要典籍"譬"系列比方句式，统计比较后得出结论：该系列比方句式《墨子》最多，其次即《荀子》；《荀子》中主要句式是"譬之若、譬之犹、譬之是犹"，多见其后接两个或三个比方成分的复杂句式，其中"譬之是犹"为《荀子》独有句式①。然限于研究侧重，未对《荀子》"譬"系列比方句式作出更为具体详细的研究。

从语言学角度考察《荀子》"譬"比方句式的研究还比较有限，王莹提到了比方义动词"譬"的"譬之是犹+喻体"形式，说是先秦时期"比较特殊的用法，喻体多为句子，但只限于表'比方'义的'犹'，有时'譬之'与'是犹'之间可用'，'隔开，该用法多集中在《荀子》中，有11例"，又"'辟'在该时期有9例，主要集中在《荀子》中。与'譬'有相同用法，可以直接带宾语，其宾语为本体，有'辟之，是犹+喻体'的形式，表示'把……比方成……'，喻体多为句子"②。王文注意到了《荀子》"譬之是犹"句式的特殊性，但对其内部关系并未辨析，即"譬之"与"是犹"之间究竟是否隔开还可探讨。再如"譬"与"辟"文字使用关系，是否对后接比方成分形式有影响等，其统计数据亦与我们考察的结果不一致。

本节对《荀子》中所有"譬（辟）"的用法作出考察，重点研究其引导的比方句式在句法上的特点，辨析"譬"相关句式在《荀子》中的独特性，包括"譬之是犹"特殊句式以及"辟""譬"用字差异等方面。

一、《荀子》"譬（辟）"特性

《墨子·小取》"辟也者，举也（他）物而以明之也"将"辟"作为一种专门的逻辑推理论证方法提出，"辟"一词用法众多，其作为言语行为动词的这一用法，后来写作"譬"。考察《墨子》中诸多"譬"系列比方句式，仅有2例"辟之"句式用"辟"，其余均用"譬"。《荀子》较多使用

---

① 张萍：《〈墨子〉特殊语言现象研究》，上海：上海大学出版社，2018年，第131页。
② 王莹：《比方义动词"比""方""譬""喻"研究》，河南大学硕士学位论文，2019年。

古字,其中表示打比方的"譬"也多见用"辟"。

我们对《荀子》"辟""譬"用法进行了全面考察,统计分析了两者用法概况。先来看"辟"的用法,如表5所示:

表5 《荀子》"辟"用法概况

词　　义	例　　数		举例或说明
幽僻、邪僻,后作"僻"	14		"邪辟""便辟""辟陋之说""邪说辟言""行辟而坚""幽闲隐辟""幽闲辟陋"
比方,后作"譬"	13	指称言语行为　2	"辟称"
		比方句式　11	2"辟之若",1"辟之犹",7"辟之是犹",1"辟则"
回避、躲避,后作"避"	6		加处所或回避、躲避对象
驱除	1		"辟除"
开垦,拓荒	3		"辟田野"
开启,后作"阘"	1		"辟门除涂"
瘸腿,后作"躄"	1		"辟马毁舆"
刑法	1		"刑辟"
专有名词	3		1"辟闾",2"辟公"
总　　计	43		

《荀子》"辟"共43见,如表5所示,其用法丰富,其中最为常见的3种用法,后来分别写作"僻""譬""避",其中表示比方说理义的用法,即后作"譬"的用法共有13例,仅次于"幽僻、邪僻"义的用法。13例"比方"义中,有2例指称比方说理这种言语行为,11例引起比方句式。

基于"辟"繁杂的用法,在比方义用法上使用"譬"是文字表义准确性要求的必然选择,"譬"字形分化了"辟"字记录的"比方"义,表义具有专一性。《荀子》"譬"共19见,均为"比方"义,其中3例指称比方说理的言语行为,其余16例引起比方句式。可见,在"比方"义上,尽管《荀子》用"辟"较多,但仍以"譬"见长。我们对"比方"义"辟""譬"具体用法、句式列表进行初步比较,如表6所示:

表6 《荀子》"比方"义"譬""辟"用法对照表

用　　法	总计	譬	例数	辟	例数
指称"比方"这一言语行为	5	2譬称、1譬谕	3	辟称	2
比方句式	27	譬之是犹/由	9	辟之是犹	7
		譬之犹	3	辟之犹	1
		譬之若	1	辟之若	2
		譬之	2		
		譬如	1	辟则	1
总　　计	32		19		13

从表6对照来看,在"比方"义上:《荀子》"譬""辟"的使用看似没有特别选择,不论是指称"比方"言语行为,还是在比方句式中,两者几乎平行使用。我们将在下文具体考察比方句式时,进一步探讨"譬""辟"使用是否有句法差异。

先来看指称比方行为的用法,这一用法的"譬""辟"在《荀子》中共有5例,均与同义词复合使用,2例"辟称",2例"譬称",1例"譬谕",如:

(1) 王公好之则乱法,百姓好之则乱事。而狂惑戆陋之人,乃始率其群徒,辩其谈说,明其<u>辟称</u>,老身长子,不知恶也。(《荀子·儒效》)

(2) 今君人者,<u>辟称</u>比方则欲自并乎汤、武,若其所以统之,则无

以异于桀、纣，而求有汤、武之功名可乎？（《荀子·强国》）

（3）谈说之术：矜庄以莅之，端诚以处之，坚强以持之，<u>譬称</u>以喻之，分别以明之，欣驩芬芗以送之，宝之珍之，贵之神之，如是则说常无不受。①（《荀子·非相》）

（4）子宋子曰："人之情，欲寡，而皆以己之情，为欲多，是过也。"故率其群徒，辨其谈说，明其<u>譬称</u>，将使人知情之欲寡也。（《荀子·正论》）

（5）故劳力而不当民务谓之奸事，劳知而不律先王谓之奸心，辩说<u>譬谕</u>、齐给便利而不顺礼义谓之奸说。此三奸者，圣王之所禁也。（《荀子·非十二子》）

例（1）—例（4）"辟称""譬称"用法一致，实为一词，其中"辟""譬"或用古字或用今字。例（1）和例（4）句法相同，"率其群徒，辩（辨）其谈说，明其譬（辟）称"，"譬（辟）"与"称"当为同义复用，类似于前面"谈说"之同义复用。例（2）"辟称比方"连用，"比方"同义复用，实际上四词词义在此均相同，表示"称引类比"。例（3）"譬称"所在小句前后小句句法相同，各句中"以"前表示行为方式的成分均为并列式复合词，如"矜庄""端诚""坚强""分别"，故此"譬称"为并列式复合词无疑。"譬（辟）称"之"称"义为"称述，称引"。杨倞注例（4）"称"为"谓所宜也，称，尺证反"②，此说似未当。

《荀子》"譬（辟）称"复用，在词汇史上有重要意义。《汉语大词典》收录"辟称"，释为"譬喻称引"，书证为例（1）与《韩诗外传》卷五

---

① 今本作"分别以喻之，譬称以明之"，王念孙曰："'分别'当在下句，'譬称'当在上句。譬称所以晓人，故曰'譬称以喻之'，分别所以明理，故曰'分别以明之'。今本'譬称'与'分别'互易。《韩诗外传》及《说苑·善说》篇引此并作'譬称以喻之，分别以明之'。"参见［清］王先谦撰，沈啸寰、王星贤点校：《荀子集解》，北京：中华书局，1988年，第86页。梁启雄据《韩诗外传》《说苑》校易为"譬称以喻之，分别以明之"，参见梁启雄：《荀子简释》，北京：中华书局，1983年，第57页。此例从《荀子简释》校文。

② ［清］王先谦撰，沈啸寰、王星贤点校：《荀子集解》，北京：中华书局，1988年，第344页。

"夫谈说之术，齐庄以立之，端诚以处之，坚强以持之，辟称以喻之，分别以明之"；"譬称"词条，释为"譬晓说明"，书证为例（3）与《说苑·善说》"譬称以谕之，分别以明之"。《韩诗外传》《说苑》两例其实都是引用例（3）。检索CCL"古代汉语语料库"，"譬（辟）称"亦无其他用例，可见"譬（辟）称"为《荀子》特有词语，凸显出其对"谈说之术"中"比方称引"方法的重视。不过如前所说，"辟称""譬称"实为一词，释义当一致。《汉语大词典》分立两词条，未重视二者"词同字异"的本质，同时亦未注意到其为《荀子》特有词语。《荀子》中二者用法语义完全相同。据此，我们建议《汉语大词典》修订时，将这两个词条的释义统一为"比方称引"，"譬（辟）"是以他物为比方，"称"是引他物为称述，都是用来"谈说""说理"的。

《汉语大词典》将"譬谕"合并于"譬喻"词条，释为"比喻"，例（5）为最早的书证。此例"譬谕"与后来凝固为"比喻"义的双音词尚有差别，其中"谕"并非"比喻"义，该"譬谕"相当于例（3）"譬称以喻之"，"谕（喻）"为"说明白"的意思。花咏分析汉语史上"譬""喻"等词语指称比喻修辞格的演变过程时，认为"在先秦时期，这些词语之间还存在着显著区别"，对例（5）分析道："'譬'是'谕（喻）'的一种手段，'谕（喻）'是'譬'要取得的结果。"[①] 我们赞同这一解析。可见《汉语大词典》将此例作为"比喻"义的最早书证是不妥的。花咏认为："'譬'与'谕（喻）'本来就有意义上的密切联系，加之使用中常常同时出现，'譬'所包含的'比喻、比方'的意义就慢慢地过渡到了'谕（喻）'的身上。这个过程应该是在从战国后期到东汉的这段时间里完成的。"[②] 我们认为这一分析是合理的，这属于词义类化现象。《荀子》"譬谕"虽不是单纯指称比喻的双音词，却是"譬""谕"在典籍中连用的最早书证，是日后凝固成双音词的基础，因此对于汉语"比方"义范畴的表达

[①] 花咏：《"譬""比""喻"辨析》，载《广州大学学报》，2004（10）。
[②] 花咏：《"譬""比""喻"辨析》，载《广州大学学报》，2004（10）。

有着重要意义。

李胜梅把"比喻""譬喻""比方"等都称为"'比喻'同义词群",并提到"刘大为（2013年4月邮件）建议,'这类词语,旨在指称比喻行为,可称为比喻指称词',强调其'指称'作用"①。此类比方词语,词性当为动词,尤其是现代汉语中"比喻"多用动词,后接被比喻的成分,在"把"字句中这些词后面多接比喻成分,不过当它们不处于具体的比方句中时,确实具有指称性,即指称比方的行为方式。《荀子》"譬（辟）称"可看作广义"比方词语"中的一员,尽管它并未发展成一个成熟的比方动词,但在指称比方行为这一用法上,"譬（辟）称"丰富了该语义范畴复音词,体现出《荀子》重"譬（辟）"式比方言谈技巧的理论,与该理论相应,《荀子》"譬（辟）"式比方句的集中使用正是其实践。

二、"譬（辟）之 V$_{比方}$"句式特性

李胜梅梳理了修辞学领域"比喻词"的相关研究,或称"比喻词",或称"比喻语词""比喻词语""譬喻语词""喻词"等,为了进一步明确修辞学的"比喻词"是联系本体和喻体表示两者相似关系的词,提出"比喻关系词"概念,又从词义上对其细分,其中一类为"以表示相似关系为主要义项的比况动词,如'像、好像、好比、如、有如、如同、若、似、好似、犹、犹如、仿佛、譬如、宛如、宛若、俨然'",并认为"若依据'都具有表示比喻关系'这一点看,它们同属一个'同义词群'"②。我们认为这一类词中,句法上实际上有较为明显的两类,回到上古汉语中更为明显,如"譬（辟）"是发起比方行为的动词,而"如、若、犹"等则纯粹是连起比方成分的词,这一类不具有行为意义,只是起到连接被比方成分与比方成分的关系。

我们在此力图探讨《荀子》"譬（辟）"式比方句式的句法语义特点,

---

① 李胜梅:《比喻关系词与比喻句式研究》,北京:科学出版社,2018年,第114页。
② 李胜梅:《比喻关系词与比喻句式研究》,北京:科学出版社,2018年,第27—32、66页。

而不是侧重修辞研究,故不使用"比喻词""本体""喻体"等概念,而是将"譬(辟)"称为"比方动词",将其发起的比方双方称为"被比方成分"与"比方成分",这一类句式中,常常有"如、若、犹"等词连起比方成分,为进一步明确其句法成分性质,有必要对其概念再作辨析。

关于古汉语中的"如、若、犹、似"等词的性质,我们认为"关系动词""结构动词"说值得参考。张宝林提到关系动词又称"同动词、系词、联系动词、判断词、判断动词、分类动词"等,认为"关系动词的语义特征是表示其所连接的前后两个成分之间的同一或类属关系,句法特征之一是其后不能带表幅度或次数的数量词语,必须同时具备这两个特征的词才是关系动词",并据此得出 37 个关系动词,根据语体分为口语体、书面语体、文言语体三类,其中文言语体的 14 个为"即、为、乃、系、类、似、如、若、犹、谓之、之谓、谓、曰、非"。同时,张文还讨论了关系动词在句法分析中的处理问题,认为可以"把关系动词参与组成的句子释为'主语+系词+表语'结构,其语义解释是关系动词表示它所连接的前后两项之间的同一或类属关系,从而把关系动词的句法结构与语义解释统一起来"①。张文国、张能甫讨论"动词"中的"结构动词",举例认为"曰""如""犹""谓""为""若"等词,"古人一般把它们归入到虚词里面去,而今人却归入动词。这些词虽然都能作谓语,但是都不能单独作谓语,必须有后续宾语,实际上,它们没有任何实在意义,只起一种结构上的连接作用,因此,归入虚词更为合理一些。但是,为了照顾习惯,在此还是把它们归入到动词中去"②。

我们赞同以上两种代表性的看法,即认为"如、若、犹、似"等词不是一般的动词,其在句法层面的功能与系词更为相似,主要起到连接被比方成分与比方成分的作用,故将其称为"比方关系动词"比较合适。因其形式丰富,故用"$V_{比方}$"来表示,与上文引李胜梅所谓"比喻关系词"所

---

① 张宝林:《关系动词的鉴定标准》,载《语言教学与研究》,2002(4)。
② 张文国、张能甫:《古汉语语法学》,成都:巴蜀书社,2003 年,第 97 页。

指有所差异，即将"譬、譬如"等比方行为动词从中区分开来。

李佐丰研究上古汉语的分类动词，认为"类动词是动词中的一个小类，主要表示在主语和宾语所表述的事物之间存在某种共性"，常用的分类动词可分为两组，一是"似、犹、如、若"，一是"谓、言、曰、为"①；其《古代汉语语法学》中介绍分类动词"主要表示归属、类比和解说等，它们通常不构成叙事句，而是构成分类句"，并列出常用的"为、是""似、犹、如、若、譬""曰（叫作）、谓（指、说、叫作）"三小类分类动词②。两处比较，后者第2小类"似、犹、如、若、譬"添加了"譬"，这一并入并不恰当。古汉语中的"譬"并不是分类动词，与"似、犹、如、若"句法功能不同，突出表现在"譬（辟）"引领整个比方句式，尽管很多时候被比方成分作为话题，出现在前面，"譬（辟）"后常用"之"复指被比方成分，其后再出现比方成分，而比方成分前常用"如、若、犹"等比方关系动词引出，有时候"譬（辟）"后的"之"缺省，但也是可以补出的，当这些比方关系动词不出现时，"譬（辟）之+比方成分"构成双宾语结构，也有通过连词"则"等其他方式引出比方成分的句式。

朱冠明梳理了"犹、若、如、似、像"的历史更替，指出"'犹'作为比喻词的广泛使用，是在东汉以前"，"'若'作为比喻词从先秦到唐代都有较多的使用"，"'似'作为比喻词的大量使用，是从唐代开始的"，"'如'从先秦起一直就是很常用的比喻词，直到近代它的运用还非常普遍"，"晚唐以后使用最广泛的比喻词是'如'和'似'，直到近代让位给'像'"③。上古汉语中，出现在"譬（辟）"式比方句的主要是"犹、若、如"3个比方关系动词。

《荀子》中有"犹、若、如"3个比方关系动词$V_{比方}$用于"譬（辟）"式比方句式，在句式及频率上又有所差异。《荀子》"譬（辟）"式比方句

---

① 李佐丰：《先秦汉语的分类动词》，载李佐丰《上古汉语语法研究》，北京：北京广播学院出版社，2003年，173—194页。
② 李佐丰：《古代汉语语法学》，北京：商务印书馆，2004年，第85页。
③ 朱冠明：《比喻词的历史更替》，载《修辞学习》，2000年第5、6期合刊。

式共 27 例，其中"譬（辟）之 V$_{比方}$"句式 7 例，"譬之" 2 例，"譬如" 1 例，"辟则" 1 例，这些句式沿袭《墨子》等其他先秦典籍；此外，《荀子》独创"譬（辟）之是犹"句式，且大量使用，共有 16 例，占比近 60%。

(一) "譬（辟）之 V$_{比方}$" "譬之" 句式

《荀子》7 例 "譬（辟）之 V$_{比方}$" 句式，多用 "犹、若"，未见 "譬（辟）之如"。其中，"譬之犹" 3 例，"辟之犹" 1 例，"譬之若" 1 例，"辟之若" 2 例。

(6) 且上者，下之师也，夫下之和上，<u>譬之犹</u>响之应声，影之像形也。(《荀子·强国》)

(7) 不道礼宪，以《诗》《书》为之，<u>譬之犹</u>以指测河也，以戈舂黍也，以锥飡壶也，不可以得之矣。(《荀子·劝学》)

(8) 国无礼则不正。礼之所以正国也，<u>譬之犹</u>衡之于轻重也，<u>犹</u>绳墨之于曲直也，<u>犹</u>规矩之于方圆也，既错之而人莫之能诬也。(《荀子·王霸》)

(9) 故以桀诈桀，犹巧拙有幸焉，以桀诈尧，<u>譬之若</u>以卵投石，以指挠沸，<u>若</u>赴水火，入焉焦没耳。(《荀子·议兵》)

(10) 故以诈遇诈，犹有巧拙焉，以诈遇齐，<u>辟之犹</u>以锥刀堕太山也，非天下之愚人莫敢试。(《荀子·议兵》)

(11) 仁义礼善之于人也，<u>辟之若</u>货财粟米之于家也，多有之者富，少有之者贫，至无有者穷。(《荀子·大略》)

(12) 上一则下一矣，上二则下二矣，<u>辟之若</u>中木，枝叶必类本。(《荀子·富国》)

以上 7 例 "譬（辟）之 V$_{比方}$" 句式，比方行为动词 "譬（辟）" 引导比方句式，其后紧跟 "之"，"之" 复指前面作为话题的被比方成分，均为复杂成分,或为谓词性成分,如例(7)、(9)、(10);或为主谓结构,为谓之间有"之"取消句子独立性,使其成为整个比方句式的话题,也是真正的被比方成分,其后或有语气词"也"表停顿,如例(6)"下之和上"、例(8)"礼之所以正国也";或为句子形式,如例(12)"上一则下一矣,上二则下二矣"为两个简短的承接复句。这说明"譬(辟)之犹/若"引起的比方句是为了说明某一事理。

我们主要考察比方关系动词"犹""若"之后的比方成分的特点,有单个还是数个比方成分,是简单还是复杂成分,是否说明比方"共体",以及有无对比方成分的进一步描写说明①。从这些特点入手,进而考察"譬""辟"用字上是否有选择性。

从比方成分数量上来看,例(6)1例(9)"譬之犹""譬之若"句式,例(6)有2个比方成分,其他3例均有3个比方成分;例(10)1例(12)"辟之犹""辟之若"句式,均只有1个比方成分。可见,比方成分数量不同,"譬""辟"是有选择性的,当使用连续两个以上比方成分时用"譬",更体现出"譬"在表达"打比方"这一词义上的专职性。

从"犹""若"后面所接的比方成分语法性质来看,以谓词性或主谓结构成分为主,只有例(12)比方成分为名词词组。例(6)、(8)、(11)比方成分均为主谓结构,作为比方关系动词"犹""若"的宾语,主谓之间均有结构助词"之"插入,其中例(8)、(11)比方成分主谓结构中的谓语部分为介宾短语"于+O"。例(7)、(9)、(10)比方成分均为谓词性成分,多为"以O+VP"句式。

---

① 袁毓林在《比喻结构的转换生成研究初探》一文中把反映本体和喻体的相似点的语言成分称为"共体"。其所谓"共体"即国外修辞学著作中的"喻底"(ground),喻底揭示了把本体和喻体关联起来的概念基础和联想理据。参见袁毓林:《〈比喻关系词与比喻句式研究〉序》,载李胜梅:《比喻关系词与比喻句式研究》,北京:科学出版社,2018年。李胜梅提出比喻的结构由本体、喻体、本体和喻体在形式上的连接方式、喻解、喻展等5个部分组成,"喻解"即本体和喻体在内容上的联系,即两者的相似点,"喻展"指比喻的展开部,即"通过对喻体描写说明从而进一步叙述描写说明本体的部分"。参见李胜梅:《比喻的结构系统》,载《修辞学习》1993(4)。比喻的这5个组成部分,对于我们分析《荀子》"譬(辟)"式比方句式的句法特点同样具有参考性,由于本书并不侧重修辞格角度的研究,故表述上不采用"喻解""喻展"的说法。

再来看"犹""若"引出比方成分后,是否进一步点明"共体"或对比方成分作进一步解说。例(6)"譬之犹响之应声,影之像形"比方成分则是直接包含了解说,"响之应声""影之像形"之"应""像",与被比方成分"下之和上"之"和"的相似性一目了然,故其后无需进一步的说明。其余诸例引出比方成分之后均有附加内容,例(7)、(8)、(10)"譬之犹""辟之犹",最后均点明了"共体","不可以得之矣""既错之而人莫之能诬也""非天下之愚人莫敢试",既是比方成分表达的语义,同时也正是打比方者想要对被比方成分加以说明的结论。而例(9)、(11)、(12)"譬之若""辟之若"引出的比方成分后面的解说内容,则均是直接针对比方成分进一步阐明的,如例(9)前两个比方成分"以卵投石""以指挠沸"没有点明"共体"或进一步解说,隐含"卵破""指烂"的结果,第三个比方成分"赴水火"后面则附加了进一步解说"入焉焦没耳",即"入火则被烧焦,入水则被淹没";例(11)"多有之者富,少有之者贫,至无有者穷"是承接比方成分"货财粟米之于家"作出的解说;例(12)"枝叶必类本"是对比方成分"中木"作出的具体解说。由此可见:《荀子》"譬(辟)之 $V_{比方}$"句式中用"犹"更倾向于点明比方"共体",即被比方成分与比方成分相似的事理,而用"若"则更倾向于对比方成分作出进一步解说,而对"共体"则隐含不点明。

在"譬之犹/若"引起多个比方成分的比方句式中,通常数个比方成分依次列于"犹/若"之后,一贯而下,如例(6)、(7),比方成分一般比较简短,而当比方成分形式上略长或有所变化时,则会重复使用"犹""若"。例(8)"譬之犹衡之于轻重也,犹绳墨之于曲直也,犹规矩之于方圆也",3个比方成分前均用"犹"衔接;例(9)第二个比方成分"以指挠沸"紧跟第一个比方成分"以卵投石",两者句式相同,形式简短,而在第三个比方成分前重复使用了比方关系动词"若",主要是因为第三个比方成分句式发生了变化,且后续附加了进一步的解说,"若"的重复使用加强了形式上的衔接关联。

如上节讨论,"譬(辟)之 $V_{比方}$"句式实际上也是一种兼语式,"譬

（辟）"的宾语"之"代前文的被比方成分，"之"又是$V_{比方}$的主事，$V_{比方}$连接被比方成分与比方成分，表示两者的相似关系。由于$V_{比方}$的特殊性，它不是一般的行为动词，所以"譬（辟）之$V_{比方}$"在兼语式研究中没有被关注。"譬（辟）之$V_{比方}$"这种特殊兼语句中，$V_{比方}$实际上起到了给"譬（辟）"引介比方成分这一语义对象的功能，这样的$V_{比方}$并不是必需成分，它可以省略，当$V_{比方}$省略时，就形成了"譬（辟）之+比方成分"的双宾语结构。

《荀子》中有2例"譬之+比方成分"的句式，如下：

（13）夫不知其与己无以异也，则君子注错之当，而小人注错之过也。故孰察小人之知能，足以知其有余，可以为君子之所为也。<u>譬之</u>越人安越、楚人安楚、君子安雅，是非知能材性然也，是注错习俗之节异也。（《荀子·荣辱》）

（14）故弓调而后求劲焉，马服而后求良焉，士信悫而后求知能焉。士不信悫而有多知能，<u>譬之</u>其豺狼也，不可以身尒也。（《荀子·哀公》）

"譬"比方句式用来说理，故其句式形式上有时较为松散，比如例（13），"譬之"的"之"所指代的被比方成分，指小人所作所为并非其智识、能力、天性如此，只是其行为习惯不对，而君子的行为习惯是适当的，这种小人与君子行为的差异，正是所要说明的被比方对象，比方对象就是"越人安越、楚人安楚、君子安雅"这种不同区域的人习惯于不同区域的状况①，这种状况是什么导致的呢？"是非知能材性然也，是注错习俗之节异也"进一步对比方成分进行解说，明确其并非本质差异，而是行为习俗不同而已。

相比于例（13），例（14）"譬之其豺狼"看起来更像个"双宾语"结

---

① 王引之曰："雅，读为夏。夏，谓中国也，故与楚、越对文。"参见［清］王先谦撰，沈啸寰、王星贤点校：《荀子集解》，北京：中华书局，1988年，第62页。

构，直接宾语为代词"之"，指代被比方对象，即"不信悫而有多知能"之"士"，间接宾语为比方对象，即"其豺狼"（"其"为指示代词，相当于"那"），后续"不可以身尔也"是对豺狼的进一步解说，豺狼是不可以拿身体去靠近的，言其危险，以此说明"士不信悫而有多知能"是不可取的，必须是"士信悫而后求知能焉"，强调"取人"的标准是看重其"信悫"的品质，即要"诚信、谨敬"。此例"譬之其豺狼也"中"其"在句法上似乎也有着一定的衔接功能，即引出比方对象"豺狼"，这一功能与V$_{比方}$相似。

(二)"譬如""辟则"句式

"譬（辟）"式比方句式灵活多变，由于比方对象在前文已经出现，故"譬（辟）"引起比方句时，被比方对象多用"之"指代，或直接省略，通过比方关系动词或其他句法手段引出比方对象。从形式上而言，这是一种相当简便的方式，在《墨子》中就集中使用了"譬犹""譬若"，分别达13例、15例，而在《荀子》中，这种简便的句式却不是优势表达，仅有1例"譬如"，"犹""若"则更多见于"譬（辟）之犹/若"或更为复杂的"譬（辟）之是犹"句式，这也是《荀子》"学者之文"的特色。

(15) 故人心譬如槃水，正错而勿动，则湛浊在下而清明在上，则足以见须眉而察肤理矣；微风过之，湛浊动乎下，清明乱乎上，则不可以得大形之正也。心亦如是矣。(《荀子·解蔽》)

这一例"譬如"与前面已列举出来的《荀子》"譬（辟）"式比方句都不同，在于其所处句式紧凑，被比方对象、比方行为动词"譬"、比方关系动词"如"、比方对象均处于同一个句子。被比方对象"人心"为话题主语，与"譬"相邻密切，故"譬"后面无需用"之"再来指代，由此"譬""如"倾向于复合为双音动词，作谓语，被比方对象"槃水"为宾语。其后附加了对比方对象的详细解说，进一步譬况"人心"之特点，正所谓"心亦如是矣"。

《荀子》还有一例"辟则"：

(16) 问者曰："礼义积伪者，是人之性，故圣人能生之也。"应之曰：是不然。夫陶人埏埴而生瓦，然则瓦埴岂陶人之性也哉？工人斫木而生器，然则器木岂工人之性也哉？夫圣人之于礼义也，<u>辟则</u>陶埏而生之也，然则礼义积伪者，岂人之本性也哉？……凡所贵尧、禹、君子者，能化性，能起伪，伪起而生礼义。然则圣人之于礼义积伪也，亦犹陶埏而生之也。用此观之，然则礼义积伪者，岂人之性也哉！（《荀子·性恶》）

这一例"辟则"，《荀子简释》作"辟亦"，并注"《集解》讹作'则'"①。下文"然则圣人之于礼义积伪也，亦犹陶埏而生之也"有版本无"犹"字，王念孙据上文"夫圣人之于礼义也，辟亦陶埏而生之也"认为"亦"下当有"犹"字，王先谦依王念孙说，但未辨上文"辟"后是"则"还是"亦"②。从"辟"比方句式来看，"则"似更加符合文意的衔接连贯。对"圣人之于礼义"进行比方说理，此处"辟"是首次使用，尽管前面举了"陶人埏埴而生瓦""工人斫木而生器"两个例子，并未明确用"辟"进行比方。此外，如上文所言，"譬（辟）"式比方句中，一般通过比方关系动词引出比方对象，有时也通过其他句法成分进行衔接，"则"作为承接连词，可以起到衔接功能，正因为这一点，"譬（辟）则"作为"譬（辟）"式比方句式中的一种，也见于其他典籍，如：

(17) 君子之道，<u>辟则</u>坊与？坊民之所不足者也。（《礼记·坊记》）

(18) 智，<u>譬则</u>巧也；圣，<u>譬则</u>力也。（《孟子·万章下》）

---

① 梁启雄：《荀子简释》，北京：中华书局，1983年，第333页。
② ［清］王先谦撰，沈啸寰、王星贤点校：《荀子集解》，北京：中华书局，1988年，第442页。

例（17），孙希旦曰："愚谓辟读为譬。君子之道，所以坊民之失，譬如水之有坊，所以止水之放泆也。"① "辟"比方句通过"则"衔接比方对象"坊"来说明被比方对象"君子之道"，"坊"同"防"，义为"堤防，防水的狭长建筑物"。例（18）分别对"智""圣"进行打比方，"譬"比方句通过"则"衔接比方成分"巧""力"，将抽象的"智""圣"比方为"技巧""力气"，再通过后续"由射于百步之外也，其至，尔力也；其中，非尔力也"②辨析两者的差异。

例（16）"夫圣人之于礼义也，辟则陶埏而生之也"，"辟则"与上述两例比较，"则"后衔接的比方成分更为复杂，但于句法并无妨碍。若按梁启雄《荀子简释》作"亦"，似未达。"亦"为副词，当其语义有表示与前者同一性时，具有衔接功能，但是如上所析，此处缺乏语义基础；从"譬（辟）"式比方句角度而言，"亦"不具有衔接比方对象的功能，典籍中亦未见其他"譬（辟）亦"引起比方成分的例子。

综上，从句法而言，我们更倾向于例（16）是"辟则"，作"亦"可能是受后文"然则圣人之于礼义积伪也，亦犹陶埏而生之也"之"亦"影响而讹。比较前用"辟则"，后用"亦犹"，各得其用。"夫圣人之于礼义也，辟则陶埏而生之也，然则礼义积伪者，岂人之本性也哉"通过比方把"圣人之于礼义"比方作"陶埏而生之"。这之前已解析了"夫陶人埏埴而生瓦，然则瓦埴岂陶人之性也哉"，故比方句后续不是对比方对象进一步解说，而是直接点明了被比方对象的特点，同样用了反诘句式："然则礼义积伪者，岂人之本性也哉？"至此，结论已出，不过为了进一步对"礼义非人之本性"进行论证，又通过"凡所贵尧、禹、君子者，能化性，能起伪，伪起而生礼义"归纳圣人生礼义的过程与机制，进而回到前面的比方上去，加强受众对比方的认同，故"然则圣人之于礼义积伪也，亦犹陶埏而生之也"使用了"亦"，通过对所设比方的强化确认，从而强化对结论的确认，

---

① ［清］孙希旦撰，沈啸寰、王星贤点校：《礼记集解》，北京：中华书局，1989年，第1280页。
② 句中"由"通"犹"。

即："用此观之，然则礼义积伪者，岂人之性也哉！"

由此可见，例（16）所处语段围绕"辟则"这一比方进行反复论证，看似不厌其烦地重复，实则前后逻辑清晰，通过"举例说理—设譬结论—归纳论证—确认比方—强化结论"这样一条论说线索，对他人所谓"礼义积伪者，是人之性，故圣人能生之也"的因果关联进行了强有力的反驳，从而否定"礼义积伪者，是人之性"。《荀子》此例"辟则"给我们呈现了比方论证的逻辑艺术，此段语言亦可呈现"学者之文"的特色，"繁而不散，将理说透"。

三、"譬（辟）之是犹"句法特性

《荀子》"譬（辟）"式比方句数量最多的是"譬（辟）之是犹"，且为《荀子》独特句式，不见于其他典籍。我们通过对其细致考察，研究其句式、语义特色，并探讨其形成机制。

《荀子》共有 9 例"譬之是犹"，其中一例为"譬之是由"，"由"为"犹"的通假字，即下面的例（26），梁启雄按"元本'由'作'犹'，'由''犹'古通用"[①]，有 7 例"辟之是犹"。为显示全貌，列诸例如下：

（19）不是师法而好自用，<u>譬之是犹</u>以盲辨色，以聋辨声也，舍乱妄无为也。（《荀子·修身》）

（20）如是，则近者竞亲，远方致愿，上下一心，三军同力；名声足以暴炙之，威强足以捶笞之，拱挹指挥，而强暴之国莫不趋使，<u>譬之是犹</u>乌获与焦侥搏也。（《荀子·富国》）

（21）彼后王者，天下之君也，舍后王而道上古，<u>譬之是犹</u>舍己之君而事人之君也。（《荀子·非相》）

（22）使贤者为之，则与不肖者规之；使知者虑之，则与愚者论之；使修士行之，则与汙邪之人疑之。虽欲成功，得乎哉！<u>譬之是犹</u>立直

---

① 梁启雄：《荀子简释》，北京：中华书局，1983 年，第 145 页。

木而恐其景之枉也，惑莫大焉。……今使汙邪之人论其怨贼而求其无偏，得乎哉！<u>譬之是犹</u>立枉木而求其景之直也，乱莫大焉。(《荀子·君道》)

(23) 今世俗之为说者，以桀、纣为有天下而臣汤、武，岂不过甚矣哉！<u>譬之是犹</u>伛巫、跛匡而自以为有知也。①(《荀子·正论》)

(24) 今子宋子案不然，独诎容为己，虑一朝而改之，说必不行矣。<u>譬之是犹</u>以塼涂塞江海也，以焦侥而戴太山也，蹎跌碎折不待顷矣。(《荀子·正论》)

(25) 以人之情为欲此五綦者而不欲多，<u>譬之是犹</u>以人之情为欲富贵而不欲货也，好美而恶西施也。(《荀子·正论》)

(26) 国危则无乐君，国安则无忧民。乱则国危，治则国安。今君人者急逐乐而缓治国，岂不过甚矣哉！<u>譬之是由</u>好声色而恬无耳目也，岂不哀哉！(《荀子·王霸》)

(27) 志不免乎奸心，行不免乎奸道，而求有君子圣人之名，<u>辟之是犹</u>伏而咶天，救经而引其足也。说必不行矣，俞务而俞远。(《荀子·仲尼》)

(28) 故能小而事大，<u>辟之是犹</u>力之少而任重也，舍粹折无适也。身不肖而诬贤，<u>是犹</u>伛伸而好升高也，指其顶者愈众。(《荀子·儒效》)

(29) 既能治近，又务治远；既能治明，又务见幽；既能当一，又务正百：是过者也。过，犹不及也，<u>辟之是犹</u>立直木而求其景之枉也。不能治近，又务治远；不能察明，又务见幽；不能当一，又务正百：是悖者也，<u>辟之是犹</u>立枉木而求其景之直也。(《荀子·王霸》)

(30) 若是其悖缪也，而求有汤、武之功名可乎？<u>辟之是犹</u>伏而咶

---

① 今本作"伛巫、跛大自以为有知"，俞樾曰："'大'乃'而'之讹，'而''大'篆文相似，因而致误。"参见［清］王先谦撰，沈啸寰、王星贤点校：《荀子集解》，北京：中华书局，1988年，第326页。从"譬（辟）之是犹"引起比方成分多为"VP_1而VP_2"形式，我们赞同俞樾的看法。

天，救经而引其足也，说必不行矣，愈务而愈远。（《荀子·强国》）

（31）人知贵生乐安而弃礼义，辟之是犹欲寿而殇颈也，愚莫大焉。（《荀子·强国》）

（32）事之弥烦，其侵人愈甚，必至于资单国举然后已。虽左尧而右舜，未有能以此道得免焉者也。辟之是犹使处女婴宝珠、佩宝玉、负戴黄金而遇中山之盗也，虽为之逢蒙视，诎要桡腘，君卢屋妾，由将不足以免也。（《荀子·富国》）

王莹提到"譬之是犹"多集中在《荀子》中，有11例，"有时'譬之'与'是犹'之间可用','隔开"，举例为（23），还提到"辟"在先秦时期有9例，主要集中在《荀子》中，举例为例（31），"与'譬'有相同用法，可以直接带宾语，其宾语为本体，有'辟之，是犹+喻体'的形式，表示'把……比方成……'，喻体多为句子"①。对此，我们的考察有3点不同：一是"譬（辟）之是犹"句式在先秦典籍中仅见于《荀子》，不见于其他典籍，为《荀子》特有句式，而不是"多集中在《荀子》中"；二是"譬（辟）之"与"是犹"之间关联密切，不宜用逗号隔开；三是用例数有出入：《荀子》中"譬之是犹"有9例，"辟之是犹"有7例，《荀子集解》《荀子简释》均如此，无异文争议。

我们说"譬（辟）之是犹"是一个固定句式，正如"譬之犹""譬之若"句式一样，不宜中间断开，它作为一个引起比方句的结构，语感上是一个整体。《荀子集解》《荀子诂释》等标点时均作为整体连用，梁启雄《荀子简释》虽有《正论》篇将例（23）、例（24）"譬之"后用逗号断开，但其余各例"譬（辟）之是犹"均连文未加逗号。我们主张"譬（辟）之是犹"是一个凝固结构，是"譬（辟）之犹"的一种强化句式，不宜从中断开。前文提到"譬（辟）之犹"是一种特殊的兼语句，"之"所指代的被比方对象既是"譬（辟）"的宾语，是其受事，又是比方关系动词"犹"

---

① 王莹：《比方义动词"比""方""譬""喻"研究》，河南大学硕士学位论文，2019年。

的主语，是其主事。当"是"加入后变成"譬（辟）之是犹"，句法上不再是兼语句，"之"纯粹作为"譬（辟）"的宾语，而"是"分担了原先"之"兼任的"犹"之主语，语义上"是"却是复指"之"的，其作用就是加强了"犹"所连起的比方对象与被比方对象的关联，也就是加强了被比方对象的针对性。因此我们说"譬（辟）之是犹"是一种强化比方句式，不避句式上的繁复，只为强化所设比方针对的被比方对象，加强其与比方对象之间的关联，这一特点也体现了"学者之文"的特色。

考察上述"譬（辟）之是犹"比方句，从引起的比方成分的数量来看，以单个比方对象为主，16例中有例（19）"譬之是犹以盲辨色，以聋辨声也"、例（24）"譬之是犹以塼涂塞江海也，以焦侥而戴太山也"、例（25）"譬之是犹以人之情为欲富贵而不欲货也，好美而恶西施也"，以及例（27）、（30）"辟之是犹伏而咶天，救经而引其足也"，共5例，为两个比方成分，其余11例均只有1个比方成分，没有3个比方成分的，这与"譬之犹/若"多带3个比方成分不同。5例带两个比方成分的"譬（辟）之是犹"句式中，用"辟"的为2例，且比方完全相同。其余5例"辟之是犹"均带单一比方成分，这与上文论述的"辟之犹/若"只带单一比方成分的特点相似。在带单一比方成分的6例"譬之是犹"、5例"辟之是犹"句式中，用"譬""辟"文字上似并无选择性，如例（22）"譬之是犹立直木而恐其景之枉也""譬之是犹立枉木而求其景之直也"，例（29）"辟之是犹立直木而求其景之枉也""辟之是犹立枉木而求其景之直也"，两处用比相似而"譬""辟"异字。

"譬（辟）之是犹"带比方成分以单一为主，少数带两个比方成分，而不是像"譬之犹/若"多带3个比方成分，这一特点与"譬（辟）之是犹"对被比方成分的针对性更为强化是一致的。比方成分越多，则句式形式上越长，其与最前方的被比方成分之间的距离就越大，对被比方对象的关注就会被弱化，这将与"譬（辟）之是犹"对被比方对象的强化形成矛盾。

再来看"譬（辟）之是犹"所带比方成分的句式特点，例（19）、（24）第一个比方成分"以塼涂塞江海"为谓词性结构，同"譬（辟）之犹/若"用法；例（20）为主谓结构，值得注意的是主谓之间没有了"之"，即对比方成分的句法限制更为松散；其余14例"譬（辟）之是犹"所带比方成分多为"VP_1而VP_2"形式，"而"多表并列关系，表示两种状况并存，VP_1与VP_2多构成语义上的反向比照。

例（28）"辟之是犹力之少而任重也"，从"而"衔接前后成分来看，前面的"力之少"中"之"宜删，在主谓之间加"之"，仍看出"辟之犹"用法的痕迹，语义上"力少"与"任重"形成反差。例（23）"譬之是犹伛巫、跛匡而自以为有知也"中比方成分为"伛巫、跛匡而自以为有知"，表面上为"NP而VP"句式，但"伛巫、跛匡"语义带有描述性，杨倞注"匡，读为尫，废疾之人"[①]，"佝偻着腰的巫婆、瘸腿的残疾人"，喻指"卑小而无知的人"，故此处"伛巫、跛匡"虽为名词性成分，但句法上通过"而"与"自以为有知"联系，凸显出前后语义上反差。例（24）第二个比方成分"以焦侥而戴太山"中的"而"在句法上是表示修饰关系的连词，连接前面的介宾状语与后面的谓语，语义上"焦侥"代表的矮人与顶负泰山的行为构成了极大的反差。

以上数例比方成分中"而"较特殊，但也可以视为宽泛的"VP_1而VP_2"式，前后语义为并列关系，例（21）"舍己之君而事人之君"为同向并列，其余为反向并列。例（32）"辟之是犹使处女婴宝珠、佩宝玉、负戴黄金而遇中山之盗"，"处女"与"盗"语义上有一弱一强之反差。这一句法语义特点与"譬（辟）之是犹"比方句的用意相一致，这些比方句最终说明的事理相似，表示某行为、某学说"不可行"。这也与这些比方句式的被比方对象有关，被比方成分也多为"VP_1而VP_2"句式，语义上VP_1与VP_2多为矛盾对立的行为或事件。

"譬（辟）之是犹"引出比方成分后，有6例无附加内容，为例（20）、（21）、（23）、（25）、（29）（含2例），比方对象语义更为浅显易解，其中

---

① [清]王先谦撰，沈啸寰、王星贤点校：《荀子集解》，北京：中华书局，1988年，第326页。

例（29）两例比方共体"是过者也""是悖者也"在"辟之是犹"前面已点明；有 8 例对比方对象有进一步说解，为例（19）"舍乱妄无为也"，例（22）"惑莫大焉""乱莫大焉"，（24）"蹎跌碎折不待顷矣"，例（26）"岂不哀哉"，例（28）"舍粹折无适也"，例（31）"愚莫大焉"，例（32）"虽为之逢蒙视，诎要桡腘，君卢屋妾，由将不足以免也"；有 2 例在比方成分后点明对被比方对象所要加以说明的事理，为例（27）"说必不行矣，俞务而俞远"，例（30）"说必不行矣，愈务而愈远"。与"譬（辟）之犹"句式相比，"譬（辟）之是犹"引出比方对象而无附加说解的用法增多，显得比方句式更为紧凑。

在先秦典籍中，"譬"与比方关系动词"犹、若、如"组成的比方句式有"譬之犹/若/如""譬犹/若/如"，而《荀子》中却仅有"譬（辟）之是犹"，没有"譬（辟）之是若/如"，也就是比方关系动词"若、如"并未能进入"譬（辟）之是 $V_{比方}$"句式，可见"犹"相对于"若、如"，有其独特性。

李佐丰讨论了"似、犹、如、若"的语义差异，认为这 4 个动词中"犹"最特殊，"虽然是个动词，但它的有些特点很像副词"，"'犹'的主项主要表示行为、动作，也可以表示某种关系等，主项与谓项之间主要表现为联想关系"，"由于'犹'的主语所表示的事物比较复杂，有时，用代词'是'复指该事物之后充当主语"，还提到"'犹'所表示联想上的相似，经常是一种比喻。为了明确说明是比喻，可以在'犹'之前使用动词'譬''譬之'"①。此处提到了"犹"的特殊性，即其经常表示的是联想相似关系，而"如""若""似"最基本的是表示感知相似关系，这是语义特点；"犹"比方句主语往往比较复杂，所以用代词"是"复指，这是句法特点。两者是密切相关的，语义上联想相似关系比感知相似关系更为抽象，句法上得以拓展而复杂化，被比方成分复杂化，则"是"用作复指代词，

---

① 李佐丰：《先秦汉语的分类动词》，载李佐丰：《上古汉语语法研究》，北京：北京广播学院出版社，2003 年，第 173—194 页。

比方成分也更为灵活，更为复杂。《荀子》中单纯用比方关系动词的比方句式，"如""若"句多，"犹"句次多，"似"句较少；"如""若""似"引起的比方成分多为名词，为复杂成分时多为"NP 之 VP"或为"VP 然"等形式，"犹"带复杂比方成分则较为自由。

《荀子》"似"比方句很有限，"似"的比方关系动词用法产生最晚。《荀子》例主要集中于两段：

（33）故鼓<u>似</u>天，钟<u>似</u>地，磬<u>似</u>水，竽笙、箫和、筦钥<u>似</u>星辰日月，鞉、柷、拊、鞷、椌、楬<u>似</u>万物。①（《荀子·乐论》）

（34）夫水，遍与诸生而无为也，<u>似</u>德。其流也埤下，裾拘必循其理，<u>似</u>义。其洸洸乎不淈尽，<u>似</u>道。若有决行之，其应佚若声响，其赴百仞之谷不惧，<u>似</u>勇。主量必平，<u>似</u>法。盈不求概，<u>似</u>正。淖约微达，<u>似</u>察。以出以入，以就鲜絜，<u>似</u>善化。其万折也必东，<u>似</u>志。是故君子见大水必观焉。（《荀子·宥坐》）

一段为不同乐器的音色特点比拟自然事物，一段为水的抽象特点比拟人的德行。前一例被比方对象与比方对象都是名词；后一例被比方对象为谓词性成分，"似"带的比方成分多为名词，也有简单谓词形式，如"勇""正""察""善化"。

《荀子》中单独由"如"引起比方句的用法最为丰富，但其主要是直接带名词性比方成分，带复杂成分时，多为"NP 之 VP"，如：

（35）无不爱也，无不敬也，无与人争也，恢然<u>如</u>天地之苞万物。（《荀子·非十二子》）

（36）人习其事而固，人之百事<u>如</u>耳目鼻口之不可以相借官也，故职

---

① 王先谦按"箫和"二字衍，参见［清］王先谦撰，沈啸寰、王星贤点校：《荀子集解》，北京：中华书局，1988 年，第 384 页。

分而民不慢，次定而序不乱，兼听齐明而百事不留。(《荀子·君道》)

（37）礼之于正国家也，<u>如</u>权衡之于轻重也，<u>如</u>绳墨之于曲直也。(《荀子·大略》)

"如"后比方成分直接为"NP+VP"的较少，如：

（38）人主无贤，<u>如</u>瞽无相，何伥伥！(《荀子·成相》)

《荀子》单用"若"的比方句，多"若"后直接加名词性比方成分，例（12）"辟之若中木"用法正是与此相一致；当比方成分较为复杂时，"若"后多为"NP 之 VP"或"VP 然"，即"若"后的比方成分的指称性较为明显，如：

（39）故知既已知之矣，言既已谓之矣，行既已由之矣，则<u>若</u>性命肌肤之不可易也。(《荀子·哀公》)

（40）汝、颍以为险，江、汉以为池，限之以邓林，缘之以方城，然而秦师至而鄢、郢举，<u>若</u>振槁然。(《荀子·议兵》)

"若"后加 VP 成分的用法较少，如：

（41）故齐之技击不可以遇魏氏之武卒，魏氏之武卒不可以遇秦之锐士，秦之锐士不可以当桓、文之节制，桓、文之节制不可以敌汤、武之仁义，有遇之者，<u>若</u>以焦熬投石焉。(《荀子·议兵》)

考察《荀子》"犹"连起比方对象的用法，除上述"譬（辟）"式比方句，其他主要的有：

（42）以正道而辨奸，<u>犹</u>引绳以持曲直。(《荀子·正名》)

(43) 赐予其宫室，<u>犹</u>用庆赏于国家也；忿怒其臣妾，<u>犹</u>用刑罚于万民也。(《荀子·大略》)

(44) 墨子之于道也，<u>犹</u>瞽之于白黑也，<u>犹</u>聋之于清浊也，<u>犹</u>欲之楚而北求之也。(《荀子·乐论》)

(45) 人之于文学也，<u>犹</u>玉之于琢磨也。(《荀子·大略》)

(46) 为人下者乎？其<u>犹</u>土也？深抇之而得甘泉焉，树之而五谷蕃焉，草木殖焉，禽兽育焉，生则立焉，死则入焉，多其功而不德。为人下者，其<u>犹</u>土也。(《荀子·尧问》)

前两例"犹"带谓词性成分；例（44）第三个比方成分"欲之楚而北求之"是两个并列谓词组；例（44）、（45）"之于"句式是对两个事物之间的关系进行比方，比方成分结构与被比方成分结构一致，"犹"前后构成对称句式，这一点与"如"用法一致，如例（37）。例（46）"犹"宾语为"土"，这种用法很少，但语义上并非表示感知相似，也是表示联想相似。

《荀子》中只有"犹"比方句有"是"作复指主语的，"如""若""似"比方句没有以"是"为主语的，这正与"犹"比方句被比方对象的语义抽象化、句式复杂化相关。《荀子》中单独用"是犹"连起比方句式的另有：

(47) 人之情，虽桀、跖，岂又肯为其所恶贼其所好者哉！<u>是犹</u>使人之子孙自贼其父母也，彼必将来告之，夫又何可诈也？(《荀子·议兵》)

(48) 从道而出，犹以一易两也，奚丧！离道而内自择，<u>是犹</u>以两易一也，奚得！(《荀子·正名》)

这两例"是犹"比方句式，均以"是"复指前面的被比方成分，因为被比方对象比较复杂，是抽象的事理，故用"是"加以复指，再通过比方关系动词"犹"引出比方对象，如此，"犹"联系前面的被比方对象与后面的比方对象，句法上更为紧凑。例（48）前后两个比方句内容上形成比照，句法相似，前用"犹"，后用"是犹"，相比于例（47），该例被比方对象"从道而出"虽然也是抽象行为，但句子形式上比较简短，因此直接用"犹"连起比方成分"以一易两"，后一个比方句用"是"复指"离道而内自择"的行为，或与被比方成分句子形式上更长有关。例（28）前后两个比方句，句式相似，语义相类，前用"辟之是犹"，后用"是犹"，较好地呈现出"辟之是犹"与"是犹"之间的关联。也就是说，"譬（辟）之是犹"句式的独特性，是与"是犹"的独特性直接相关的，"如""若"无"是"作复指主语的用法，故没有"譬（辟）之是如/若"的用法。

"譬（辟）"与比方关系动词构成比方句，与单纯用比方关系动词的比方句相比，"譬（辟）"更凸显了说话者打比方的语言行为意识，是对比方行为的一种表达凸显，故"犹""如""若"均可与"譬（辟）"连用，组成"譬犹/如/若""譬之犹/如/若"等句式，正如李佐丰说"为了明确说明是比喻，可以在'犹'之前使用动词'譬''譬之'"①，这一点其实并非"犹"的独特用法，而是比方关系词的共性，甚至比方关系词用法成熟较晚的"似"在近代汉语中也有"譬似"的用法，如：

（49）不须洒泪频相忆，<u>譬似</u>当初无我身。（良价《辞北堂书》）
（50）诐是偏诐不平，<u>譬似</u>路一边高，一边低，便不可行，便是蔽塞了一边。（《朱子语类》卷五二）

此外，比照单纯用比方关系动词"犹""若""如"等引起比方成分或只用"譬（辟）"不用比方关系动词的比方句，"譬（辟）"与比方关系动词组合的比方句，左右成分即被比方成分和比方成分在句法形式上具有较为明显的对称性。单独用"譬（辟）"，无"犹""若""如"连起的比方句，左右成分句法上一般不对称；单独用"若""如""犹"的比方句，除

---

① 李佐丰：《先秦汉语的分类动词》，载李佐丰：《上古汉语语法研究》，北京：北京广播学院出版社，2003年，第173—194页。

了被比方对象为"NP₁之于NP₂"这种关系式语义句法，比方成分具有一致的对称式，其余的例子很少句法上左右对称的，而"譬（辟）"与"犹""若"联合的比方句，左右句法大多对称。《荀子》中"譬（辟）之犹""譬（辟）之是犹"句式最为明显，"譬（辟）之犹"前后多为"以NP+VP"结构；"譬（辟）之是犹"引起的比方成分多"VP₁而VP₂"，与之相应的，前面被比方成分也多为"VP₁而/则/又VP₂"式反义并列结构。可见，由"譬（辟）"发起比方行为、比方关系动词"犹"连起比方成分的比方句对被比方成分的语义句法针对性更强，把相似语义的逻辑呈现于句法上，使得类推说理更易为人接受。

《荀子》独特的"譬（辟）之是犹"比方句是对墨子"譬（辟）"式逻辑推理方法的一个重要发展，具有《荀子》"学者之文"的特色，大概也正是因为这个特色，"譬（辟）之是犹"并未在其他典籍中有所使用。至西汉《新序》有1例"譬之其犹"，如例（51）：

（51）赵文子问于叔向曰："晋六将军孰先亡乎？"对曰："其中行氏乎。"文子曰："何故先亡？"对曰："中行氏之为政也，以苛为察，以欺为明，以刻为忠，以计多为善，以聚敛为良。<u>譬之其犹</u>鞟革者也，大则大矣，裂之道也，当先亡。"（《新序·杂事》）

（52）昔赵文子问于叔向曰："晋六将军，其孰先亡乎？"对曰："中行、知氏。"文子曰："何乎？"对曰："其为政也，以苛为察，以切为明，以刻下为忠，以计多为功，<u>譬之犹</u>廓革者也。廓之，大则大矣，裂之道也。"故《老子》曰："其政闷闷，其民纯纯，其政察察，其民缺缺。"①（《淮南子·道应训》）

（53）又《淮南子》曰："丰水之深十仞，金铁在焉，则形见于外。非不深且清，而鱼鳖莫之归也。"故为政者以苛为察，以切为明，以刻

---

① 何宁按："'计'当作'讦'，形近而误也。"参见［汉］刘安编，何宁撰：《淮南子集释》，北京：中华书局，1998年，第903页。

下为忠，以讦多为功，譬犹广革，大则大矣，裂之道也。夫赏宜从重，罚宜从轻，君居其厚，百王通制。（《贞观政要·论诚信》）

例（51）"譬之其犹"句法结构当与《荀子》"譬（辟）之是犹"相似，只是将复指代词"是"换作了"其"。赵仲邑注"其"为"好象，义同'犹'"，并注"其犹"为"合成词"①。"其犹"恐非并列合成词，"譬之犹"句式中亦无"犹"前加语气副词"其"的用法，该句式更可能与《荀子》"譬之是犹"结构相似。

该段内容后为《淮南子》引用，作"譬之犹"，至唐《贞观政要》引用，作"譬犹"，这一系列演变，可看作"譬之是/其犹"结构瓦解的过程：先是"犹"前的复指代词"是/其"脱落，接着"譬"的宾语"之"脱落，这是书面语"文"色彩的淡化。由于"譬（辟）之是犹"句式使用的有限性，该过程并未真实发生，但可由此反窥《荀子》"譬（辟）之是犹"句式"书面文言"的浓厚色彩，这正是《荀子》"学者之文"的代表性语言。

综上，我们详细考察了《荀子》比方行为动词"譬（辟）"的用法，并重点研究了"譬（辟）"相关的比方句式。《荀子》"譬（辟）称""譬谕"双音复合词为其特色词，丰富了汉语比方行为指称词。《荀子》"譬（辟）"式比方句丰富，在先秦典籍中数量仅次于《墨子》，共有"譬（辟）之犹"4例，"譬（辟）之若"3例，"譬之"2例，"譬如"1例，"辟则"1例，"譬（辟）之是犹"16例，其中1例作"譬之是由"。用字上，"譬"多于"辟"，比方句式中用"辟"多带单一比方成分，用"譬"多带2个或3个比方成分。

《荀子》"譬（辟）"系列比方句的句式上，"譬（辟）犹/若"带2个或3个比方成分，形式上更为拓展，是《荀子》善用博喻的一种有标记形式的呈现。"譬（辟）之是犹"为《荀子》特有句式，不见于其他典籍，其中"是"复指被比方对象，语义上是对前面复指被比方对象的"之"的

---

① 赵仲邑选注：《新序选注》，长沙：湖南人民出版社，1983年，第17页。

又一次复指，句法上分担了"譬（辟）之犹"中"之"的兼语功能，使得"譬（辟）之是犹"中"之"专职作"譬（辟）"的宾语，而"是"作比方关系动词"犹"的主语。"譬（辟）之是犹"句式中比方关系动词只能是"犹"，而无"如""若"等用例，这是与"犹"相比于"如""若"的特性相关的。"犹"构成的比方句式，其被比方对象语义更为抽象，句法形式更为复杂，故可用"是"复指被比方对象，而"如""若"没有用"是"复指被比方对象的用法。"譬（辟）之是犹"的独特性与"是犹"比方句式的独特性是一致的。

"譬（辟）之是犹"为"譬（辟）之犹"的强化句式，加强了对被比方对象的针对性，使得比方行为的被比方对象与比方对象两者更为紧密关联，并在"譬（辟）之是犹"左右形成对称结构，故该句式连起的比方成分以单一为主，且句法结构多为"VP_1 而 VP_2"。与此对称，前面的被比方成分也多为"VP_1 而/则/又 VP_2"的并列形式，语义上 VP_1 与 VP_2 往往具有相反关系，故"譬（辟）之是犹"比方句最终的结论往往是表示被比方成分所指的行为不可行。

《荀子》"譬（辟）"式比方句中引出比方成分后，多有对比方成分的进一步解说，或比方相似点，即所要说明的结论。没有附加解说的用例，"譬（辟）之是犹"比"譬（辟）之犹"句式更多，也是"譬（辟）之是犹"比方句式更为紧凑的表现。

《荀子》中"譬（辟）"相关比方指称词以及"譬（辟）之犹/若""辟则""譬（辟）之是犹"的用法均具有独特性，集中体现了《荀子》"学者之文"的特色。"譬（辟）"是汉语"比方"义范畴经典词，其引导的比方句是"比方"义范畴重要表达句式。《荀子》"譬（辟）称"丰富了汉语比方指称复合词的集合，"譬谕"奠定了"比方"义范畴重要指称词"譬喻"的发展基础。《荀子》"譬（辟）"式比方句为汉语"比方"义范畴表达提供了独特的华丽呈现，"譬之犹/若"句式引起 2 个或 3 个比方成分，进一步拓展了《墨子》"譬（辟）"式比方句在句法上的可能性，又通过重复比方关系动词"犹/若"将多个比方成分与"譬"关联，保证了"形散神不散",在形式上别具整齐美;"譬(辟)之是犹"丰富了汉语"比方"义范畴表达句式,具有独创性,尽显"学者之文"的文雅,繁而严密,堪称汉语"比方"义范畴"最完美格式"。

此外,研究《荀子》"譬(辟)"用法,不仅能对《汉语大词典》"譬称""辟称""譬谕"等词条释义、书证的修订提供有益参考,亦能结合"譬(辟)"式比方句句法语义规律为文本校勘提供参考。

第三节 "譬×"比方词的产生及其句式演变

随着汉语词汇双音化发展,比方动词"譬"构成的比方句式逐渐衰退,但"譬"并未退出汉语史的舞台,而是通过与其他单音词凝固成双音词的方式继续在汉语词汇、句法史上保有强大的生命力,其中有一批双音词组成了汉语史上新的比方词,本节主要探讨这些词的成词以及发展演变。

"譬×"类双音词有一部分是表示"比方"义的双音词,词义重心仍然在"譬"的本义,另有一部分则不再表示"比方"语义。本节主要探讨仍然表示"比方"义的"譬×"双音词①。董秀芳《词汇化:汉语双音词的衍生和发展》中提到词汇化的3种方式,分别是从短语演变为双音词、由句法结构变为双音词、由跨层结构变为双音词②。据此,我们把"比方"义"譬×"双音词分为三类进行历时考察,即短语凝固、句法凝固、跨层凝固三类。

在讨论这些双音词时,首先需要明确一下"辟"与"譬"的文字关系。"比方"义"譬"在典籍中多有作"辟"的,"譬×"双音词中也有部分有"辟×"词形。"比方"义上,多有将"辟"视为"譬"的通假字,如《汉

---

① "譬"由"比方"义引申出"晓谕,劝解"义,部分"譬×"中"譬"即为此义,如"譬解、譬说、譬释、譬晓、譬抑、譬执、譬止、譬旨"等。
② 董秀芳:《词汇化:汉语双音词的衍生和发展》(修订本),北京:商务印书馆,2011年,第33—35页。

语大词典》①《王力古汉语字典》②《上古汉语通假字字典》③等，《古今字小字典》则指出"辟"本义为"法律、法度"，引申为"君王"，"辟"字还可以"假借用来表示多种意义"，表"躲避、避免"义、"开、开垦、开辟"义、"偏僻、邪僻"义、"打比方"义，后来这些意义的"辟"分别写作"避""闢""僻""譬"，明确"'辟'和'避、闢、僻、譬'4字分别构成古今字的关系"④。结合字形演变规律，我们更为赞同"比方"义"辟"和"譬"在文字上属于古今字关系，即"辟"先有假借义"比方"，后该义由后起字"譬"承担，该后起字即在古字基础上增加义符而成的形声字。"比方"义"辟"组成的双音词，《汉语大词典》收录"辟如""辟若""辟喻""辟称"4个，从词的用法而言，与"譬如""譬若""譬喻""譬称"是一致的。因此，我们将其作为一个词"譬×"的两种文字形式来讨论。

我们从历时角度来研究"譬×"比方词的词汇化形成过程以及使用演变，对修订或补充《汉语大词典》"譬"相关词条的释义、书证亦有较好的参照价值。

一、短语凝固类"譬×"

战国末期往后，汉语双音节趋向明显，经典比方动词"譬"也积极与其后产生的单音比方词组合成同义复合式双音比方词，如"譬称""譬类""譬况""譬比""譬方"等，其中"况""比""方"均发展出独立的比方动

---

① 《汉语大词典》"辟"第26个义项释为"通'譬'"，包括3个具体释义，分别为"譬喻""通晓""墨子提出的逻辑推理的方法之一，谓举旁例以喻所说的论题"。其第3个释义，"辟"的词义仍为"比方"义：《墨子·小取》提出"辟也者，举也(他)物而以明之也"，这不能说打比方论说的方法由墨子提出，实际上比方论说《论语》等典籍均用，只是墨子在理论与实践中更为重视"譬(辟)"的方法。参见罗竹风主编：《汉语大词典》(缩印本)，上海：汉语大词典出版社，1997年，第6710页。

② "辟"第12个义项"通'譬'，比如"。参见王力主编：《王力古汉语字典》，北京：中华书局，2000年，第1416页。

③ 收"辟"为"读为譬"，举书证《荀子·强国》篇两例"辟之是犹"，《礼记·中庸》"辟如行远必自迩"以及《汉书·礼乐志》"辟之琴瑟不调"。参见许伟建：《上古汉语通假字字典》，深圳：海天出版社，1989年，第7页。

④ 张振宇：《古今字小字典》，长沙：湖南出版社，1988年，第7—8页。

词用法；"譬"也与语义相关的其他单音言语动词由承接关系进而凝固成词，如"譬喻""譬语""譬证"。这些双音词也是比方动词系统中的成员，从其使用可以看出，汉语史演变过程中，曾经出现词汇多样化现象，但由于汉语白话演变的趋向，双音比方词无法沿袭单音比方词"譬"的诸多比方句式。

短语复合形成的双音比方词"譬×"包括两种类型：一类是同义复用式并列短语凝固而成，有"譬称""譬类""譬况""譬比""譬方""譬媲"；一类是连动式承接短语凝固而成，有"譬喻""譬语""譬证"。这些双音词成词时间不同，使用频率有差异，用法上"譬称""譬类"主要用为比方指称词，其他词兼有比方指称用法与比方动词用法（参与构成比方句）。

（一）并列复合而成

"譬"的语义基础为两物比较、比方，与"譬"语义相近的单音动词有"称"（称引）、"引"、"类"（类比）、"况"（比较，比方）、"比"（比较，比方）、"方"（比方）、"媲"（比较，比拟）。在汉语双音化趋势下，"譬"亦与这些语义相近的单音词同义复用形成系列双音词。

1. 譬称

"譬称"，字或作"辟称"，"譬（辟）""称"同义复用结合，"譬（辟）"打比方乃是"举也（他）物而以明之也"（《墨子·小取》），"称"亦有"称引"义，复合指"比方"。主要用于指称比方行为，见用于《荀子》，反映《荀子》重视打比方来论说的言谈理论，"譬（辟）称"具体用法见前一节"《荀子》'譬'相关词与系列句式"。

2. 譬引

"譬引"为"比方称引"义，如：

（1）其内外亲眷及邑之素爱心敬者，恐于举业有妨，交讽互阻，譬引百端。（李颙《二曲集·母教》）

（2）屡主礼部试，名公卿多出其门。与后进言无不尽，语多譬引，饶风趣。（李元度《国朝先正事略·史文靖公事略》）

用法与"譬称"相似，但晚出，见用于清代。例（1）语境有"劝解"义，或可看出"譬"语素由"比方"向"晓喻，劝解"引申的趋向。《汉语大词典》失收，宜补。"譬引"逆序词形"引譬"，见用更早且多见，后文详论。

3. 譬类

"譬类"在"类比"语义上同义复用，汉代即有较多用例，唐以后佛教典籍里较多用。

(3)《诠言》者，所以<u>譬类</u>人事之指，解喻治乱之体也。(《淮南子·要略》)

(4) 其人皆被发左衽，言语多好<u>譬类</u>。(《后汉书·西南夷传》)

(5) 所得功德胜前百倍、千倍、万倍，不可算数，言辞<u>譬类</u>不能知及。(《法苑珠林》卷八七)

"譬类"与"譬称"相似，主要指称比方言语行为，如例（4）、（5）；偶用为动词，带宾语，如例（3），该"譬类"表示用比方的方式来说明人事的主旨，还不是真的比方句式。

4. 譬况

"譬况"为同义复用，《广韵·漾韵》："况，匹拟也。""况"为"比况，比拟"义。如"以往况今，甚可悲伤"(《汉书·高惠高后文功臣表》)，"在魏则毛玠公方，居晋则山涛识量。以臣况之，一何辽落"(南朝梁·任昉《为范尚书让吏部封侯第一表》)。中古汉语中，"譬况"复用成词：

(6) 逮郑玄注六经，高诱注《吕览》《淮南》，许慎造《说文》，刘熙制《释名》，始有<u>譬况</u>假借以证音字耳。(颜之推《颜氏家训·音辞》)

(7) 言"衔"者，谓是不调伏类犯戒之口，于其口中施辔勒故；言"如"者，谓是顺理善能远离著乐自苦二边过故，又为称其根欲性等故。名为"如"，又复如者是<u>譬况</u>义。(义净译《根本萨婆多部律摄》卷一)

例（6）"譬况"指的是东汉注家通过比方比拟的方式来形容字音，这是反切法成熟之前给汉字注音的一种重要方式，汉代古书注解中多此类方法。例（7）内容是对偈颂"别解脱如衔"的解说，指"如"的用语表达的是比方义。不论是用于字音还是语义阐释，"譬况"均是指称用法。明代杨慎《丹铅杂录·古人多譬况》提到"秦汉以前，书籍之文，言多譬况，当求于意外"，这是说先秦文多比方论说，这在我们前两节的论述中亦可窥见，比方句式尤为丰富。

至清代，"譬况"有作为比方动词构成比方句用例，且于注疏中尤为多见，如：

（8）北人刈麻异时，故黑白异色，今为类举而互证之，可以得古人以苴枲譬况斩齐之貌矣。（程瑶田《九谷考》）

（9）"小人之学也，以为禽犊。"郝懿行曰：小曰禽，大曰兽。禽犊，谓犊之小小者，人喜抚弄而爱玩之，非必己有，非可献人，直以为玩弄之物耳。小人之学，入乎耳，出乎口，无裨于身心，但为玩好而已，故以禽犊譬况之。（王先谦《荀子集解·劝学》）

（10）郑玄云："'匹马卓上，九马随之'。卓读如'卓王孙'之卓。卓犹的也。以素的一马以为上，书其国名，后当识其何产也。"胡承珙云："《说文》卓本训高，竹角切。郑意盖不以卓为高，欲见卓为素的，故以卓王孙之卓譬况其音，而以的比方其义，即《易》'的颡'、《尔雅》'的颡白颠'之的。"（黄以周《礼书通故·觐礼通故·二》）

（11）《初学记·十九》引蔡邕《短人赋》云"蛰地蝗兮芦螂蛆"，以螂蛆与蝗为类，又以譬况短人，决非蜈蚣之比。（郝懿行《尔雅义疏·释虫》）

（12）《礼记》"君设大盘，造冰焉"，郑玄注"造犹内也"。焦循按"造与聚通，谓聚冰于盘中也。内即纳字，造无纳义，故云'犹内'，譬况之也。"（焦循《礼记补疏》卷三）

例（8）—例（10）为"以+$N_{比方}$+譬况+$N_{被比方}$"句式，通过引进比方对象来说明被比方对象的状况。例（10）前后两个比方句，句式相同，一用"譬况"，一用"比方"，用来说明字音、词义。例（11）"以"的宾语承上省略；例（12）$N_{比方}$"内"为话题主语，故无"以"引介，"之"即$N_{被比方}$"造"，实际上均是"以+$N_{比方}$+譬况+$N_{被比方}$"句式的变式。

由上可知，"譬况"作比方动词使用的语境是对字音、词义、语义进行注解阐释。其用法集中，句式专一。这一用法和句式延续至现代汉语中，又有所变通。如：

（13）成语也体现出汉民族对某些动物（如龙、狗、猫）的爱憎感情。"狗"常被用以譬况卑劣而丑恶的形象，如"狗苟蝇营""狗头军师""狗急跳墙""狗仗人势"等等。（《中国文化语言学辞典·成语的文化背景》）

（14）李商隐《蝉》中用以譬况作者宦途失意、赤贫漂泊的境遇的蝉也是多灾多难，令人叹惋。（曹海东《漫话古诗文中的蝉》）

例（13）为"$N_{比方}$被用以+譬况+$N_{被比方}$"句式，比方对象是话题主语，"用以譬况"增加了"用途"语义，此时"以"不再是清代古书注解文言句式中的介词"以"，现代汉语句式中相应地替换为了"用"，不过"用"的动词性更明显，"以"为连词，"用以譬况"构成连动式。例（14）"用以譬况+$N_{被比方}$"作定语修饰$N_{比方}$"蝉"，可以看作是"用$N_{比方}$以譬况+$N_{被比方}$"的变换句式，正如例（13），$N_{比方}$句法上是自由的，可以移位至句首作话题主语，故也可以有例（14）的用法。"譬况"的用法实际上是一致的，仍然是用来对$N_{比方}$进行阐释，"譬况"引出$N_{比方}$所比方的对象$N_{被比方}$。

5. 譬比

"譬比"是"譬"与"比"同义复合词，"比"在上古汉语中即由"并列，并排"义引申出"比方"义，如"既生既育，比予于毒"（《诗·邶风·谷风》），然而汉语双音化趋势下，"譬"与"比"并未凝固为强大的比方动词。至元代方见使用，如下：

（15）<u>譬比</u>曹令女，夫死家诛夷。勇烈虽少异，操行岂相违。（袁华《昆山五咏·朱节妇墓》）

"譬比曹令女"意即把朱节妇与曹令女进行类比，其完整句式或为"譬比朱节妇（于）曹令女"，被比方对象正是本诗所咏对象，为歌咏话题，诗句中省略，"譬比"直接引出比方对象。

现代汉语中，"譬比"偶用于比方句中，如：

（16）我要几时才能见你？你<u>譬比</u>是我的情郎，我<u>譬比</u>是个年轻的处子。（郭沫若《女神·死》）

此例两处"譬比"所在比方句为"$N_{被比方}$+譬比是+$N_{比方}$"，被比方对象为话题主语，"譬比"后通过系词"是"引出$N_{比方}$，句式与"$N_{被比方}$，譬如+$N_{比方}$"相似，即"譬比"为比方行为动词，"是"功能同"如"，可视为比方关系动词。

《汉语大词典》"譬比"释为"比如"，举例（16）为书证，可补充时代更早的书证。

"譬比"为同义并列式，有逆序词形"比譬"，《汉语大词典》收录，引清代及现代汉语书证，可使用更早的书证"取蒙古及伟兀尔问答比譬之言，为书曰《选玉集》"（元·王祎《鲍信卿传》）。"譬比""比譬"见用时代相同。

6. 譬方

"譬方"为同义复合而成的双音动词，"譬"与"方"都是"比方"义。这一用法的"譬方"在汉语史上出现较晚，如：

（17）昂昂骧首作意态，菊婢羽客休<u>譬方</u>。待贻佳人染指甲，落花

流水弹潇湘。(林直《恢垣以凤仙花见贻作此奉谢》)

这首诗里"菊婢羽客休譬方"的"譬方"为"比方,比较"义。"譬方"的比方动词用法非常有限,至现代汉语中,"譬方"作为比方名词,与"打"组成"打譬方"来表示比方行为,如:

(18) 拿你我打<u>譬方</u>:从战场走到这鬼也不来的深山里,流了血又流汗!(杜鹏程《在和平的日子里》第二章)

7. 譬媲

"媲"由"匹配"引申出"比,比拟"义。如"比黔首以鹰鹯,媲人灵于豺虎"(南朝梁·刘孝标《广绝交论》),句中"比""媲"均为"比方"义,句式为"V$_{比方}$+N$_{被比方}$+以/于+N$_{比方}$",与经典的"譬"式比方句很接近。再如唐代刘知幾《史通·叙事》有"昔文章既作,比兴由生。鸟兽以媲贤愚,草木以方男女","媲""方"均为比方动词,句式为"N$_{比方}$+以+V$_{比方}$+N$_{被比方}$"。"媲"作比方动词,主要见于与"比""方"对举。"譬媲"同义复用,但少见用,或因两字同音,复合不易辨别。

(19) <u>譬媲</u>一名画,后为庸工临。不辨真与赝,闻名徒仰钦。(蔡有守《师子林》诗)

此一例"譬媲"为比方动词,引出比方内容,被比方的对象就是师子林。

从见用时代来看,"譬称""譬类"于战国末期至西汉已有,属于上古汉语;"譬况"于南北朝时中古汉语产生,经近代汉语,沿用至现代汉语;"譬引""譬比""譬方""譬媲"近代汉语才见用,部分沿用至现代汉语。

从用法上来说,"譬称""譬引""譬类""譬方"一般用于指称比方行为或内容;"譬况"兼有指称比方行为与用作比方动词的用法,其最初特指东汉经学家给汉字注音时的一种比方、比拟方式，后主要用于"以+N$_{比方}$+譬况+N$_{被比方}$"的解说语境；"譬比""譬媲"作为比方动词，用于比方句式，见用于诗歌，被比方对象往往为诗题对象，故在句式中隐含，这一特点亦与诗句字数限制相符。

(二) 承接复合而成

承接关系短语凝固而成的"譬×"主要有"譬喻""譬语""譬证"。

1. 譬喻

"譬喻"源结构为"譬而喻之"，最早见用于《荀子·非十二子》"辩说譬谕，齐给便利，而不顺礼义，谓之奸说"，"谕""喻"同词，后词义分化，此处为"说明，使……明白"义，可见"譬""喻（谕）"之间为连动关系。后"譬喻"凝固，用于指称比方行为或内容，至唐代孔颖达对经典的注疏语境中，作为比方动词，构成比方句式为"（以+）N$_{比方}$+譬喻+N$_{被比方}$"，沿用至现代汉语中，句式有所拓展。"譬喻"的指称用法以及比方动词用法，后均为"比喻"替代，但仍因其书面语色彩而有所保留。我们对其作出了专门的研究，于下一节详述。

2. 譬语

"譬"是一种言语行为，故可与言说动词"语"连动使用，因而复合，如：

(20) 就中量有余，不能堆积并用焦墨也。此不可与俗眼评。<u>譬语</u>生物，茂密者必有余者也，一理耳。（徐渭《与章君书》）

亦有相似的"譬言"（《汉语大词典》未收），如：

(21) 职尝<u>譬言</u>，关外九城，城城如碗，烽来则碗以外弃之不顾，惟顾碗以内滴水不漏，其或庶几。（杨嗣昌《上宰相书》）

"譬语"亦引申出"所譬之语"义,作名词,指称比方内容,并成为"譬语"的主要用法。

(22)余欲以譬学为同志者商,而九章段子,适以为请,遂略举吾土古贤譬语,而以用譬之规弁其首。譬者,借此物显明之理,以明他物隐暗之理也,故譬必兼两端。其一已明,而取以明所未明,是谓所取之端;其一未明,而由他端以明,是谓所求之端。(高一志《譬学·譬学自引》)

(23)我所以说强盗人品还在他们之上,其要紧的关键,就在一个以犯法为非,一个以犯法为得意。以犯法为非,尚可救药;以犯法为得意,便不可救了。我再加一个譬语,让您容易明白。女子以从一而终为贵,若经过两三个丈夫,人都瞧不起他,这是一定的道理罢?(刘鹗《老残游记外编》卷一)

这两例"譬语"均指比方内容。这种用法沿用至现代汉语中:

(24)我们乡下人说发蒙叫"穿牛鼻",这是很有意义的一个譬语。(郭沫若《我的童年》第一篇四)

(25)这都是用来做譬语,表现着当时的农业好像已经有很高度的发展,但这些文字是不敢过于信任的。(郭沫若《中国古代社会研究》第三编第一章)

例(24)"譬语"既可以指"穿牛鼻",也可以指"说发蒙叫'穿牛鼻'"整个比方;例(25)"譬语"指的是《尚书·盘庚》篇中"若农服田力穑,乃亦有秋""惰农自安,不昏作劳,不服田亩,越其罔有黍稷"等内容,郭称其为"譬语",意在说明这些文字具有虚构色彩,并不能真正代表当时农业已经发展到较高程度。

此外,清人在疏解先秦典籍时,亦用"譬语"指称比方行为或内容，如：

（26）山非可言九仞，当以百仞计也。且孔子为譬语，如《书》言，则正语矣。（阎若璩注《尚书·旅獒》"为山九仞，功亏一篑"）

（27）"骄若"二字当连读。骄若者，犹言骄然也。即形容其爱子之状也。下文云"其子长而无报子求父"，则是真言爱其子也，非以爱其子作譬语也。（于鬯注《墨子·天志中》"骄若爱其子"）

例（27）用"非以爱其子作譬语也"来说明"骄若爱其子"中"若"并非比方关系动词，而是形容词词尾，"譬语"即指称比方行为或比方内容。

"譬语"又可表示"用打比方的方式进行劝说"，即如"譬喻"第二义项"晓譬劝喻"。

（28）江南苏州旱，米价腾贵，民哗于市。擢知苏州府，至则尽得囤积罔利者名，宛转譬语，皆心动，曰："唯命。"（《清史列传·邵大业传》）

由上可见，"譬语"的用法某种程度上与"譬喻"类似，以指称比方行为或内容为主，同时也可以作为比方动词，构成比方句式，亦常用于解说语境，此外，还有"比方劝说"义。不过，"譬语"不及"譬喻"普遍，或有个性化使用因素。

《汉语大词典》收录"譬语"词条，释为"用来打比方的话"，所举书证为例（24）、（25）。宜提前书证时代，并补充比方动词义、"比方劝说"义及其书证。

3. 譬证

"譬证"源结构为"譬而证之"义，为承接关系短语凝固。现代汉语见用，如：

（29）有明定鼎，文运愈昌。黄陶庵之深于譬证，唐荆川之熟于历史，归震川之原于"六经"，洵令毫笺生色。（陶曾佑《中国文学之概观》）

（30）我们所用来进行论证的论据，对于所要证明的命题关系，是有种种不同的：……或把它们当作类似的事物，用来譬证命题。（杜国庠《怎样写论辩文》第三章"论辩文的写法"）

《汉语大词典》收录"譬证"一词，释为"比譬论证"，书证仅列例（29），为指称用法。"譬证"还用为动词，如例（30），表示"通过比方来论证"。"譬证"是现代汉语书面语词，语义紧扣"打比方"与"论证"。在论辩文中，"譬证"是一种代表性的论证方法，具有指称意义。其兼有名词、动词用法，宜收入《现代汉语词典》（第7版未收）。

"譬喻"源自上古汉语末期，作为比方动词构成比方句，以解说语境最为典型，延续至现代汉语中；"譬语"近代汉语才见用，用法与"譬喻"相似；"譬证"兼有"譬"与"证"的语义，故用来指称比方论证的论说方法，是现代汉语中新组合的"譬×"词。

此外，"譬况"用法与"譬喻"用法具有一定的相似性，既可以指称比方，又可以用为比方动词，在解说语境中多见。

二、句法凝固类"譬×"

比方动词"譬"引起比方句，多通过比方关系动词"如""犹""若"等来引进比方对象，如前面讨论"譬"系列比方句式时提到"譬……如/若/犹"句式为兼语式，当"譬"与比方关系动词中间的兼语成分隐略，"譬"与比方关系动词在韵律、语义双重作用下凝固成双音词。韵律上，"譬"与单音比方关系动词组成一个音步；语义上，比方关系动词所引进的表语成分正是"譬"的与事成分，这种语义关系使得二者联系紧密。这种方式凝固而成的双音比方动词主要有"譬如""譬犹""譬若""譬似"。

1. 譬如（辟如）

"譬如"最早见用于《周礼·考工记·弓人》："恒角而达，譬如终绁，非弓之利也。"从上古汉语至现代汉语均有表比方用法。古汉语中亦作"辟如",《汉语大词典》"辟如"条引《礼记》《汉书》例,还可补近代汉语书证:

(31) 使义此时得一战胜,则戮元凶如摧枯,复明<u>辟如</u>反手,功必成矣。(范浚《汉忠臣翟义传》)

《汉语大词典》"譬如"释为"比如","辟如"释为"譬如,比如。举例时的发语词"。然其所举书证并无"举例"用法。

(32) 辞赋大者与古诗同义,小者辩丽可喜。<u>辟如</u>女工有绮縠,音乐有郑卫,今世俗犹皆以此虞说耳目,辞赋比之,尚有仁义风谕,鸟兽草木多闻之观,贤于倡优博弈远矣。(《汉书·王褒传》)

这一例《汉语大词典》仅引"辟如"之后内容。该例引女工、音乐之例,类比说明辞赋之意义,属于比方论说,非"举例时的发语词"。

"譬如"在现代汉语中,主要有两种用法:一是打比方,一是举例子,且不再以打比方为主,而是以"例如"义举例用法为主。《汉语大词典》未区分,亦未列"举例子"的书证。

(33) 但中国的老年,中了旧习惯旧思想的毒太深了,决定悟不过来。<u>譬如</u>早晨听到乌鸦叫,少年毫不介意,迷信的老人,却总须颓唐半天。(鲁迅《我们现在怎样做父亲》)

(34) 张家界所拥有的一些世所罕见乃至绝无仅有的奇花名木,珍禽异兽,<u>譬如</u>:龙虾花,五色花,中国鸽子花,背水鸡,玻璃蛇,娃娃鱼等等,尤令人叹为观止。(李刚铤《世界自然遗产——张家界》)

(35) 虽然商店里的商品也称得上琳琅满目,但以进口商品居多,<u>譬如</u>,土耳其的服装、伊朗的饮料、中国的家用电器和玩具、日本松

下和韩国三星专卖店的家电等等。(姜勤《巴库掠影》)

"打比方"也是举例子,但其举 B 来说明 A,A 与 B 是独立的,不具有包含关系;而"列举"式的举例,"譬如"引出的 B 可以是单个,也可以是多个,均属于 A 中的一个或多个,具有包含、从属关系。从历时演变来看,"譬如"词义与用法发生了变化,《汉语大词典》宜加以补充,以呈现纵向用法的演变。

与"譬如"相似,"比如"究竟是比方义还是举例义,亦当加以区分。《汉语大词典》"比如"释为:"譬如。举例说明时的发端语。"书证混排,处理方式宜改进。还有新用法需注意:

(36) 那一日我和你约定在玉清庵里赴期,我又不曾去,不知那里走将一个人来,你和他成了亲事。我且问你,比如你见我时节,难道好歹也不问一声?见说名姓不是我,你就不该随顺他了。(无名氏《鸳鸯被》第三折)

《汉语大词典》引例(36)"比如"为书证。该例"比如"用法有其特殊性,雷文治等《近代汉语虚词词典》释为"承接连词,意为'例如'"[①],我们认为可视为表假设的连词,不是表示举例子的"例如"。不过,这一用法当是由举例用法进一步发展产生。这些用法新变宜加以关注。

与"譬如"用法历时转变相似,"比如"的词义也发生了演变,现代汉语中以"举例"为主,很少表示"比方"。此外,"比如"还有"如同"义,《汉语大词典》举《三国志》《儿女英雄传》例,还可补现代汉语书证:

(37) 井泉池沼,都澄清得比如明镜。(星云大师《释迦牟尼传》)

---

① 雷文治等:《近代汉语虚词词典》,石家庄:河北教育出版社,2002 年,第 75 页。

这样的"比如"用法为比方关系动词,而不是比方行为动词了。

2. 譬若(辟若)

"譬若"最早的用例是《逸周书·皇门》"譬若畋犬,骄用逐禽,其犹不克有获",《汉语大词典》引为首例。《逸周书·皇门》篇共有3处"譬若",清华藏战国简均作"卑女",通"譬如"①。先秦文献中,此例之外,"譬若"在《墨子》中用法突出,共有15例,且其句式丰富,如:

(38)不可行之物也,<u>譬若</u>挈太山越河济也。(《墨子·兼爱中》)

(39)我有天志,<u>譬若</u>轮人之有规,匠人之有矩。(《墨子·天志上》)

(40)为义孰为大务?<u>譬若</u>筑墙然,能筑者筑,能实壤者实壤,能欣者欣,然后墙成也。(《墨子·耕柱》)

"譬若"为比方动词,引出比方句,是打比方的用法。《墨子》在"譬若"用法上具有代表性和典型性,故宜选用《墨子》例补入"譬若"书证。

"譬若"或作"辟若",古汉语中从上古汉语至近代汉语均有使用,《汉语大词典》引《管子》《孟子》以及明代徐渭文例。可补中古汉语书证:

(41)此士所以日夜孳孳,敏行而不敢怠也。<u>辟若</u>鹓鸰,飞且鸣矣。(《汉书·东方朔传》)

《汉语大词典》的"譬若"古代书证均为打比方的用法,现代汉语书证引曹禺《原野》第二幕"以前就譬若我错了,我待你不好",这种用法实际上跟比方用法有所差异。"比方"往往凸显两者的相似,这里看似"相似",实际上说话者用"譬若"凸显的是两者的"差异",即不认可是"我错了",是一种让步说法,"就当是我错了",故这样的"譬若"有"假设"

---

① 清华大学出土文献研究与保护中心编,李学勤主编:《清华大学藏战国竹简(壹)》,上海:中西书局,2010年,第163—165页。

的语义。

现代汉语中,"譬若"偶有比方用法,如例(42);此外,与"譬如"一样,也有表示举例子的用法,如例(43):

(42) 即照即寂,即寂即照,双存双泯,绝待圆融,<u>譬若</u>雪覆千山,海吞万象,唯是一色,了无异味。(印光大师《念佛三昧》)

(43) 冬天呢,冬天比较麻烦。<u>譬若</u>这一天,巫没得出门了,唯一一条牛仔裤,无论如何绝对要洗了。(朱天文《巫言》)

3. 譬犹(辟犹)

先秦典籍中,《礼记》"譬犹"有1例;《墨子》中"譬犹"有13例,是先秦典籍中"譬犹"使用最多、最为典型的。《墨子》"譬犹"共有3种句式,"譬犹 VP" 6例,"譬犹 NP 之 VP" 4例,还有3例后接两个比方成分。如:

(44) 以此求富,此<u>譬犹</u>禁耕而求获也,富之说无可得焉。(《墨子·节葬下》)

(45) 今天下之诸侯将犹多皆免攻伐并兼,则是有誉义之名,而不察其实也。此<u>譬犹</u>盲者之与人同命白黑之名,而不能分其物也,则岂谓有别哉?(《墨子·非攻下》)

(46) 我以此知天下之士君子皆明于小而不明于大也。此<u>譬犹</u>瘖者而使为行人,聋者而使为乐师。(《墨子·尚贤下》)

《汉语大词典》首列书证引《礼记》,考虑书证的典型性,上古汉语时期的书证或可选《墨子》例。《汉语大词典》亦列了中古汉语、近代汉语书证各1例,无现代汉语书证。现代汉语中,"譬犹"亦有用例:

(47) 小史者,非徒巨著之节略,姓名、学派之清单也。<u>譬犹</u>画图,

小景之中，形神自足。(冯友兰《中国哲学简史序》)

（48）臣窃见轮船经过长江，每遇沙渚回互，或趋避不及，时有胶浅之虞。盖江路狭窄，非若大海之得以施展如意。譬犹健儿持长矛于短巷之中，左右前后，必多窒碍，其势之使然也。(高阳《红顶商人》第八章)

例（48）虽然是小说，但是历史小说，有仿文言色彩，这段内容在小说中为曾国荃奏折，故书面语色彩浓厚。"譬犹"引出比方句，来形容海轮行江的局促。

典籍中"譬犹"之"譬"亦时作"辟"，多有"辟犹"词形，如：

（49）内削其民，以为攻伐。辟犹漏釜，岂能无竭？(《管子·四称》)

（50）其言虽殊，辟犹水火，相灭亦相生也。(《汉书·艺文志》)

（51）慨自数年以来，无如今日之甚。辟犹破坏之车，既遇险于泥泞，必得良父之御，可责望以驱驰；若求善后于贱工，终知无补于覆辙。(徐渭《代胡总督谢新命督抚表》)

《汉语大词典》列"辟如""辟若"，却未收"辟犹"，它们性质相同，"辟犹"亦当收。

《汉语大词典》还列"譬由"词条，释为"譬犹，譬如"。"譬由"之"由"为通假字，通"犹"。这一用法刘淇《助字辨略》已明确，其"由"条，说"又与犹通"，举书证《孟子》"王由足用为善"、刘琨《答卢谌书》"譬由疾疢弥年"，并说"譬由即譬犹，犹云譬如也"[①]。从这两例可以看出，"犹"在副词、比方关系动词两种用法上均可用通假字"由"。《荀子》中有独特的"譬之是犹"句式，即有1例作"譬之是由"。

从词的角度而言，"譬由"就是"譬犹"，"譬由"可不列词条，或将

---

① ［清］刘淇著，章锡琛校注：《助字辨略》，中华书局，2004年，第115页。

其作为"譬犹"的另一种词形,作为附条,以"亦作'譬由'"加以关联。《汉语大词典》"譬由"列《淮南子》、晋刘琨《答卢谌书》各一书证。"譬由"直至宋代仍见用,如:

(52)某幸观乐安、足下之所著,<u>譬由</u>笙磬之音,圭璋之器,有节奏焉,有法度焉,虽庸耳必知雅正之可贵、温润之可宝也。(王安石《上邵学士书》)

(53)圣乃仁之成德,谓仁为圣,<u>譬由</u>雕木为龙。(程颢、程颐《程氏外书·朱公掞问学拾遗》)

4. 譬似

"譬似"是伴随着比方关系词"似"成熟而形成的"譬"系双音词,其词法与"譬犹/若/如"一致,均为"比方行为动词'譬'+比方关系动词"组合凝固而成。《汉语大词典》仅列1例宋代书证,可提前至唐代,如:

(54)不须洒泪频相忆,<u>譬似</u>当初无我身。(良价《辞北堂书》)①

近代汉语中多见"譬似"用法,现代汉语罕见。

在兼语句式"譬(之)+比方关系动词+比方成分"中,"譬"与"如、若、犹"等比方关系在比方成分"之"省略的情况下,由于语义黏合、韵律促成等因素,趋向凝固成双音词,由此产生"譬如、譬若、譬犹"等双音比方动词,词形或作"辟×",在古汉语中均有使用,至现代汉语中,仍有比方用法。"譬似"是"似"发展为比方关系动词后,仿"譬如"等词而产生的双音词,见用较为有限。同时,"譬如、譬若"在现代汉语中主要用法为举例子,与比方义有差异。"譬如、譬若"还有趋向表假设的用法。

---

① 此例"譬似"打比方,含有假设意味。

三、跨层凝固类"譬×"

跨层结构词汇化,"指本来不在一个层次上的几个词因彼此高频紧邻共现而在组块化这种认知处理机制的作用下逐渐融合为一个词汇单位(即实现一体化)"①。从"譬"系列比方句式可以看出,上古汉语中"譬"还有"譬于NP""譬之于(诸)NP""譬则"等句式,这些句式中介词、连词等虚词成分原本与"譬"不在一个句法层次上,但二者在句式高频见用以及双音韵律作用下趋向凝固。

1. 譬于

《汉语大词典》收录"譬于",释为"譬如",举《左传》书证"然二子者,譬于禽兽,臣食其肉而寝处其皮矣"(《左传·襄公二十一年》)。"譬于+比方对象"实际上是"譬之(被比方对象)+于+比方对象"承前省略了被比方对象的缩略格式,"于"与其后表示比方对象的宾语紧密黏合,这是其句法特征,其功能就在于把比方对象,也就是"譬"的与事成分引介给"譬"。《左传》有2例"譬于"句式,如:

(55) 今<u>譬于</u>草木,寡君在君,君之臭味也。(《左传·襄公八年》)

先秦典籍中,"譬于"句较为有限,另见:

(56) 子夏之徒问于子墨子曰:"君子有斗乎?"子墨子曰:"君子无斗。"子夏之徒曰:"狗狶犹有斗,恶有士而无斗矣?"子墨子曰:"伤矣哉!言则称于汤文,行则<u>譬于</u>狗狶,伤矣哉!"(《墨子·耕柱》)

诸例"譬于"后均为双音成分,使得韵律上"譬于"组成一个音步,

---

① 张秀松编:《词汇化与语法化理论及其运用》,北京:外语教学与研究出版社,2020年,第97页。

似可看作双音单位。其实，这些用例中，"譬+介词'于'+宾语"的句式结构还是较为明显的，如《墨子》例，"言则称于汤文，行则譬于狗豨"，前后照应，通过介词"于"将比较、比方对象引入，加强了针对性。比照下例，更可见介词"于"的独立性：

(57) 一在而不可见，道在而不可专，切<u>譬于</u>渊，其深不测，凌凌乎泳澹波而不竭。(《鹖冠子·能天》)

"切譬于渊"，韵律节奏上"切譬"相连①，"于渊"介宾作补语。黄怀信引吴世拱曰"切譬，犹譬如也"，并按："切，磨也，引申有妥切义。切譬，谓妥切地比喻。"②

当"譬于"后所带宾语由简单名词向谓词性成分扩展时，"譬于"在韵律作用下进一步趋向凝固，如：

(58) 急虚身中卒至，五藏绝闭，脉道不通，气不往来，<u>譬于</u>堕溺，不可为期。(《黄帝内经·素问·玉机真藏论篇》)

此例"譬于"后为谓词性成分"堕溺"，介词"于"的针对性弱化，在韵律作用下，与前面的"譬"结合更为紧密。《黄帝内经大词典》即将该例"譬于"作为一个词条，释为"连词，好像"③。我们认为"譬于"仍是一个比方动词。

至近代汉语中，《云笈七签》3见"譬于"比方句，如下：

---

① 《汉语大词典》收"切譬"词条，释为"恰切的比喻"，即引此例为书证。"切譬"即"贴切地比方"，可视为词，还可补近代汉语书证："切譬天地之于万物，风以嘘之，日以烜之，雨之所润，露之所滋，生育长养，各极其至，然后万物林林以生矣，一代之文系乎人君之教养者似之。"（杨万里《问古今文章》）
② 黄怀信：《鹖冠子校注》，北京：中华书局，2014年，第369页。
③ 周海平等：《黄帝内经大词典》，北京：中医古籍出版社，2008年，第975页。

(59) 夫因欲以生，因欲以死，譬于桃蹊李径，紫蒂红葩，遇风而开，遇风而落。(《云笈七签·杂修摄·禁忌》)

(60) 故有其患，患在毁伤形体，莫若寄寓神精。譬于器中安物，物假器而居之，畏器之破坏，物乃不得安居。(《云笈七签·诸家气法·中山玉柜服气经·圣正规法》)

(61) 万物芸芸，譬于幻耳，皆当归空。(《云笈七签·说戒·大戒上品》)

前两例"譬于"后面均为复句形式的复杂成分，此时"譬于"凝固，相当于"譬如"。"譬于幻耳"，"幻"为"假象"义名词，但"于"已无针对性，后续解说内容不再是针对"幻"，而是对主语"万物芸芸"的表述。《左传》"譬于 NP"中 NP 带有一定话题性质，其后解说均衔接 NP 而展开。两者性质不同。

2. 譬诸

相比于"譬于"，"譬诸"的用例要丰富很多，从上古汉语一直延续至近代汉语，直至民国小说亦常见。"譬诸"即"譬之于"，"诸"为"之于"合音字。鉴于"譬诸"在汉语史中用例丰富，更为关键的是其后宾语成分由名词向谓词性成分拓展，"譬诸"凝固程度增加，可作为双音词收入。

先秦典籍中，"譬诸"用例主要有：

(62) 色厉而内荏，譬诸小人，其犹穿窬之盗也与？(《论语·季氏》)

(63) 谓我敝邑，迩在晋国，譬诸草木，吾臭味也，而何敢差池？(《左传·襄公二十二年》)

两汉及其后，"譬诸"后接成分开始复杂化，如：

(64) 观书者，譬诸观山及水，升东岳而知众山之逦迤也，况介丘乎？浮沧海而知江河之恶沱也，况枯泽乎？(扬雄《法言·吾子》)

(65) 小人君子，禀性异类乎？譬诸五谷皆为用，实不异而效殊者，禀气有厚泊，故性有善恶也。（王充《论衡·率性》）

(66) 变化者，乃天地之自然，何为嫌金银之不可以异物作乎？譬诸阳燧所得之火、方诸所得之水，与常水火，岂有别哉？（葛洪《抱朴子·内篇·黄白》）

(67) 善恶二念，诚有不同，俱资外助，事由一揆。譬诸非水非土，谷芽不生，因缘性识，其本既异。（沈约《因缘义》）

(68) 使酝藉者蓄隐而意愉，英锐者抱秀而心悦，譬诸裁云制霞，不让乎天工；斫卉刻葩，有同乎神匠矣。（刘勰《文心雕龙·隐秀》）

以上诸例"譬诸"后成分均为谓词性成分或复句形式，"譬诸"不再有对比方成分的针对性，"譬诸"在双音节律作用下凝固为双音词。

近代汉语中"譬诸"后接复杂成分的例子有：

(69) 山僧述十可行，以示后生，庶资助道。譬诸蓬生麻中，不扶而直；又如染香之人，亦有香气。（释远《十可行十颂序》）

(70) 兴举水利，正所以便民也。譬诸恶人不惩治，病者无医药，恐岁月寖久，日渐填塞，使水无所泄，旱无所溉，农民艰困，赋税无由，为三吴之大害，当何如耶？（钱泳《履园丛话·水学·水害》）

例（69）两个比方，前用"譬诸"，后用"如"；例（70）"譬诸"后接两个比方成分，均为主谓句。两例"譬诸"相当于"譬如"。

"譬诸"用法一直延续至民国时期的汉语书面语中，如：

(71) 何物李训，萦私变计，蛮触穴中，危及乘舆，譬诸持刀刺人，反先授人以柄，亦曷怪其自致夷灭也。（蔡东藩《唐史演义》第八三回）

(72) 全国人士都大声疾呼曰："救国！救国！"试问救国从何下手？譬诸治病，连病根都未寻出，从何下药？（李宗吾《厚黑丛话一》）

（73）同人爰有谷音社之结集，发议于甲戌之夏，成立于乙亥之春。**譬**诸空谷传声，虚堂习听，寂寥甚矣，而闻跫然之足音，得无开颜而一笑乎？（俞平伯《谷音社社约引言》）

"譬诸"具有很强的文言色彩，以上用例均能体现这一语体色彩。

《汉语大词典》"譬诸"仅列上古汉语、中古汉语书证，可补近代汉语及现代汉语书证。

3. 譬则

《汉语大词典》列"譬则"词条，释为"譬如"，引书证金代王若虚《论语辨惑一》："谢氏曰：'忠譬则川流不息，恕譬则万物散殊。'"

"譬则"也是"譬"系比方句式的一种，先秦已有：

（74）智，**譬则**巧也；圣，**譬则**力也。（《孟子·万章下》）

不过是通过"则"引出比方对象，"则"是连词，承接"譬"，引出比方成分，句法上"则"具有较为明显的独立性。"则"作为连词，其功能相当于"如"等比方关系词，"譬""则"连用在双音韵律的作用下进一步凝固。"譬则"进一步凝固的基础在于较多的使用，至近代汉语中其凝固成词的性质更为明显。如：

（75）问性、诚。曰："性是实，诚是虚；性是理底名，诚是好处底名。性，**譬如**这扇子相似；诚，**譬则**这扇子做得好。"（《朱子语类》卷六）

《朱子语类》中这一例"譬则"句与前面的"譬如"句相比，二者句式相仿，"譬则"用法同"譬如"，为双音词之用。

近代汉语中"譬则"使用较为多见，其后多见单音名词，如：

（76）知譬则目也，行譬则趾也。目焉而已矣，离娄而瞖也，可乎？趾焉而已矣，师冕而驰也可乎？人乎人，目趾具而已矣。（杨万里《庸言五》）

（77）为将者少知将兵之理，且八军、六军皆大将居中。大将，譬则心也；诸军，四体也。运其心智，以身使臂……则军何由败也！（《宋史·兵志九》）

（78）士，譬则金也。金色有浅深，谓之非金不可；才艺有浅深，谓之非士亦不可。（《元史·高智耀传》）

（79）仲舆云："知譬则火，物譬则薪。火丽薪而然，知烛物而至；离薪则火熄，离物则知隐。"（方以智《一贯问答注释·问格致》）

（80）理，譬则水也；事物，譬则器也。器有大小浅深，水如量以注之，无盈缺也。（章学诚《文史通义·朱陆》）

以上诸例"譬则"引进的比方成分均为单音名词。观察这些用例，亦可见"譬则"用法的独特性，即多用于两个并行的比方句，对两个对象进行比方类比，两者具有一定的相对意义，两个比方对举而出。"譬则"不仅是用于引出比方句式，还具有篇章功能，两个比方相对照应，具有关联上下文的衔接意义，往往用于说明两个对象之间的关系。如《孟子》例（74）即用两个比方形象说明了"智"与"圣"之间异同关联，上述近代汉语中"譬则"用法多与《孟子》例用法相贯。如例（77）"大将，譬则心也；诸军，四体也"，后一比方句承前省略了"譬则"，语义明了，可见"譬则"具有衔接上下文的作用。

CCL"古代汉语"语料库"譬则"例，除去引用重复出现、句法实质不同的用例，剩余20例"譬则"，有10例为对举比方，占到一半。"譬则"比方句多对举比照的衔接功能，是其他比方动词所不多见的。

"譬则"后比方成分进一步拓展，如上引《朱子语类》例（75）及王若虚例，都是主谓小句。还有复杂谓词性成分以及复句的，如：

(81) 夫子之一理浑然而泛应曲当，譬则天地之至诚无息，而万物各得其所也。(朱熹《论语集注·里仁》)

(82) 若或病此性之难明也，而欲断缘息念，绝应离伦，以求性之见，譬则堙江壍河，而欲塞水之流，不可能也。又或病此性之难制也，而欲揉情刻意，矫强惩窒，以求性之定，譬则高防固堤以制水之横，即能之，不可常也。近论性者，多执见以论性，而漫谓一切皆是，譬则据所见皆水，谓无非水者，任其漂荡横流，泛滥中国，既犯害民物而不为之所，是古圣人所大不忍也。(耿定向《瞽言解》)

(83) 虽欲有功前人，嘉惠来学，譬则却步求前，未有得其至焉者也。(章学诚《文史通义·和州志前志列传序例中》)

以上诸例"譬则"用法与"譬如"趋近，已不具对举比方的独特性。"譬则"具有一定的文言性质，至现代汉语中不复见用。

上古汉语中，"譬则"字有作"辟则"的，有2见：

(84) 君子之道，辟则坊与？坊民之所不足者也。(《礼记·坊记》)

(85) 夫圣人之于礼义也，辟则陶埏而生之也，然则礼义积伪者，岂人之本性也哉？(《荀子·性恶》)

《礼记》"辟则坊与"，在《大戴礼记》中作"譬犹防与"，即：

(86) 孔子曰："君子之道，譬犹防与？"夫礼之塞，乱之所从生也，犹防之塞，水之所从来也。(《大戴礼记·礼察》)

比照可见"辟则"与"譬犹"用法相似。

《汉语大词典》"譬则"宜补书证，尤其是对举比方的用例。此外，"辟"词条下宜补充"辟则"词条，以与"譬则"相照应。

"譬于、譬诸、譬则"是上古汉语"譬"系列比方句式中比方行为动词

"譬"与跨层成分"于、诸、则"等虚词在双音韵律作用下凝固而成,句式中"于、诸、则"之后成分的复杂化是其羡余的动因。"譬于""譬诸"经上古汉语的跨层结构,至中古汉语趋向凝固,沿用至近代汉语;"譬则"上古汉语中句式较为有限,至近代汉语用例增多,往往多用于两个比方对照,具有篇章衔接功能是其特色。

四、非词"譬×"及成词"×譬"

(一)非词"譬×"辨析

除了以上"譬×",《汉语大词典》还收录了一些与"譬"的比方义相关的"譬×",从书证以及典籍中"譬×"见用情况来看,句法上不合双音词,亦缺乏用例,如"譬使""譬之""譬大""譬成"等,不宜收录为双音词。

1. "譬使"为跨层结构

《汉语大词典》收录"譬使",释为"假如",引书证为:

(87)子路曰:"意者吾未仁邪?人之不我信也。意者吾未知邪?人之不我行也。"孔子曰:"有是乎?由,<u>譬使</u>仁者而必信,安有伯夷、叔齐?<u>使</u>知者而必行,安有王子比干?"(《史记·孔子世家》)

《汉语大词典》引刘淇《助字辨略》卷三:"使,假设之辞也……譬使,重言也。"这种看法颇为流行,且往往将"譬使仁者而必信,安有伯夷、叔齐"视为一个整体,引为"譬使"引起假设复句,如姚维锐列为"补语词复用例",说明"'譬',犹'使'也"[①],龚波视为"譬使"假设词引起的假设句[②]。

不过,我们认为这一例"譬"与"使"处于不同句法层次。"譬"是

---

① 姚维锐:《古书疑义举例增补》,北京:中华书局,2005年,第298页。
② 龚波:《上古汉语假设句研究》,北京:商务印书馆,2017年,第136页。

打比方的说法，引起两个比方句，只是比方句是假设复句的形式，两个假设复句均由"使"提起假设小句，"譬"仍为"比如"义。子路说要么是我们"未仁"，人们不信任我们，要么是我们"未知（智）"，没法行得通，孔子不认可这一说法，认为仁者未必被信任，智者未必行得通，于是给子路打比方说明："假如仁者一定会受到信任，那怎还会有伯夷、叔齐呢？假如智者一定行得通，那怎还会有比干呢？"

可见"譬"的内容为其后两个假设复句，"使"引导假设小句，第一个"使"与第二个"使"功能一致，并不是"譬使"同义复用，第二个"使"假设复句亦为"譬"的内容。故不能将"譬使仁者而必信，安有伯夷、叔齐"单独拿出来，从而将"譬使"看作重言，这是割裂了句法结构。此例"譬"后的内容是一种虚拟的假设内容，使得"譬"看似具有"假设"意味，但句法结构不宜被割裂限于复句内部，而应拓展至句段来考察，才能得出准确解读。

《史记》中"譬"引起的比方句式种类较多，有"譬之犹""譬若""譬犹""譬如"，还有"譬"直接引起比方成分，即例（87），《史记》还有类似的用法：

（88）今公所谓贤者，皆可为羞矣……<u>譬</u>无异于操白刃劫人者也。（《史记·日者列传》）

"譬无异于 VP 者"相当于"譬 VP 者"，亦为"譬"直接引起比方内容。此外，典籍中并无"譬使"用为复音假设连词的用法。"譬使"句式还可能为"譬+'使'兼语式"，如：

（89）a. 况病废昏劣如臣之尤者，而畀之偀然坐尸其间，<u>譬使</u>盲夫驾败舟于颠风巨海中，而责之以济险，不待智者，知其覆溺无所矣。（王守仁《水灾自劾疏》）

b. 以秦攻之，<u>譬如使</u>豺狼逐群羊。（《史记·张仪列传》）

比照例（89b）可知例（89a）中"譬"即"譬如"，为比方词，"使"引起兼语式，整体作为"譬"引起的比方内容。显然，"譬""使"是跨层成分，且二者功能明确，并未凝固成词。

2．"譬之O"为双宾语结构

《汉语大词典》收"譬之"，释为"谓把它比方作"，所列3个书证如下①：

(90) 子贡曰："<u>譬之</u>宫墙，赐之墙也及肩，窥见室家之好，夫子之墙数仞，不得其门而入，不见宗庙之美，百官之富。"（《论语·子张》）

(91) 墉基不可仓卒而成，威名不可一朝而立，皆为之有渐，建之有素。<u>譬之</u>种树，久则深固其根本，茂盛其枝叶。（曹冏《六代论》）

(92) 惜乎蕃之居下，其可以施于人者不流也。<u>譬之</u>水，其为泽，不为川乎？川者高，泽者卑。高者流，卑者止。（韩愈《太学生何蕃传》）

"譬之"句式往往后接比方对象，接着再对比方对象加以分析解说，从而对所持观点加以论证。以"譬之NP"为主，有时为"譬之VP"，但VP亦为指称化成分，如例（91）。"譬之"后面紧接着的句法成分其实是"譬"的与事宾语O，我们用"譬之O"表示，句法上是一个独立的双宾语结构，直接宾语"之"就是"譬"的受事宾语，也就是被比方对象，往往是一个比较抽象的道理或观点，多在前面提出，再通过比方加以解说。故"之"实际上所指较为明确，起到语篇衔接的功能。O一般为单音词或双音词，这也使得双宾语结构较为紧凑。因此，"譬之"不宜从"譬之O"双宾语结构中独立出来。

3．"譬大"为动宾短语

《汉语大词典》收"譬大"，释为"比喻大的道理"，书证为：

---

① 以下3例为《汉语大词典》所引书证，不过《汉语大词典》引用为求简略，仅引"譬之"所在句，我们将3例前后相关内容补全。

(93)故语曰:"'百足之虫,至死不僵,扶之者众也。'此言虽小,可以譬大。"(曹冏《六代论》)

这一例,"譬大"对照"言小","大""小"相对成文,"大"独立,"譬大"内部动宾关系明显,典籍中罕见其他"譬大"用例,不宜作为双音词收录。

4."譬成"为动结式

《汉语大词典》收录"譬成",释为"谓以譬喻促成",仅一个书证,引《世说新语·文学》刘孝标注例子。原文及刘注完整的文段如下:

(94)褚季野语孙安国云:"北人学问,渊综广博。"孙答曰:"南人学问,清通简要。"支道林闻之,曰:"圣贤故所忘言。自中人以还,北人看书,如显处视月;南人学问,如牖中窥日。"南朝梁刘孝标注:"支所言,但譬成孙、褚之理也。"(《世说新语·文学》)

支道林用两个比喻来形容褚裒、孙盛对北人、南人学问特点的看法,"显处视月"对应"渊综广博","牖中窥日"对应"清通简要",前者"博",后者"精"。"显处视月"比喻学问广博,"牖中窥日"比喻学问精要。"譬成NP"意思就是"通过打比方的方式来表达NP"。这里的"譬成NP"是一个带宾语的动结式,即"动词+结果补语+宾语"。"譬成"要凝固成词,需要有较高的使用频率,从而加强结果补语与动词的凝固性,然而典籍中"譬成"式比方句除此例外罕见。故"譬成"不宜收为双音词。

由上可知,"譬使""譬之""譬大""譬成"中"譬"与另一成分处于具体的独特句法结构中,缺乏凝固成词的句法条件与高频见用条件,不宜视为双音词。

(二)"×譬"比方词的形成与用法

除了"譬×","譬"还参与构成了部分"×譬"双音词,其中"譬"多有为"晓谕，劝解"义，如"敦譬、酬譬、解譬、宽譬、开譬、劝譬、启譬、慰譬、晓譬、抑譬、全譬、责譬"等。"譬"为比方义的"×譬"有并列式，如"引譬""比譬"（上文已论及）；有偏正式的，如"切譬"（上文已论及）、"谲譬""曲譬"；另有动宾式"取譬""假譬""设譬""引譬"（部分）。

"引譬"为"称引比方"义，多为并列式，义近复用为双音动词，如：

（95）是以陈赋，<u>引譬</u>比偶，皆得形象，诚如所语。（蔡邕《短人赋》）

（96）若所谥未当，奈何施之圣朝，垂之史册，使后代逆臣贼子因而<u>引譬</u>，资以为辞，是开悖乱之门，岂示将来之法！（《旧唐书·韦凑传》）

（97）若其大义施于父子、君臣人伦之际者，王震当<u>引譬</u>目前之事，以证先圣之教。（胡寅《读史管见·后晋纪·齐王八年》）

例（95）"引譬比偶"四字义近，例（96）指"称引加以比方"，例（97）"引譬"为动词，带宾语。

"引譬"一些例子似为动宾式词法，如：

（98）言天地四时而不<u>引譬</u>援类，则不知精微。（《淮南子·要略》）

（99）吴坚<u>引譬</u>设喻，把"无数相对真理的总和即绝对真理"解释给他听。（高云览《小城春秋》第三章）

"引譬"与"援类""设喻"并列，宜结构相当、词义相同。动宾式"引譬"不能带宾语。

"取譬"，义为"打比方"。《汉语大词典》列《诗经》及明代、现代书证，可补中古汉语书证：

（100）盖闻一时转法，戒品之陬先彰，三藏微言，律行之科尤著。所以縻维心马，羁制情猿，<u>取譬</u>大舟，能超彼岸者矣。（许敬宗《大唐弘福寺故上座首律师高德颂》）

"假譬"中"假"为"借取"义,"假譬"义即"取譬"。如:

(101)《说山》《说林》者,所以窍窕穿凿百事之壅遏,而通行贯扃万物之窒塞者也。假譬取象,异类殊形,以领理人之意,解堕结细,说捍抟囷,而以明事埒事者也。(《淮南子·要略》)

(102)夫《诗》《书》之所戒,必稽称衰晚,假譬近事。(吕陶《五代论》)

《汉语大词典》释"假譬"为"犹借喻",仅引《淮南子》例。可补近代汉语书证。

"设譬",义为"打比方",在唐孔颖达注疏中多见对典籍中比方句的解说。如:

(103)礼道既深,此为设譬也。(《礼记·礼器》"其在人也,如竹箭之有筠也"孔疏)

(104)玄沟害气,恐未是说人身内事,方是设譬之词,缓读可见也。(朱熹《答蔡伯静》)

此外,现代汉语亦用:

(105)文学家精于形象思维,言理善设譬,秦牧一个"四舍五入",把对名的探究量化,形象而深刻,恰切而透彻,极富说服力。(《人民日报》1995年6月26日)

"曲譬",《汉语大词典》释为"婉转譬喻",引"非若他种文字,欲作寓言,必须远引曲譬,蕴藉包含"(清·李渔《闲情偶寄·词曲下·宾白》)。该义可提前书证至宋代:

(106) 何必旁喻曲譬，善为说辞，远引元祐之贤臣，近举端平之元老，而比之既所少者！（吴昂《答人臣进退之义策》）

同时，"曲譬"又是一种与"直譬"相对的比喻方式。意大利高一志《譬学·譬学自引》提出："直譬者，直言此物即彼物也。曲譬者，反言此物非彼物也。假如'目在身，正如日在天'，此直譬也。'施学非如施财之易尽也'，此曲譬也。"①

"曲譬"指通过否定的方式打比方，反过来说明被比方对象的特点，与"直譬"比较，这是一种"委婉譬喻"的方式。

值得注意的是，"譬"的"晓谕，劝导"义，是在"比喻，比方"义上引申产生的，故偏正式"×譬"可能兼有两种语义，如"曲譬"。"曲"有"周遍，详尽"义，故"曲譬"有"详尽劝解"义（《汉语大词典》失收义项）。如：

(107) 某尝窃悼之，恨世未有诚意，足以感格流俗者，与之广谕曲譬，使少变其习。（杨时《寄俞仲宽别纸一》）

(108) 太守每为痛心，详谕曲譬，力惩深抑，幸少衰止。（郑性之《劝农文》）

(109) 其万夫长酗酒，杀人为嬉，先生从容曲譬，卒革其暴，久乃信其言如蓍龟，人赖全活者无算。（欧阳玄《元中书左丞谥文正许先生神道碑》）

(110) 孺人卒，攀车辀，欲以身殉。父太学君曲譬之，乃泣涕受命。（王士禛《待封征仕郎文学陆先生墓志铭》）

"曲譬"与"广谕""详谕"并列，词义相同。

---

① （意）高一志撰，周振鹤主编：《譬学·譬学自引》，南京：凤凰出版社，2013年，第517页。

"谲譬"义"委婉地打比方",该词源自梁代刘勰《文心雕龙·谐隐》:"谲者,隐也,遯辞以隐意,谲譬以指事也。"① 现代汉语讨论文辞特色时沿用,如:

(111)默存与世周旋,素有良方,正言若反,谲譬似谵,盖深谙兵家诡道之秘,与夫阿瞒疑冢之情,非大智不足以与乎此。(潘静如《民国诗学·〈清诗纪事〉》)

(112)这类俳优,平时以滑稽之言辞取悦君主;但在某些时刻,也能凭他们的语言技巧,或正言若反,或微辞感讽,或隐辞谲譬,以谏劝人主。(龚鹏程《中国文学史》第三章)

以上"×譬"多用以指称比方行为或内容,"取譬""假譬"可引导比方成分构成比句式。其中,上古汉语产生的有"取譬、设譬、切譬、假譬",中古汉语产生的有"引譬、谲譬",近代汉语产生的有"比譬、曲譬"。

综上,比方义的"譬×"主要有3种凝固方式:短语复合类主要以同义复合与承接复合为主,同义复合有基于"称引"语义的"譬称""譬引"与基于"比较,比方"语义的"譬类""譬况""譬方""譬比""譬媲"等,承接复合有"譬喻""譬语""譬证";句法结构凝固类主要是"譬"与比方关系动词在兼语式句法中词汇化而成"譬如""譬犹""譬若","譬似"随着"似"发展为比方关系动词,由"譬如"等类化而成;跨层凝固类主要有"譬于""譬诸""譬则"。汉语双音韵律,在3类复合类型中都发挥重要作用。此外,第一类主要依赖语义凝结,第二类依赖句法变换与语义关联双重作用,第三类主要依赖后续成分的复杂化,后两类对使用频率依赖性较高。如"譬之""譬大""譬成""譬使"等,缺少一定的使用频率,故其内部句法结构、语义关系或跨层关系都较为具体而明显,不宜视

---

① 《汉语大词典》仅引此例,可补。

为双音词。

"譬况""譬比""譬方"均有比方动词用法,但使用有限,并未能在汉语比方范畴中继承比方动词"譬"的强大功能。究其原因,汉语句式也在不断拓展,由综合型向分析型发展,"譬"系列比方句式"譬+(之)+$V_{比方}+N_{比方}$"很大程度上得以突破。随着"譬"为双音"譬×"替代,比方句中,"譬×"多直接加$N_{比方}$,如"譬比""譬媲""譬言""譬如""譬犹""譬于""譬诸""譬则"等。"譬"比方句式是以被比方对象先行的"譬+(之)+$V_{比方}+N_{比方}$",部分"譬×"由于×的加入,"譬×"比方句式发生了转变,变成比方对象先行的"以+$N_{比方}$+譬况+$N_{被比方}$",这样的比方句式多见于对典籍中的比方进行解说的语境,以"譬况""譬喻"最为典型。

现代汉语中,"譬如""譬若"多用于举例子。此外,当比方的情况为虚拟性质时,比方动词往往含有假设意味,如"譬似""譬如""譬若"等。

在汉语由单音词向双音词发展过程中,比方动词"譬"逐渐退位,在它与其他语义相关的单音成分凝固成双音比方词的同时,比方句式也在发生着相应的转变。词汇与句法二者处于互动的关系中。

第四节 "譬喻"句法语义历时演变研究

"譬"作为汉语比方义范畴最为经典的词语,是上古汉语比方句中最重要的比方动词,也与"犹/若/如"等比方关系词形成了多样化的比方句式。在汉语双音化进程中,"譬"逐渐与其他词凝固形成双音词,后世使用最多的"譬如"贯穿古汉语各阶段,现代汉语书面语中还有一定保留。在"譬"系双音词中,还有一个与比方句句法、语义发展密切相关的词,即"譬喻"。"譬喻"由短语凝固为双音词,由比方指称词而产生比方动词用法,在汉语史中有其特殊语境,句法、句式也有其独特性,与比方动词"譬"有明显差异。在汉语由文言向白话转型的过程中,"譬喻"后为"比喻"替代,至现代汉语中,"比喻"成为最常用的比方指称词,在比方动词用法上,"比喻"部分替换了"譬喻"。

李胜梅对"比喻"的句法功能作出了较为详细的论述①。我们认为对"譬喻"作历时演变研究,不仅有利于探讨汉语比方范畴的表达演变,也有利于揭示现代汉语"比喻"作动词使用的特殊句式的动因。

一、"譬喻"源结构及其成词

"譬喻"也作"譬谕",最早的用例见于《荀子》,上古汉语中"譬喻""譬谕"见用较为有限,主要有:

(1) 辨说譬谕,齐给便利,而不顺礼义,谓之奸说。(《荀子·非十二子》)

(2) 假象取耦,以相譬喻,断短为节,以应小具,所以曲说攻论,应感而不匮者也。(《淮南子·要略》)

《汉语大词典》列"譬喻"词条,合并"譬谕",第一个义项为"比喻",首举书证即例(1)②。值得注意的是,该例"譬谕"语义并不是"比喻",而是"比方说明"义,"譬""谕"还具有较为明显的独立性,句法上两者是连动关系,语义上是指通过"譬"的方式来"谕(使……明白)"。例(2)与例(1)仍可看作尚未凝固的短语。

"谕""喻","本同一词,古代通用。后来逐渐有分工,在比喻的意义上用'喻',在告诉的意义上用'谕'"③。"譬谕""譬喻"用法相同,由"比方说明"义引申出"比方,比喻""晓譬说明"二义,我们讨论的主要是其比方义用法。在比方义上,后多用"譬喻","譬谕"较少,如东汉王逸《离骚经》"《离骚》之文,依《诗》取兴,引类譬谕,故善鸟香草,以配忠贞,恶禽臭物,以比谗佞。"又如宋代宋祁《庭戒诸儿》"佛家自远方

---

① 李胜梅:《比喻关系词与比喻句式研究》,北京:科学出版社,2018年,第119页。
② 罗竹风主编:《汉语大词典》(缩印本),上海:汉语大词典出版社,1997年,第6699页。
③ 王力主编:《王力古汉语字典》,北京:中华书局,2000年,第1290页。

流入中国，其言荒茫夤大，多所譬谕。"我们以"譬喻"为主要考察对象来梳理其句法语义的历时演变情况。

"譬喻"成词后，以作比方指称词为主，唐以后发展出构成比方句的比方动词用法，其比方动词用法产生的语境以及特定句式，也受到其源结构语义的影响。

至中古时期，"譬喻"凝固为双音词，用法单一，为比方指称词。如：

（3）其寓言譬喻，犹有可采，以供给碎用，充御卒乏，至使末世利口之奸佞，无行之弊子，得以老庄为窟薮，不亦惜乎？（《抱朴子·释滞》）

（4）于时沙门释慧朗，河西宗匠，道业渊博，总持方等。以为此经所记，源在譬喻，譬喻所明，兼载善恶，善恶相翻，则贤愚之分也。（《出三藏记集·贤愚经记》）

"譬喻"均用来指称比方行为或比方内容，并不用于具体的比方句。

如例（4）"譬喻"，中古时期佛经多用譬喻解说佛法，"譬喻"一词仅用作指称比方行为或内容，而不参与构成比方句式，再如：

（5）尔时，世尊告诸比丘："我今当说船筏譬喻，汝等善思念之，戢在心怀！"（《增一阿含经·马血天子问八政品》）

此例出现了比方对象"船筏"，但"譬喻"仍是比方指称词，指"船筏"的故事，以其为比方，解说蕴含的佛法。

二、近代汉语"譬喻"用法研究

通过考察，在唐代经学家注释经典的语言中，"譬喻"首见用作比方动词。如：

(6)《周礼·考工记》云："审曲面势以饬五材，以辨民器，谓之百工。"……此百事之工，各自献其艺，能以其所能譬喻政事，因献所造之器，取喻以谏上。(《春秋左传正义·襄公十四年》)

(7)"故观其器而知其工之巧"者，此又工匠之事譬喻礼乐。观其器之善恶，而知工匠巧拙，器善则工巧，器恶则工拙。(《礼记正义·礼器》)

(8)"人之其所亲爱而辟焉"者……此言脩身之譬也。设我适彼人，见彼有德，则为我所亲爱，当反自譬喻于我也。以彼有德，故为我所亲爱，则我若自脩身有德，必然亦能使众人亲爱于我也。(《礼记正义·大学》)

以上诸例均为孔颖达对经典进行注疏的内容，"譬喻"用作比方动词，例(6)为"以+$N_{比方}$+譬喻+$N_{被比方}$"句式，"以"亦可省略，如例(7)，这是因为$N_{比方}$是解说对象，带有话题性质。

这种"(以)+$N_{比方}$+譬喻+$N_{被比方}$"句式出现在唐代注疏中，成就了"譬喻"作比方动词的用法。注疏对典籍原文蕴含的深意加以阐释，需引出语义比较抽象的$N_{被比方}$，注解对象正是通过比方的关联来说明被比方事物或事理，该语义与"譬喻"切合，"譬喻"因此被用于联结$N_{比方}$与$N_{被比方}$。"譬喻"源结构中"喻"有"使……明白"的语义，这正是其后带$N_{被比方}$宾语这种句法结构的语义基础。$N_{被比方}$也有通过"于"引介给"譬喻"的，如例(8)，有对$N_{被比方}$强调的效果。

"譬喻"用作比方动词出现在唐代解经语言中，有其特殊的语用环境，是一种"学者"式运用。此外，唐五代及宋，"譬喻"多见于佛经，用来指称比方行为，其后用比方动词"譬如"引出具体的比方内容。如：

(9)佛告阿难："如来今日实言告汝，诸有智者，要从譬喻而得开悟。阿难，譬如我拳，若无我手，不成我拳。若无汝眼，不成汝见。以汝眼根，例我拳理，其义均不？"(《首楞严经·一》)

(10) 仰山问中邑："如何是佛性义？"邑曰："我与你说个譬喻，汝便会也。譬如一室有六窗，内有一猕猴，外有猕猴从东边唤狌狌，猕猴即应。如是六窗，俱唤俱应。"(《五灯会元·昭觉白禅师法嗣·信相宗显禅师》)

宋代《朱子语类》多见"譬喻"一词，"譬喻"仍主要指称比方行为，不过开始出现新的变化。朱熹在与学生对话中，不仅善于分析前人使用的比方论说，在教导学生时也善于运用打比方的方式来加以阐释。如：

(11) 又问："'所谓"继之者善"者，犹水流而就下也。皆水也，有流而至海'云云。"曰："它这是两个譬喻。……"(《朱子语类·性理一·人物之性气质之性》)

(12) 此仁所以包得义礼智也，明道所以言义礼智皆仁也。今且粗譬喻：福州知州，便是福建路安抚使，更无一个小底做知州，大底做安抚也。(《朱子语类·论语二·学而篇上》)

以上两例"譬喻"均出现在朱熹语言中，前一例是朱熹分析程颐、程颢所用之比方，后一例是朱熹给弟子解析《论语》内容时使用的比方，"譬喻"或作名词，或作动词，语义均指称比方行为或内容，但句式上其后直接引出了比方内容，可见句法上"譬喻"与具体的比方句尚各自独立，但语意上却已紧密相连。

佛经中"譬喻"的用法，后面也往往引出具体的比方句，但"譬喻"与比方句之间句法距离还较远，语意联系也较松散，表现为"譬喻"所在句子的句法、语义自足，后面比方句则由比方动词"譬如"引导。至《朱子语类》发生变化，一是"譬喻"句虽句法自足，但语意还不足，故其后不能用句号，而要用冒号，另外不再需要"譬如"引导比方句，可见此时"譬喻"已经起到引出比方句的功能，只不过这个功能主要还是通过语意衔接来体现，尚未直接体现在句法上。

《朱子语类》中有一例"譬喻"值得注意：

（13）孟子又以射<u>譬喻</u>，最亲切。(《朱子语类·孟子八》)

"以射譬喻"，句式与孔颖达注疏"以+N$_{比方}$+譬喻+N$_{被比方}$"相似，朱熹与学生答问，讨论经典文意，与孔疏在语用上是一致的。这是针对《孟子·万章下》内容来解说讨论，即："圣，非中之谓也。所谓'智，譬则巧；圣，譬则力。犹射于百步之外，其至，尔力也；其中，非尔力也'。"其中"譬则巧""譬则力"，"犹射于百步之外"，正是用射箭为比方来说明什么是"圣"，N$_{比方}$"射"在解说语境中，是解说对象，故通过"以"来引进，这里"譬喻"后省略N$_{被比方}$"圣"。

"以+N$_{比方}$+譬喻+N$_{被比方}$"句式产生于经典注疏、解说的语境中，开拓了上古汉语中"譬"系列比方句式的类型，上古汉语"譬"系列比方句都是被比方对象先行的句式，即"N$_{被比方}$，譬之（犹）N$_{比方}$"类句式。

明代小说中，"譬喻"有构成比方句的用法，为：

（14）云寂道："金刚世界之宝，其性虽坚，羚羊角能坏之。羚羊角虽坚，宾铁能坏之。"……弟子道："还有甚么意味？"云寂道："金刚<u>譬喻</u>佛性，羚羊角<u>譬喻</u>烦恼，宾铁<u>譬喻</u>般若智。这是说，那佛性虽坚，烦恼能乱之；烦恼虽坚，般若智能破之。"（罗懋登《三宝太监西洋记通俗演义》第四回）

（15）原来但凡世上的人……惟有和尚家第一闲……没得寻思，只是想着此一件事。假如<u>譬喻</u>说一个财主家，虽然十相俱足，一日有多少闲事恼心，夜间又被钱物挂念，到三更二更才睡，总有娇妻美妾同床共枕，那得情趣。（施耐庵《水浒传》第四十五回）

例（14）3个"譬喻"构成3个比方句，为"N$_{比方}$+譬喻+N$_{被比方}$"句式，这里N$_{比方}$是实物，具体易理解，N$_{被比方}$是抽象事物。这也是一个"解说"语境，$N_{比方}$是话题主语，与例（7）"工匠之事譬喻礼乐"用法相似。例（15）"譬喻说"相当于"譬如"用法，"譬喻"在音节上替代"譬"，"说"起到"如"的功能（"说"已虚化，相当于系词，引出比方内容），这两方面都体现出文言向白话的转型。该例或为"譬喻说"最早的用例，引起的比方内容为假设情况，但与假设连词"假如"共现，可见其语义仍侧重类比解说。"譬喻说"用法少见，更多的是"譬如说"，后为"比如说"取代。

清代至民国期间，"譬喻"仍以指称比方为主要用法，如：

（16）这备卷前人还有个譬喻法。他把房官荐卷比作"结胎"，主考取中比作"弄璋"，中了副榜比作"弄瓦"，到了留作备卷，到头来依然不中，便比作个"半产"……这番譬喻，虽谑近于虐，却非深知此中甘苦者道不出来。（文康《儿女英雄传》第三十五回）

（17）钦若见已入彀，索性逼进一层，更申奏道："臣有一句浅近的譬喻：譬如赌博，输钱将尽，倾囊为注，这便叫作'孤注一掷'，陛下乃准的孤注，岂不危甚？幸陛下量大福弘，才得免败。"（蔡东藩《宋史演义》第二十三回）

"譬喻法""譬喻"指称比方内容，而具体的比方句中，却使用了"比作""譬如"，可见"譬喻"与"比作""譬如"分工明显。"譬喻"偶尔也用于比方句，如：

（18）先是桓帝初年，京师有童谣云："城上乌，尾毕逋；公为吏，子为徒……""城上乌"二句，是譬喻桓帝高居九重，专知聚敛；"公为吏"二句，是言蛮夷叛逆，父为军吏，子为卒徒，同时外征。（蔡东藩《后汉演义》第五十四回）

此例"譬喻"也是用于解说语境，为"$N_{比方}$+是譬喻+$N_{被比方}$"句式，其中"是"强化了对话题 $N_{比方}$ 的阐释性质。

综上,"譬喻"作比方动词,产生于"解经"的解说语境,为"以+ $N_{比方}$+譬喻+$N_{被比方}$"句式,后见用于"$N_{比方}$+譬喻+$N_{被比方}$"句式,主要是对话题 $N_{比方}$ 进行解说。"譬喻"作比方动词,主要运用于唐代对经典的注疏、《朱子语类》对典籍的解说、佛经对经意的解说等各种解说语境。此外,"譬喻"以指称比方行为或内容为主,与"譬如""比方"等比方动词配合使用。

值得关注的是,元代直讲体文献也有对儒家经典进行讲解,如许衡《大学直解》《中庸直解》等,但并无"譬喻"用例,究其原因在于直讲体是用通俗的口语来译释经典文本,而不是对经典内涵加以阐发,二者目的不同,语体亦有差异。直讲体不具备"譬喻"的话题性,它更多是语意的直接译释,如《大学直解》"明德、新民,譬如两件物,明德便是本,新民便是末",《中庸直解》解"此之谓民之父母"为"譬如父母爱养他儿子一般"①,两处都是打比方,用"譬如"引出比方对象,与上述"譬喻"的解说句式不同。

三、现代汉语"譬喻"用法研究

现代汉语中"譬喻"多用作名词,来指称比方行为或具体的比方事例,也有作为比方动词用于比方句的少量用例。《汉语大词典》"譬喻"的现代汉语书证为:

(19) 人们把牡丹譬喻为"木芍药",把芍药譬喻为"草牡丹",把煤譬喻为"黑色的金子"。(秦牧《花城·思想和感情的火花》)

这里有3个"譬喻"参与构成的比方小句,均为"把+$N_{被比方}$+譬喻为 $N_{比方}$"句式,这是现代汉语中"譬喻"作比方动词最为常见的句式。

---

① [元]许衡著,王成儒点校:《许衡集》,北京:东方出版社,2007年,第67、88页。

考察 CCL "现代汉语语料库"中"譬喻"的用法，除去用作佛经专名，如"譬喻经"，以及词典条目等，计 173 条，其中作比方动词的有 26 例，约占到 15.03%，可见作为比方指称词仍是"譬喻"的主要用法。根据比方动词"譬喻"后衔接的成分来看，主要有 3 类句式：一是"譬喻+$N_{比方}$"，二是"譬喻+$N_{被比方}$"，三是"譬喻+$N_{被比方}$+是+$N_{比方}$"。此外，还有几例为灵活用法。

（一）（$N_{被比方}$+）譬喻+$N_{比方}$ 或 "把/将+$N_{被比方}$+譬喻为+$N_{比方}$"

26 例中最多的是被比方对象 $N_{被比方}$ 先行的情况，即"譬喻"引出比方事物或事理，用来对前面的被比方事物或事理 $N_{被比方}$ 进行说明，这样的"譬喻"相当于"譬如"，共有 14 例。其中，通过介词"把""将"引介 $N_{被比方}$ 的有 3 例，另有 2 例可看作该句式的变化形式。

有 9 例"（$N_{被比方}$+）譬喻（为）+$N_{比方}$"句式，如：

（20）佛性也是如此，它的体就<u>譬喻</u>为镜子，既然有镜子，它就能显现出相来。（元音老人《佛法修正心要》）

（21）岁月悾偬中，经历的所见所闻却是不少，书之竹帛，<u>譬喻</u>流水沉渣，<u>譬喻</u>行云散记。（赵清阁《行云散记》自序）

"譬喻"这种用法有 6 例出现在当代佛教作品中，很可能是受佛经多用"譬喻"的影响，将"譬喻"直接用于比方句中，使得本为比方指称功能的"譬喻"谓词化，句法上受佛经原来惯用的"譬如"等比方动词类化影响。

通过介词对 $N_{被比方}$ 加以标记的句式，为"把/将+$N_{被比方}$+譬喻为 $N_{比方}$"，可变换为"被"字句式"$N_{被比方}$+被+譬喻为 $N_{比方}$"，如：

（22）它的典型就是古希腊罗马的奴隶社会，所以马克思<u>把</u>它<u>譬喻</u>为一发育正常的小孩。（包遵信《思想的化石》）

（23）教师，<u>被</u>誉为"人类灵魂的工程师"，被看作"太阳底下最

光辉的职业"，被譬喻为红烛和春蚕，用自己无私的奉献哺育了学生，赢得了全社会的尊重。（CCL 网络语料）

"譬喻"与 N$_{比方}$之间有"为"衔接，"譬喻为"相当于"譬如"，"为"的功能相当于"如"，即联系动词。基于"譬喻"源结构语义的特殊性，其后带 N$_{被比方}$是其自然句法，而当带 N$_{比方}$时，则需要联系动词。此时"譬喻"功能相当于"譬"。

（二）（以/用/借+）N$_{比方}$+譬喻+N$_{被比方}$

"譬喻"源结构是"譬而喻之"义，通过比方的方式使被比方对象得以说明，当其作比方动词时，其后加 N$_{被比方}$作宾语是自然句法结构，与语义结构具有一致性。CCL"现代汉语语料库"中共有 7 例，其中 4 例有介词"以""借""用"等引介比方对象，3 例没有，如：

（24）以"满口齿先落，终身舌未伤"譬喻"柔弱胜刚强"，从而指出：学道修真，须以"挫刚锐"为"下手根基"。（卿希泰《中国道教》）

（25）一篇书评里曾借李义山的一句著名的诗——"春蚕到死丝方尽"来譬喻朱光潜一生不知疲倦的劳作。（《人民日报》1993 年 10 月 28 日）

（26）"舆"之为车、车厢、轿子这一类的东西必有所受、必有所载，用这个意象来譬喻大地承载一切，就生出"以天为盖、以地为舆"的意思来。（张大春《认得几个字》）

（27）"松风吹"，风从松叶上吹过来很清香。譬喻心清净了，随你怎么闹，心都清净无烦。（元音老人《佛法修正心要》）

"借"也是介词，引进动作行为利用的事物[①]，与"以""用"相同，

---

① 朱景松主编：《现代汉语虚词词典》，北京：语文出版社，2007 年，第 242 页。

引进"譬喻"的比方对象。由于"譬喻"的"譬而喻之"义含有"喻"的目的性,"譬喻"前常有"来"起到连接作用,将"介词+N$_{比方}$"与"譬喻"连接起来。与唐经典注疏中"以+N$_{比方}$+譬喻+N$_{被比方}$"句式比较,可见"来"的出现是随着"以"被"用""借"等替换而出现的,即口语性更强,同时更为注重前后结构之间的衔接。例(27)中,"譬喻"后面直接加被说明的事理、事件,比方内容在前文铺陈,较为松散,故无介词引介。

(三)譬喻+N$_{被比方}$+是 N$_{比方}$

有1例"譬喻+N$_{被比方}$+是 N$_{比方}$"句式,为:

(28)恩格斯曾<u>譬喻</u>克伦威尔是英国革命中"一身兼备罗伯斯庇尔和拿破仑的形象"。(《中国儿童百科全书》)

该句式与上古汉语中"譬之如/犹/若 N$_{比方}$"句式相似,比方对象通过比方关系词引出,"譬喻"与"譬"都是比方动词。该例 N$_{被比方}$形式上简短,上古汉语中被比方对象一般于上文出现,"譬"比方句中用"之"复指,该例"克伦威尔"为人名,亦简短。只有 N$_{被比方}$形式简短,才不会破坏"譬喻……是"的句法结构,才能将"是"后面的 N$_{比方}$与前面的 N$_{被比方}$在语义上关联起来。这是一个高度凝练的句式,"譬喻"的施事、受事、与事成分全部出现在一个单句中,这样的句子如果太长,不易于理解,因此这种句式使用不多。

除了上述用于比方句的用法,"譬喻"作动词还有 4 例其他用法,如"把那极其微细的事物和场合,譬喻着,夸张到了极限"(陈伯吹《寓言漫笔》),"一直到四十岁以后,才知道光阴和日月都是快到无法形容和譬喻的"(林清玄《光阴似箭到日月如梭》),前例与"着"构成方式状语,后例"无法譬喻"作程度补语。

只有真正的比方行为动词才具有这些用法,而"比方行为动词+比方关系词"式的"譬如"是不能这样用的。从这一点上可以看出,在比方行为动词范畴，单音词以"譬"为典型，双音词"譬喻"在一定程度上对其有所接替，但由于"喻"的语义并合，"譬喻"未能兼具"譬"那么强大的比方句式功能①。

由上述语例可见，比方动词"譬喻"主要用于书面语，"把/将+$N_{被比方}$+譬喻为+$N_{比方}$"和"以/用/借+$N_{比方}$+譬喻+$N_{被比方}$"两种句式较为典型。在佛教相关作品以及台湾文人散文中较为集中。这是因为"譬喻"指称在佛典中出现多，故在介绍佛教的作品中成为一个"熟悉"的选择。汉语文白转型中，作为功能相当的双音词，"比喻"中"比"替换了具有文言色彩的"譬"，"比喻"更适合白话语体，而中国台湾地区文人作品偶用具有文言词素的"譬喻"。

由于源结构中"喻"的语义附加，"譬喻"凝固成词后并不等同于比方动词"譬"，而是用作比方指称词。直到唐代解经学者在经典注疏中，对某一内容蕴含的抽象事理进行解说、阐释时，"譬喻"被用作比方动词，主要句式为"（以+）$N_{比方}$+譬喻+$N_{被比方}$"。相比于"譬"式比方句式，句法、语义都发生了转变。语义上，由对$N_{被比方}$解说转变为对$N_{比方}$解说；句法上，由$N_{被比方}$先行转变为$N_{比方}$先行。此后，"譬喻"用于比方句式，其本质亦多为"解说"语境。

花咏认为："'譬'与'谕（喻）'本来就有意义上的密切联系，加之使用中常常同时出现，'譬'所包含的'比喻、比方'的意义就慢慢地过渡到了'谕（喻）'的身上。"② 我们认为，单独的"谕（喻）"具有"比方，比喻"义，或许是受了"譬"的词义类化作用，但在"譬喻"成词后作为比方动词使用时，其语义、句法特征仍然受到"譬而喻之"这一源结构影响。

至现代汉语，"以+$N_{比方}$+譬喻+$N_{被比方}$"句式中"以"为"用""借"等替换，另外"把/将+$N_{被比方}$+譬喻为+$N_{比方}$"句式更为普遍，此时"譬喻"

---

① 张萍：《先秦汉语"譬"系列比方句式研究——从〈墨子〉入手》，载《语言学论丛》，2019年，总第60辑。
② 花咏：《"譬""比""喻"辨析》，载《广州大学学报》，2004（10）。

即"譬"的等价体,当其后语义成分为 $N_{比方}$ 时,比方关系词"为"附着其上,功能相当于"如",在这样的转换中,其语义功能又回到了"譬"式比方句的功能,即对 $N_{被比方}$ 进行说明,只是原先"譬(之)"句式中,$N_{被比方}$ 或以"之"复指,或承上省略,而现代汉语则通过介词"把/将"把 $N_{被比方}$ 提前。此外,佛经多用譬喻的"熟悉语境"影响、"譬喻"之"譬"的文言色彩,这些因素也一定程度上导致"譬喻"在现代汉语中被作为比方动词来使用。

结　　语

我们从"表达论"的思路入手，研究特定语义范畴在汉语史上使用的不同句法方式。这是一项有趣而有意义的研究工作。本研究选择汉语征引范畴、假设范畴、比方范畴3个语义范畴，对其在汉语史不同阶段所使用的不同句法表达方式加以研究。尤其对以往研究中有所忽略的问题加以重点探讨，立足汉语史语料，从语料出发，结合句法、语义、语用、语篇等不同层面的互动，结合语法化、词汇化、主观化、重新分析、语言类型学等研究理论，对上述语义范畴相关的一系列问题展开研究，不仅对语言事实加以定量描写，亦着力探究演变发展的动因，为语言变化作出可信的阐释。同时，也寻求语言学研究与文献文本、思想解读的互助互益，寻求汉语史研究与文学文化研究的互动阐释。

正文三章分别针对征引范畴、假设范畴、比方范畴作出若干专题研究，以下为主要的结论。

一、征引范畴研究结论

征引范畴句法研究中，我们主要研究了上古汉语征引句式、两汉及魏晋时期征引句式、唐宋文征引句式的用法，从中看汉语史上征引句式的演变及其动因。

先秦汉语中"闻之""有之"系列征引句式之外，还有"识（知）之"祈使句式，其中"之"亦为形式宾语，可以视为广义的征引范畴。西汉时期形式宾语征引句式以主体式"闻之"句式为主,"有之"系列句式较少。"闻之"句式中,偶有主语缺省,主语大多为"臣、吾",另有个别"朕、仆、寡人"或自称名。西汉往后发展,"闻之"句式的使用在减少,形式宾语"之"在消退。"有之"征引句式少,主语多为"语、鄙语、俚语"等言语类泛称名词,且没有关系词"曰"等衔接。可见"有之"式征引句式趋向衰退。

从东汉往后,征引句式以"闻"直接引出征引内容以及"S曰(云)"等径引内容为主。"闻之"句式较多出现无主语、无征引来源用例,且征引内容为叙述性内容的用法,其表征引的功能弱化,有向话语标记演变的趋势。"有之"征引句式衰退得更厉害,其功能直接被"S曰(云)"替代。中古时期口语性较强的典籍,如《太平经》《世说新语》等,"闻"字式征引句式少,已不见形式宾语"之"的句式。

唐文征引句式较多沿袭上古汉语,开始出现一些新变化,如出现主语"某","闻之"主语缺省已较多见,且在较多征引叙事性内容的语境中,具有了一定的话语标记性质,不纯粹表示征引,即语义虚化。这些方面宋文进一步发展,自称谦辞"愚"见用,"闻之"缺省主语用例更多。"闻之O"句式,唐文多有"曰"作关系词,偶用"云",宋文拓展至其他言说动词,如"言、谓",并扩及意谓动词"以谓、以为"。唐文中已较多见"闻之"句式前用副词"抑"衔接上文,宋文中更为普遍,篇章标记更为凸显。宋文中,"S闻之"语用功能进一步混淆。唐文沿袭上古汉语表征引与表评论的两种"S闻之"主语分布规律,宋文中二者差异淡化。宋文中"闻之""有之"两种句式出现叠加套用,产生了融合式"闻之O有"或"闻O有之"句式,趋向复杂。

二、假设范畴研究结论

在假设范畴句法研究中,我们主要研究了"若使"用法的历时演变、"实"类推度副词衍生出假设用法的机制、"尝"假设用法的来源等3个专题。

上古汉语中，假设连词"若使"最早产生于《左传》，多见于《墨子》，之后使用减少，至中古汉语又兴起，并延续至近代汉语。"若使"的产生语境使其在标记假设的句法功能之外，还具有了虚拟意味的语义功能、对举照应的篇章功能。在历时演变中，"若使"语义以虚拟假设为主，篇章功能有消长，其影响因素主要有：东汉译经西域译者对汉语隐性用法缺乏体悟、篇章在口语语体中缺失或被诗词格律打破等。"若使"篇章功能在《墨子》论说部分、《朱子语类》解说语言中出现高峰，与论说性质的语体有着高匹配度，这与人们习惯从正反两面进行思辨的思维规律有关。

"实、情、中实、中情"等推度副词发展出假设连词用法。"实"类副词肯定推度用法需要"确认"语境，表现为语意对照或叠加，推度副词所在论断句可担任推断复句前提小句，当论断为未然情况时，推断复句转换为假设复句，随着"确认"语境的缺失，"实"类词丧失肯定推度语义，在缺少假设标记的假设小句中吸收语境义，从而产生假设义。"实"类词假设句式具有特定语用规律，借此可以帮助文本校勘。

"尝"除了"曾经"义时间副词用法外，还有"试着"义副词用法。"尝"本义为"口辨味"，在"试探性"语义基础上引申出"尝试"义，在"尝VP"句式中，"尝"发展出"试着"义描摹性副词用法，随着客观小量衍生出主观小量用法，进一步语法化为表谦敬与委婉的评注性副词（"姑且"义）；同时，"尝"在"经受"语义基础上引申出"经历"义，随着宾语谓词化，"尝VP"发生重新分析，"尝"演变为"曾经"义时间副词，主要功能为对过去时段某事件发生与否加以确认。之后，"姑且"义"尝"在假设小句中感染语境义，从而产生假设用法；"曾经"义"尝"在未然语义的前提小句中亦感染表假设的语境义。《墨子》保留了较为丰富的"试着，姑且"义"尝"用例以及可以探索其假设用法产生过程的语料依据，为描写并阐释其用法与产生机制提供重要材料，值得重视。

三、比方范畴研究结论

比方范畴句法研究紧扣汉语比方范畴核心词"譬"的使用及其演变，

主要研究了以下几个问题：上古汉语中"譬之V$_{比方}$"的句法性质与句式特点、《荀子》独特的比方句法、"譬×"比方词的历时成词机制及其句法语义特点、"譬喻"的成词及其用法的历时演变。

先秦汉语"譬之V$_{比方}$"（V$_{比方}$主要指"如、若、犹"等比方关系动词）是一种特殊的兼语句式，"譬"的被比方成分复杂化而提前作话题主语，代词"之"占据兼语位置。该句式后接比方成分以名词性成分为主，主谓短语成分往往插入"之"使其仿语化，亦有谓词性成分，以带一个比方成分为常，有时亦带两个或三个比方成分。

《荀子》中"譬（辟）"相关比方指称词及"譬（辟）之犹/若""譬（辟）之是犹"等比方句的用法均具有独特性，集中体现了《荀子》"学者之文"的特色。"譬（辟）称"丰富了汉语比方指称复合词的集合，"譬谕"奠定了"比方"义范畴重要指称词"譬喻"的构词基础。"譬（辟）之犹/若"句式引起两个或三个比方成分，延展了"譬（辟）"式比方句的句式内容，又通过重复"犹/若"将多个比方成分与"譬"关联。"譬（辟）之是犹"具有独创性，是"譬之犹"句式的强化形式，句法严密，堪称汉语"比方"义范畴"最完美格式"。《荀子》独特的"譬（辟）"式比方句式，兼顾说理的透彻与句法形式的完美。《荀子》"譬（辟）"的用法，从言谈理论及论说实践两方面推进了汉语"比方"义范畴的发展，提升了先秦论说文的修辞性与论辩性。

比方义的"譬×"主要有3种凝固方式：短语复合类主要以同义复合与承接复合为主，同义复合有基于"称引"语义的"譬称""譬引"与基于"比较，比方"语义的"譬类""譬况""譬方""譬比""譬媲"等，承接复合有"譬喻""譬语""譬证"；句法结构凝固类主要是"譬"与比方关系动词在兼语式句法中词汇化而成"譬如""譬犹""譬若"，"譬似"随着"似"发展为比方关系动词，由"譬如"等类化而成；跨层凝固类主要有"譬于""譬诸""譬则"。这些"譬×"在汉语史不同时期形成，句法、语义功能各具特色，有些亦表现出语篇、语体的独特性。另外如"譬之""譬大""譬成""譬使"等，缺少一定的使用频率，故其内部句法结构、语义关系或跨层关系都较为具体而明显，不宜视为双音词。

　　汉语文白转型中，典型比方指称词"譬喻"后为"比喻"替代，两词又都有比方动词的用法。考察汉语史上"譬喻"成词及其用法发展，可见其"譬而喻之"的源结构语义对其比方动词用法的出现具有决定意义。"譬喻"作比方动词构成比方句式，始见于唐代孔颖达对经典的注疏语境中，主要为"（以+）$N_{比方}$+譬喻+$N_{被比方}$"。现代汉语中"譬喻"作比方动词的句式更为丰富，既有沿袭又有新变，同时还有佛经用语习惯影响、文人倾向性使用等特点。研究汉语比方范畴重要成员"譬喻"用法的历时演变，可以揭示独特比方句式与语意表达之间互动关系的演变，也能为现代汉语"比喻"构成的比方句式提供更好的历史解释。

参 考 文 献

古籍类：

1. [春秋]（旧题）左丘明撰，徐元诰集解，王树民、沈长云点校：《国语集解》，北京：中华书局，2002年。

2. [汉] 刘安编，何宁撰：《淮南子集释》，北京：中华书局，1998年。

3. [汉] 刘向撰，向宗鲁校证：《说苑》，北京：中华书局，1987年。

4. [汉] 王充著，黄晖撰：《论衡校释》，北京：中华书局，1990年。

5. [隋] 王通著，张沛校注：《中说校注》，北京：中华书局，2013年。

6. [唐] 柳宗元撰，尹占华、韩文奇校注：《柳宗元集校注》，北京：中华书局，2013年。

7. [唐] 柳宗元撰：《柳宗元集》，北京：中华书局，1979年。

8. [南唐] 徐铉著，李振中校注：《徐铉集校注》，北京：中华书局，2016年。

9. [宋] 刘克庄著，辛更儒笺校：《刘克庄集笺校》，北京：中华书局，2011年。

10. [宋] 苏轼：《苏东坡全集》（注译本）第9册，北京：团结出版社，2021年。

11. [元] 许衡著，王成儒点校：《许衡集》，北京：东方出版社，2007年。

12. [清] 董诰等编：《全唐文》，北京：中华书局，1983年。

13. [清] 冯奉初辑，吴二持点校：《潮州耆旧集》，广州：暨南大学出版社，2016年。

14. [清] 皮锡瑞撰，吴仰湘编：《尚书大传疏证》，北京：中华书局，2015年。

15. [清] 孙希旦撰，沈啸寰、王星贤点校：《礼记集解》，北京：中华书局，1989年。

16. [清] 孙诒让撰，孙启治点校：《墨子间诂》，北京：中华书局，2001年。

17. [清] 王先谦撰，沈啸寰、王星贤点校：《荀子集解》，北京：中华书局，1988年。

18. 《十三经注疏》整理委员会整理，李学勤主编：《十三经注疏·周礼注疏》，北京：北京大学出版社，1999年。

19. 《十三经注疏》整理委员会整理，李学勤主编：《十三经注疏·礼记正义》，北京：北京大学出版社，1999年。

20. 程树德撰，程俊英、蒋见元点校：《论语集释》，北京：中华书局，1990年。

21. 甘肃省博物馆、中国科学院考古研究所编著：《武威汉简》，北京：文物出版社，1964年。

22. 清华大学出土文献研究与保护中心编，李学勤主编：《清华大学藏战国竹简（壹）》，上海：中西书局，2010年。

23. 曾枣庄、刘琳主编：《全宋文》，上海：上海辞书出版社，合肥：安徽教育出版社，2006年。

24. （意）高一志撰，周振鹤主编：《譬学》，南京：凤凰出版社，2013年。

今著类：

1. 陈鼓应注译：《庄子今注今译》，北京：中华书局，2009年。

2. 陈丽、马贝加：《假设连词"使"的语法化动因》，载《温州大学学报》，2009（4）。

3. 陈浦清：《文言文基础知识问答》，长沙：岳麓书社，2016年。

4. 丁恩培：《古典文学与现代汉语讲析》，北京：光明日报出版社，2022年。

5. 董琨、张仁明：《〈墨子〉中的副词》，中国社会科学院、语言研究所历史语言学一室编：《何乐士纪念文集》，北京：语文出版社，2009年，第29—54页。

6. 董秀芳：《词汇化：汉语双音词的衍生和发展》（修订本），北京：商务印书馆，2011年。

7. 冯其庸、邓安生：《通假字汇释》，北京：北京大学出版社，2006年。

8. 高小方：《论语通解》，上海：中西书局，2020年。

9. 龚波：《构式语义的吸收——"必"类副词表假设探源》，载《乐山师范学院学报》，2011（10）。

10. 龚波：《上古汉语假设句研究》，北京：商务印书馆，2017年。

11. 郭沫若：《十批判书》，北京：人民出版社，2012年。

12. 郭锡良：《古代汉语语法讲稿》，北京：语文出版社，2007年。

13. 汉语大字典编辑委员会编纂：《汉语大字典》（第二版），武汉：崇文书局，成都：四川辞书出版社，2010 年。

14．何乐士、敖镜浩、王克仲等编著：《文言虚词浅释》，北京：北京出版社，1979 年。

15．洪波：《论汉语实词虚化的机制》，载吴福祥主编：《汉语语法化研究》，北京：商务印书馆，2005 年。

16．洪波：《先秦判断句的几个问题》，载《南开学报》，2000（5）。

17．胡明扬：《句法语义范畴的若干理论问题》，载《语言研究》，1991（2）。

18．胡裕树，张斌著，范开泰编：《胡裕树　张斌选集》，长春：东北师范大学出版社，2002 年。

19．花咏：《"譬""比""喻"辨析》，载《广州大学学报》，2004（10）。

20．姜宝昌：《墨论训释》，济南：齐鲁书社，2016 年。

21．蒋绍愚：《词义演变和句法演变的相互关系》，载《汉语史学报》第 15 辑，2015 年，第 7—23 页。

22．蒋绍愚：《近代汉语研究概要》，北京：北京大学出版社，2005 年。

23．蒋严、潘海华：《形式语义学引论》（修订版），北京：中国社会科学出版社，2005 年。

24．金德建：《司马迁所见书考》，上海：上海人民出版社，1963 年。

25．雷文治等：《近代汉语虚词词典》，石家庄：河北教育出版社，2002 年。

26．李零译注：《孙子译注》，北京：中华书局，2009 年。

27．李梦生：《春秋左传译注》，上海：上海古籍出版社，2010 年。

28．李胜梅：《比喻关系词与比喻句式研究》，北京：科学出版社，2018 年。

29．李渔叔译注：《墨子今注今译》，台北：台湾商务印书馆，1974 年。

30．李佐丰：《古代汉语语法学》，北京：商务印书馆，2004 年。

31．李佐丰：《先秦汉语的分类动词》，载李佐丰：《上古汉语语法研究》，北京：北京广播学院出版社，2003 年，173—194 页。

32．梁启雄：《荀子简释》，北京：中华书局，1983 年。

33．刘道锋：《饮食类动词"尝"的词义演变及其动因》，载《湖南人文科技学院学报》，2009（5）。

34．刘红妮：《词汇化与语法化》，载《当代语言学》，2010（1）。

35．刘家钰：《"某"的自称义探析》，载《古汉语研究》，1993（2）。

36．刘淇著，章锡琛校注：《助字辨略》，北京：中华书局，2004 年。

37．鲁川：《汉语语法的意合网络》，北京：商务印书馆，2001年。

38．陆俭明：《语义特征分析在汉语语法研究中的运用》，载《汉语学习》，1991（1）。

39．罗晓英：《现代汉语假设性虚拟范畴研究》，广州：暨南大学出版社，2014年。

40．罗竹风主编：《汉语大词典》（缩印本），上海：汉语大词典出版社，1997年。

41．吕叔湘：《中国文法要略》，北京：商务印书馆，1982年。

42．梅广：《上古汉语语法纲要》，上海：上海教育出版社，2018年。

43．裴学海：《古书虚字集释》，上海：上海书店，1996年。

44．任鹰：《"个"的主观赋量功能及其语义基础》，载《世界汉语教学》，2013（3）。

45．尚学峰译注：《仪礼》，南京：江苏人民出版社，2019年。

46．邵敬敏：《汉语语法学史稿》，上海：上海教育出版社，1990年

47．邵敬敏：《"语义语法"说略》，载《暨南学报》（人文社科版），2004（1）。

48．邵敬敏：《汉语语义语法论集》，上海：上海教育出版社，2007年。

49．沈家煊：《"语法化"研究综观》，载《外语教学与研究》，1994（4）。

50．沈玉成：《左传译文》，北京：中华书局，1981年。

51．帅志嵩：《中古汉语"完成"语义范畴研究》，北京：商务印书馆，2014年。

52．水渭松：《墨子导读》，成都：巴蜀书社，1991年。

53．谭家健、孙中原译注：《墨子今注今译》，北京：商务印书馆，2009年。

54．王海棻：《古汉语时间范畴词典》，合肥：安徽教育出版社，2004年。

55．王海棻：《古汉语疑问范畴词典》，南京：江苏教育出版社，2001年。

56．王继红、陈前瑞：《从尝试到经历——"尝"的语法化及其类型学意义》，载《语言科学》，2014（5）。

57．王静：《汉语词汇化研究综述》，载《汉语学习》，2010（3）。

58．王力主编：《王力古汉语字典》，北京：中华书局，2000年。

59．王莹：《比方义动词"比""方""譬""喻"研究》，河南大学硕士学位论文，2019年。

60．吴福祥主编：《近代汉语语法》，北京：中国社会科学出版社，2015年。

61．吴福祥、王云路编：《汉语语义演变研究》，北京：商务印书馆，2015年。

62．吴毓江撰，孙启治点校：《墨子校注》，北京：中华书局，2006年。

63．向熹：《简明汉语史》（修订本），北京：商务印书馆，2010年。

64．谢德三：《墨子虚词用法诠释》，台北：学海出版社，1982年。

65. 解惠全：《谈实词的虚化》，载吴福祥主编：《汉语语法化研究》，北京：商务印书馆，2005年。

66. 解惠全、崔永琳、郑天一编著：《古书虚词通解》，北京：中华书局，2008年。

67. 邢福义：《汉语复句研究》，北京：商务印书馆，2001年。

68. 熊浩莉：《〈荀子〉喻体世界的三重内涵》，载《华南师范大学学报》（社科版），2017（6）。

69. 徐复观：《两汉思想史》（二），北京：九州出版社，2014年。

70. 徐通锵：《语义句法刍议——语言的结构基础和语法研究的方法论初探》，载《语言教学与研究》，1991（3）。

71. 许伟建：《上古汉语通假字典》，深圳：海天出版社，1989年。

72. 宣兆琦：《〈考工记〉的国别和成书年代》，载《自然科学史研究》，1993（4）。

73. 薛霄琳：《〈荀子〉辞格研究》，西北师范大学硕士学位论文，2014年。

74. 杨伯峻：《古汉语虚词》，北京：中华书局，1981年。

75. 杨伯峻、何乐士：《古汉语语法及其发展》（修订本），北京：语文出版社，2012年。

76. 杨海明、周静：《汉语语法的动态研究》，北京：北京大学出版社，2006年。

77. 杨柳桥：《荀子诂译》，济南：齐鲁书社，2009年。

78. 杨树达：《词诠》，北京：中华书局，2004。

79. 杨新生：《略论〈荀子〉修辞艺术的突出特色》，载《凯里学院学报》，2008（2）。

80. 姚维锐：《古书疑义举例增补》，北京：中华书局，2005年。

81. 游国恩、王起、萧涤非、季镇淮、费振刚主编：《中国文学史》（修订本），北京：人民文学出版社，2004年。

82. 袁毓林：《汉语反事实表达及思维特点》，载《中国社会科学》，2015（8）。

83. 张霭堂译注：《颜氏家训译注》，济南：齐鲁书社，2009年。

84. 张宝林：《关系动词的鉴定标准》，载《语言教学与研究》，2002（4）。

85. 张伯江：《从施受关系到句式语义》，北京：商务印书馆，2009年。

86. 张伯江、方梅：《汉语功能语法研究》，北京：商务印书馆，2014年。

87. 张欢、徐正考：《上古汉语违实条件句违实因素及句法论析》，载《语言研究》，2022（2）。

88. 张萍：《〈墨子〉篇章衔接连词"若苟"用法探究》，载《当代修辞学》，2017（4）。

89. 张萍：《从〈墨子〉"选、择、选择"用法看"选择"成词》，载《励耘语言学刊》

总第 27 辑，2017 年。

90. 张萍：《〈墨子〉特殊语言现象研究》，上海：上海大学出版社，2018 年。

91. 张萍：《从〈墨子〉"当若"具体用法看〈汉语大词典〉"当若"词条的问题》，载《辞书研究》，2019（4）。

92. 张萍：《上古汉语形式宾语句研究》，《上古汉语研究》，北京：商务印书馆，2019 年，总第 3 辑。

93. 张萍：《先秦汉语"譬"系列比方句式研究——从〈墨子〉入手》，载《语言学论丛》，2019 年，总第 60 辑。

94. 张旺熹：《汉语句法的认知结构研究》，北京：北京大学出版社，2006 年。

95. 张文国、张能甫：《古汉语语法学》，成都：巴蜀书社，2003 年。

96. 张秀松编：《词汇化与语法化理论及其运用》，北京：外语教学与研究出版社，2020 年。

97. 张谊生：《论与汉语副词相关的虚化机制——兼论现代汉语副词的性质、分类与范围》，载《中国语文》，2000（1）。

98. 张谊生：《评注性副词功能琐议》，中国语文杂志社编：《语法研究和探索》（十），北京：商务印书馆，2000 年，第 224—242 页。

99. 张豫峰：《现代汉语致使态研究》，上海：复旦大学出版社，2014 年。

100. 张玉金：《出土先秦文献虚词发展研究》，广州：暨南大学出版社，2016 年。

101. 张振宇：《古今字小字典》，长沙：湖南人民出版社，1988 年。

102. 赵仲邑选注：《新序选注》，长沙：湖南人民出版社，1983 年。

103. 周海平等：《黄帝内经大词典》，北京：中医古籍出版社，2008 年。

104. 朱德熙：《语法答问》，北京：商务印书馆，1985 年。

105. 朱冠明：《比喻词的历史更替》，载《修辞学习》，2000 年第 5、6 期合刊。

106. 朱景松主编：《现代汉语虚词词典》，北京：语文出版社，2007 年。

107. 邹文贵、李英霞：《先秦诸子用比的共性特征及其发展》，载《修辞学习》，1997（2）。

108. Hilary Chappell：A typology of evidential markers in Sinitic languages. *Sinitic Grammar: Synchronic and Diachronic Perspectives*, ed. by Hilary Chappell, Oxford：Oxford University Press, 2001：56 - 84.

109. （英）劳蕾尔·J. 布林顿，（美）伊丽莎白·克洛斯·特劳戈特著，罗耀华、郑友阶、樊城呈等译：《词汇化与语言演变》，北京：商务印书馆，2013 年。

110．（美）Ronald W. Langacker：《认知语法基础·理论前提》，北京：北京大学出版社，2004 年。
111．（新西兰）John R. Taylor：《认知语法》，北京/西安：世界图书出版公司，2013 年。

后　　记

本书是教育部人文社会科学研究青年基金项目"基于语义范畴的汉语句法演变研究"的最终成果。

我们在研究汉语"以"的"认为"义来源时，注意到汉语史上表达"意谓"语义，先后有"以……为""以为""以"及产生较晚的"认为"等主要词语及句式，它们有不同的产生机制与句法特征，于是萌发了研究汉语意谓范畴句法演变的想法。

其后，在研究《墨子》语言时，探讨了"闻之曰""有之曰""道之曰"等句式中"之"的形式宾语性质，这些句式的语义功能为征引某种现成的言论或典籍中的内容，由此拓展至先秦汉语此类形式宾语句式的专门研究，产生了研究汉语征引范畴句法演变的想法。研究《墨子》"譬之犹/若"句式时，关注到"譬"系列比方句式的演变，产生了研究汉语比方范畴句法演变的想法。研究《墨子》假设连词时，注意到假设词的典籍分布差异以及探讨假设连词功能独特性的篇章视角，由此产生了研究汉语假设范畴句法演变的想法。又从《墨子》"选""择"句式与语义的互动来探讨"选择"成词的途径与机制，产生了研究汉语选择范畴句法演变的想法。诸如此类，在专书研究中挖掘特殊语言现象，展开小专题的历时研究，进而积累酝酿更具囊括力的稍大专题研究，这就是本课题"基于语义范畴的汉语句法演变研究"的来历。

基于前期研究基础，本课题拟研究意谓、征引、选择、假设、比较、比方等6个语义范畴的句法演变。由于意谓范畴相关研究成果部分已收入专著《汉语"以"之研究》，选择范畴部分研究成果已收入专著《〈墨子〉特殊语言现象研究》，比较范畴与比方范畴研究内容有部分交叉，同时考虑书稿篇幅，本书主要对征引、假设、比方这3个语义范畴展开专题论述。

此外，需要说明的是，征引、假设、比方范畴句法演变研究，其中均有部分前期研究成果，因从《墨子》入手，或主要研究《墨子》独特现象，如先秦征引句式的研究、假设连词"若苟"的研究、先秦"譬"系列比方句式的研究，这些内容已收入《〈墨子〉特殊语言现象研究》一书，故本书相关部分不再重复。

对部分内容有所新思考、新辨析的研究成果，如对"譬之$V_{比方}$"的句法结构作出了进一步的辨析，确定为兼语式，本书对此问题进行了补充论述。再如，我们对《墨子》"试"义"尝"的语法化历程以及机制有了更为深入的认识，进一步论证其副词用法的性质及其假设用法的产生，呈现汉语假设范畴句法的多样性与丰富性。此外，我们对相关语义范畴句法的历时演变作出了延伸研究，如西汉到中古汉语征引句式的句法演变，又以《全唐文》《全宋文》为语料，研究其中征引句式的传承与新变；再如研究汉语双音化趋势下"譬×"以及"×譬"比方词形成的历史情况及其句法功能，对"譬喻"的产生语境及其在现代汉语中的句式发展作出专门研究，等等。

汉语的某个语义范畴，从古到今有不同的表达手段，包括词汇的多样性与相应的句法演变。每一种语义范畴的句法演变都是一部精彩的历史，值得充分挖掘与探讨。本书还仅是一个案例式研究的呈现。

本研究得到教育部人文社会科学研究青年基金项目（编号：17YJC740118）的资助，在此表示衷心感谢！

感谢上海大学语言学学科的支持！感谢上海大学出版社农雪玲老师的

鼎力相助！

　　感谢家人一如既往的支持！同时，愿以此书献给我的两个孩子，敏敏和布布。"敏而好学，乐以忘忧"，让我们共勉。

张　萍

2023 年 10 月于沪上叶之林寓所